SOCIOLOGIE DES MÉDIAS

Infocom

SOCIOLOGIE DES MÉDIAS

4e édition actualisée et augmentée

Rémy Rieffel

ellipses

Dans la collection « INFOCOM »

- *Les médias dans le monde. Enjeux internationaux et diversités nationales*, P. Albert et Ch. Leteinturier
- *Les professions du livre. Édition, librairie, bibliothèque*, M. Bruillon et S. Ducas (coord.), 2e édition
- *La déontologie des journalistes. Principes et pratiques*, A. Civard-Racinais
- *Internet. Histoire, enjeux et perspectives critiques*, I. Compiègne
- *La presse en France depuis 1945*, L. Corroye et É. Roche
- *La presse en France des origines à 1944. Histoire politique et matérielle*, G. Feyel, 2e édition
- *Télévision et droit de la communication*, L. Franceschini
- *Introduction à l'analyse de la télévision*, F. Jost, 3e édition
- *Histoire des médias audiovisuels*, B. Lamizet
- *Économie générale des médias*, M. Mathien
- *Le mémoire de recherche en information-communication*, J.-L. Michel, 2e édition
- *Les professions de la communication. Fonctions et métiers*, J.-L. Michel, 3e édition
- *Droit de l'information et de la communication*, B. Ravaz et S. Retterer
- *Sociologie des médias*, R. Rieffel, 4e édition enrichie et actualisée
- *Les médias en Afrique*, A.-J. Tudesq

ISBN 9782340-008199

32, rue Bargue 75740 Paris cedex 15

www.editions-ellipses.fr

INTRODUCTION

« Les médias favorisent la manipulation de l'opinion » ; « les enfants qui regardent trop la télévision travaillent mal à l'école » ; « les journalistes sont souvent partisans et manquent d'objectivité » ; « la télévision fait l'élection » : telles sont quelques-unes des opinions largement répandues aujourd'hui à propos des médias et de leur influence dans notre société. Chacun d'entre nous, parce qu'il utilise quotidiennement la radio, la télévision et Internet ; parce qu'il lit plus ou moins régulièrement un journal ou un magazine ; parce qu'il se sert constamment d'un smartphone ou d'un ordinateur, se sent autorisé à exprimer un avis sur le rôle joué par les différents instruments de communication dans notre société.

À l'instar de tout jugement spontané, ces affirmations reposent sur des impressions qui ont la force de l'évidence et de la vérité. Or, les sociologues le savent bien, rien n'est plus trompeur que les jugements à l'emporte-pièce, que les constats péremptoires. Trop souvent, ces opinions tranchées ne sont que l'expression de préjugés ou d'idées reçues qui circulent dans le corps social sans avoir jamais reçu la moindre once de confirmation ou du moins, sans avoir été validés scientifiquement.

La sociologie des médias a précisément pour objectif de prendre du recul par rapport au sens commun, de mettre à distance les terrains qu'elle étudie afin de mieux comprendre les phénomènes observés. Partant du principe que les choses sont souvent différentes de ce qu'elles paraissent être, elle propose une vision démystifiante et relativisante de la réalité, tente de poser les bonnes questions (et dans la mesure du possible, d'apporter les bonnes réponses), essaie d'introduire à la complexité et au sens de la nuance. Le sociologue est, selon la belle formule de Pierre Nora à propos de l'historien et que nous reprendrons ici à notre compte, « celui qui vend la mèche en se brûlant les doigts ».

La sociologie des médias étudiera donc les diverses modalités de production et de réception de l'information, les relations qui s'instaurent, entre l'émetteur et le récepteur des messages, l'influence des médias sur la société en s'intéressant plus particulièrement au comportement des différents acteurs qui y interviennent (les journalistes, les hommes politiques, les décideurs économiques, les intellectuels, mais aussi le profane) ainsi qu'à celui des utilisateurs des médias. Il ne s'agit pas simplement de décrire l'impact important des mutations technologiques, les effets des médias audiovisuels sur le travail et les loisirs, les variations du comportement de l'audience et des publics, mais aussi d'exercer son esprit critique en reliant constamment ces phénomènes à leur signification sociale, en intégrant systématiquement l'individuel dans le collectif.

L'objectif poursuivi est par conséquent à la fois théorique et empirique : d'une part resituer les transformations récentes dans une réflexion plus générale (l'influence des médias sur la vie démocratique de nos sociétés) ; d'autre part, s'appuyer sur des recherches et sur des études concrètes, tant il est vrai qu'une spéculation générale sans enquête de terrain est vaine et qu'une enquête de terrain sans cadrage théorique est aveugle. La sociologie des médias ne saurait donc être indépendante d'une représentation de la société : elle ambitionne d'offrir quelques outils pour saisir le rôle joué aujourd'hui par les médias dans notre vie quotidienne, de donner des clés de compréhension ouvrant la voie à une meilleure utilisation de ces nombreux instruments de communication qui se multiplient depuis quelques décennies à vive allure.

En tant que discipline particulière d'étude des médias, elle n'a pas la prétention de détenir le monopole du savoir en la matière. D'autres approches en sciences humaines et sociales questionnent également avec pertinence et efficacité les médias : on songe notamment aux sciences du langage, à l'économie, à l'histoire, au droit, etc. Les connaissances acquises en sociologie des médias apparaissent toutefois non négligeables en dépit de la relative jeunesse de la discipline (apparue dans les années 1940 aux États-Unis, elle commence à se développer en France à partir des années 1960) : les résultats d'enquêtes accumulés depuis quelque temps permettent d'apporter des réponses à un certain nombre de questions et de mettre à mal quelques idées reçues. À l'intérieur du champ des Sciences de l'information et de la communication (SIC) reconnues officiellement dans notre pays en 1975, la sociologie des médias apporte un éclairage utile au décryptage des phénomènes liés à la « médiatisation » de nos sociétés.

Cet ouvrage, qui se veut une introduction à cette discipline, repose par conséquent sur un certain nombre de partis pris :

1/ *Il est fondé sur une définition large de la notion de médias.* Celle-ci englobera toutes les techniques et tous les supports permettant aux hommes de communiquer entre eux, de transmettre des messages aux contenus les plus variés. Seront cependant surtout pris en considération la presse, la radio, la télévision, mais aussi le téléphone, l'informatique et Internet (et dans une moindre mesure le livre, le film de cinéma ou la musique enregistrée). Alors que *les médias traditionnels* tels que les journaux, les livres, les CD, DVD, etc. sont définis comme des médias *autonomes* (pas de raccordement à un réseau) et que la radio et la télévision sont assimilées à des médias de *diffusion*, le téléphone, les services en ligne et donc Internet[1] sont pour leur part caractérisés comme des médias de *connexion* (ou de *communication*). Dans la mesure où les progrès technologiques en la matière ont été pour le moins rapides ces dernières années, il conviendra d'étudier tout particulièrement le poids croissant de ce qu'on appelle dorénavant *les médias numériques*.

2/ *Il récuse une vision étroite de la sociologie des médias et s'ouvre à d'autres disciplines complémentaires*. La compréhension de l'influence des médias ne saurait se limiter à un point de vue unique tant l'objet d'étude est foisonnant et complexe. On fera donc appel, à certains moments, aux apports de la psychologie sociale, de la science politique, de la sémiologie, de l'histoire, de l'anthropologie, etc., afin d'enrichir la perspective. L'approche sociologique se nourrit en effet des connaissances élaborées par d'autres disciplines, en particulier lorsqu'il est question d'analyser un champ aussi vaste que celui des médias : à objet pluriel, recherches plurielles.

3/ *Il n'a pas un souci d'exhaustivité*, mais espère néanmoins rendre compte des travaux les plus importants dans son domaine. Faute de place, on a été obligé de passer sous silence quelques terrains d'étude qui émergent depuis peu et qui laissent augurer d'une récolte de résultats fructueuse. On pense, entre autres, aux recherches sur les séries télévisées, aux travaux sur la construction sociale des événements et des problèmes publics, aux analyses de l'appropriation de certains objets culturels (les musées et leur public), voire aux études sur le genre dans le domaine des médias.

4/ *Il met prioritairement l'accent sur la situation française* sans négliger pour autant les recherches étrangères. Comme la discipline a pris son essor outre-Atlantique, beaucoup de références théoriques sont empruntées à des sociologues anglo-saxons, mais la plupart des cas de figure évoqués renvoient au contexte propre à la France (les références présentées dans les différentes bibliographies sélectives en fin de volume sont ainsi volontairement limitées à la langue française). Toutefois, comme Internet et les réseaux sociaux sont devenus depuis quelque temps des instruments de communication se déployant à l'échelle planétaire, il apparaît de plus en plus difficile de raisonner uniquement en fonction du contexte national.

5/ *Il est organisé en chapitres thématiques formant un tout*, et non pas en fonction d'une logique ou d'une démonstration progressives. Le but est de synthétiser, en quelques pages, les principaux acquis pour chaque thème et de soulever les questions essentielles à son propos. Les références en notes de bas de page incitent à approfondir le sujet pour les lecteurs curieux d'en savoir davantage.

1. Rappelons qu'Internet est un ensemble de protocoles de communication, un système d'interconnexions de machines qui permet d'utiliser des applications et des services variés tels que le courrier électronique, la messagerie instantanée et le Web proprement dit. Le Web est donc une application d'Internet.

Huit thèmes ont été retenus : les trois premiers portent sur ce qu'on pourrait appeler les relations entre les médias et l'espace public : « les médias et la vie politique » (chapitre 1), « les médias, l'opinion et l'espace public » (chapitre 2), « les médias entre propagande et publicité » (chapitre 3). Le quatrième chapitre évalue l'influence des médias sur le champ culturel (« les métamorphoses de la culture : de l'ère médiatique à l'ère numérique ») ; le cinquième est consacré à la sociologie des producteurs de l'information (« les professionnels des médias »). Les trois derniers chapitres s'intéressent, quant à eux, à « l'audience des médias » (chapitre 6), au(x) « public(s) des médias » (chapitre 7) et aux « usages des médias » (chapitre 8).

On espère ainsi à la fois dresser un tableau général de l'influence des médias dans notre société et proposer un bilan des recherches en la matière, sorte d'état des lieux des questionnements actuels qui sont autant de jalons pour des investigations à venir.

1

LES MÉDIAS ET LA VIE POLITIQUE

La vie politique a sans aucun doute subi de nombreuses transformations au cours de ces dernières années, en France tout particulièrement. Certains de ces changements relèvent de l'évolution des institutions politiques et du recrutement du personnel politique lui-même. On assiste, par exemple, à une multiplication des rendez-vous électoraux depuis près d'un demi-siècle ou encore à l'émergence d'une élite politique majoritairement issue d'une filière de type « Sciences Po » et École Nationale d'Administration. D'autres changements tiennent davantage à ce qu'on a appelé « la médiatisation de la vie politique », c'est-à-dire l'utilisation intensive et régulière par la classe politique, de la presse, de la radio, de la télévision et plus récemment d'Internet et des réseaux sociaux. Bien que la politique ne se résume pas à l'art de communiquer et à l'effet d'annonce, il n'en demeure pas moins vrai que beaucoup de décisions prises aujourd'hui par les gouvernants sont de plus en plus tributaires de la manière dont les médias, et notamment les journalistes, vont les commenter et de la façon dont les citoyens s'expriment sur des forums de discussion, des sites en ligne ou des réseaux sociaux (du type Facebook ou Tweeter). La relation entre médias et vie politique constitue donc un facteur important de la compréhension des enjeux liés à l'évolution des démocraties contemporaines.

I. Les mutations récentes de la vie politique

Pendant fort longtemps, les rapports entre les hommes politiques et leurs concitoyens se sont résumés, lors des campagnes électorales, à des rencontres et à des discussions dans le cadre de grands meetings, de réunions tenues dans les préaux d'école, voire à quelques interviews données à la presse.

Avec l'irruption, au cours des années 1960 en France, de la télévision dans le paysage politique[1], ce modèle traditionnel de communication a peu à peu volé en éclats. On situe symboliquement la première manifestation de cette rupture (qui s'avère en réalité très progressive) en 1965, date de l'élection présidentielle au cours de laquelle un homme politique (en l'occurrence Jean Lecanuet) a fait appel aux conseils d'un spécialiste en communication (Michel Bongrand). Mais il faut attendre 1974 (le duel télévisé du 2e tour entre Valéry Giscard d'Estaing et François Mitterrand a beaucoup marqué les esprits), et surtout 1981 (l'influence du publicitaire Jacques Séguéla sur la stratégie de communication de François Mitterrand est forte), pour que le basculement s'opère véritablement. L'utilisation de nouvelles techniques de persuasion, inspirées des méthodes de vente, aux États-Unis, de produits de consommation, a débouché sur ce qu'on a appelé le « modèle marketing[2] » de la communication. Il s'agit, en somme, de séduire l'électeur, de segmenter le marché électoral en un certain nombre de cibles (les jeunes, les personnes âgées, etc.) qu'il convient d'attirer par une publicité efficace (une image valorisante et des slogans accrocheurs). Essayons de détailler ces nouvelles modalités de communication.

A. Les interventions à la télévision et sur Internet

Prenant de plus en plus appui sur l'impact apparent de l'image, les hommes politiques sont devenus très sensibles à leur mode d'intervention sur le petit écran. L'étude rapide de l'évolution des émissions politiques à la télévision fournit une illustration probante de ce constat. À une télévision entièrement contrôlée par le pouvoir sous de Gaulle a succédé dans les années 1970 un dispositif au sein duquel les journalistes adoptent une certaine neutralité (l'émission « Cartes sur table » est créée en 1977).

Mais c'est au cours des années 1980 qu'apparaît véritablement une nouvelle manière d'interroger les hommes politiques. L'émission « L'heure de vérité » (lancée en 1982), conçue comme une sorte d'agora, connaîtra un réel succès et sera perçue comme un passage obligé. L'invité est soumis au feu roulant des questions de trois ou quatre journalistes dans un décor qui reproduit celui d'un petit amphithéâtre. L'entrée solennelle de l'homme politique sur le plateau (accompagné de l'animateur), le rituel final de la signature du livre d'or, la musique du générique de l'émission : tout concourt à une mise

1. Voir à ce sujet Christian Delporte, *La France dans les yeux. Une histoire de la communication politique de 1940 à nos jours*, Paris, Flammarion, 2007.
2. Gilles Achache, « Le marketing politique », *Hermès* n° 4, 1989, p. 103-112. Lire également Serge Albouy, *Marketing et communication politique*, Paris, L'Harmattan, 1994. Le « modèle marketing » s'oppose au « modèle dialogique » (échanges de paroles et de rationalité à plusieurs) et au « modèle propagandiste » (absence de réfutation possible d'un dogme ou d'une croyance) de la communication politique.

en scène quelque peu théâtrale de la prestation de l'homme politique[1]. Comme le souligne Jean-Pierre Esquenazi, « le politique ne sort pas indemne de ses rencontres avec la télévision. La décision politique, le débat politique, le vote même, ne sont plus les mêmes aujourd'hui qu'il y a quarante ans[2] ». Le rôle des journalistes va donc consister à trouver des formes et des langages susceptibles de ne pas rebuter le profane, et à provoquer chez le spectateur une soif de curiosité.

Seront ainsi expérimentés, durant les années 1980, différents modèles d'émissions politiques tels que « Questions à domicile » à vocation intimiste, « Sept sur Sept » au style plus magazine ou même « Les absents ont toujours tort » fondé sur la logique du spectacle. Les innovations ont porté, durant cette période, sur trois registres : une volonté d'interactivité, une tendance à la psychologisation (dévoilement de l'homme privé), une forme de dilution du politique dans le commentaire de l'actualité[3]. Le renouvellement des genres dans les années 1990 (appel aux experts, aux citoyens ordinaires, mais aussi apparition d'émissions de dérision telles que « Les guignols de l'info ») semble indiquer une forme d'épuisement du journalisme politique à la télévision. À preuve la réussite de Michel Drucker et de son émission « Vivement dimanche » où l'homme politique est interrogé sur ses goûts personnels et non sur ses idées et sur son programme. Le candidat à une élection d'envergure nationale est donc obligé de s'adapter au formatage des émissions proposées, de s'inscrire dans le moule médiatique s'il veut conserver quelque chance d'être entendu.

Ces changements sont particulièrement sensibles durant les années 1980-1990 dans la manière dont on interroge le Président de la République. Le dispositif télévisuel s'élabore suivant trois modèles d'échanges, selon Jean Mouchon[4]. Le premier est le *modèle impositif*: le médiateur et l'homme politique sont omniprésents, le public semble quasi absent. La rencontre est en effet construite autour de questions posées par le journaliste et par les réponses de l'invité. Le deuxième est le *modèle de l'agora*. Dans cette configuration, l'homme politique est confronté non seulement aux journalistes, mais aussi à des citoyens ordinaires qui peuvent lui poser des questions, mais qui n'ont guère l'occasion de poursuivre l'échange. Le troisième enfin, est le *modèle interactif* caractérisé par la mise en relation directe et prolongée du public avec le Président. Dans ce cas de

1. Sur cette émission en particulier, voir Patrick Champagne, « "L'heure de vérité" : une émission politique très représentative », *Actes de la Recherche en Sciences Sociales*, n° 71-72, 1988, p. 98-101, et Erik Neveu, « "L'heure de vérité" ou le triangle de la représentation », *Mots*, n° 20, 1989, p. 57-94.
2. Jean-Pierre Esquenazi, *Télévision et démocratie. Le politique à la télévision française, 1958-1990*, Paris, PUF, 1999, p. 360.
3. Pour un bilan, voir Erik Neveu, « Des questions "jamais entendues". Crise et renouvellements du journalisme politique à la télévision », in *Politix*, n° 37, 1997, p. 25-56, et du même auteur, « Les émissions politiques à la télévision. Les années quatre-vingt ou les impasses du spectacle politique » in *Hermès*, n° 17-18, 1995, p. 145-162.
4. Jean Mouchon, « La communication présidentielle en quête de modèle », *Hermès*, n° 17-18, 1995, p. 187-200.

figure, le rôle du journaliste se trouve réduit au minimum. Qu'il s'agisse de François Mitterrand ou de Jacques Chirac, le plus haut personnage de l'État ne peut rester indifférent à la mise en scène de ses interventions sur le petit écran.

En une trentaine d'années (1980-2010), les procédures d'intervention des hommes politiques à la télévision ont donc été fortement modifiées et ont donné lieu à de multiples expérimentations de la part des différentes chaînes françaises. Quel que soit leur succès (ou leur relatif échec), ces émissions politiques ont contraint les gouvernants à adopter des stratégies inédites de positionnement, à intégrer dans leur plan de campagne le média « télévision ». Un pas supplémentaire a été franchi au tournant des années 1999-2000 avec une nette intensification des invitations des hommes politiques sur les plateaux d'émissions mêlant information et divertissement (*infotainment*) du type « Tout le monde en parle » (Thierry Ardisson) ou « On ne peut pas plaire à tout le monde » (Olivier Fogiel), puis plus récemment « On n'est pas couché » (Laurent Ruquier) ou « Le Grand Journal » (Canal+). La politique-spectacle ainsi mise en œuvre oblige les hommes et les femmes politiques à se couler dans le moule de l'ambiance des plateaux de divertissement, à devenir de « bons clients » que l'on n'hésitera pas à inviter régulièrement. Le renouvellement de la représentation politique[1] qui est donc, d'une certaine manière, la résultante de cette propension à jouer sur la confusion des genres télévisuels peut être interprété de diverses manières. Certains y décèlent une influence néfaste du petit écran parce que ces émissions encouragent une banalisation du discours politique (volonté de décontraction, registre du témoignage, culte de l'émotion) et une dépolitisation du public (évitement des questionnements d'ordre social, oubli des enjeux politiques réels). D'autres, au contraire, y voient un moyen d'enrichir la compétence politique des citoyens (le mélange de détente et de discussion sérieuse réconcilie le populaire et le politique) et la seule manière de toucher un public qui se déclare indifférent à la politique[2].

Toujours est-il que les formats de présentation des interventions politiques ne cessent de se renouveler, signe de la difficulté qu'éprouvent aujourd'hui les responsables des chaînes de télévision (mais aussi les hommes politiques) à rendre le discours politique audible et donc à attirer le public. On en veut pour preuve la manière dont, au cours de l'élection présidentielle de 2007, *TF1* a testé une nouvelle formule de débat entre les candidats et les électeurs. L'émission intitulée « J'ai une question à vous poser » a en effet eu pour objectif de redonner la parole aux Français et d'instituer une sorte de face à face direct entre un candidat et un échantillon de citoyens sélectionnés par un institut de sondage. Dans cette nouvelle configuration, le journaliste a été réduit au

1. Pierre Leroux et Philippe Riutort, *La politique sur un plateau. Ce que la télévision fait à la représentation*, Paris, PUF, 2013.
2. Pour une discussion sur ce thème, voir Erik Neveu, « De l'art (et du coût) d'éviter la politique. La démocratie du *talk show* version française (Ardisson, Drucker, Fogiel) » et Kees Brants, « De l'art de rendre la politique populaire… Ou qui a peur de l'*infotainment*? », *Réseaux*, n° 118, 2003, respectivement p. 95-134 et p. 135-166.

rôle de simple médiateur, se contentant de relancer quelques questions sans pouvoir véritablement imprimer sa marque sur le débat[1]. L'audience ayant été au rendez-vous, le Président de la République Nicolas Sarkozy a réitéré l'exercice quelques années plus tard (en janvier 2010) afin de jouer sur le sentiment de proximité avec les Français.

Mais la grande nouveauté de la décennie 2000 a sans conteste été l'essor fulgurant d'Internet dont les nombreuses potentialités ont été rapidement exploitées par les hommes politiques. Censée favoriser l'accélération de la diffusion des informations et surtout les discussions et les échanges, la « Toile » sert aujourd'hui de plus en plus de vecteur privilégié pour entrer en contact avec les militants et sympathisants ou pour séduire de nouveaux électeurs. C'est encore une fois les États-Unis qui ont servi de laboratoire en la matière et plus particulièrement la campagne pour les élections présidentielles de 2008. Le candidat démocrate Barack Obama, entouré d'une équipe de professionnels férus de nouvelles technologies de la communication, a fait d'Internet l'outil privilégié de sa communication. Il a créé, à cette occasion, son propre site (my.barackobama.com) pour nouer des liens avec ses supporteurs et s'est servi des forums de discussion et des blogs, mais surtout des nouveaux réseaux sociaux du type *MySpace* et *Facebook* pour se faire mieux connaître, notamment auprès des jeunes. Son équipe a également utilisé *Twitter* et la vidéo en ligne (par le biais du site de partage de vidéos *YouTube*) pour accroître sa visibilité. Cette utilisation intensive du Web lui a permis de gagner en notoriété, de mobiliser de très nombreux bénévoles et de collecter beaucoup plus de fonds que ses rivaux. Internet a sans aucun doute encouragé l'interactivité avec les électeurs, très probablement contribué à son élection et fait de Barack Obama en quelque sorte le premier cyberprésident.

Son exemple a évidemment beaucoup inspiré les hommes et les femmes politiques français (dont certains, comme Ségolène Royal avec son site « Désirs d'avenir », s'étaient mis à l'heure du Web dès 2006-2007) qui ont fait étudier de près sa campagne électorale et qui ont, lors de l'élection présidentielle de 2012[2], tenté de mettre en application certaines de ses méthodes. La présence constante des principaux candidats (François Hollande, Nicolas Sarkozy, François Bayrou, etc.) sur les réseaux sociaux, le souci affiché de dialoguer avec les internautes, la volonté recherchée de faire du « buzz », ont sans aucun doute constitué un outil efficace de mobilisation des militants et des sympathisants, mais n'ont pas véritablement provoqué un bouleversement majeur de la campagne électorale. Contrairement à certaines prévisions trop optimistes, les débats les plus importants ont en effet eu lieu sur les chaînes de télévision généralistes (en particulier France 2) ou sur les chaînes d'information en continu qui ont su tirer leur épingle

---

1. Sur les relations entre hommes politiques, journalistes et électeurs durant l'élection présidentielle de 2007, lire Isabelle Veyrat-Masson (sous la direction de), *Médias et élections. La campagne présidentielle de 2007 et sa réception*, Paris, INA éditions, 2011.
2. Jacques Gerstlé et Raul Magni Berton (sous la direction de), 2012, *La campagne présidentielle. L'observation des médias, des électeurs et des candidats*, Paris, L'Harmattan/Pepper, 2014.

du jeu en retransmettant en direct certains meetings des candidats. Ce qui fait dire aux spécialistes[1] qu'Internet est certes devenu l'une des arènes où se déroule la compétition électorale, mais que la télévision a conservé sa place centrale dans l'information politique des Français. Sans doute assistera-t-on dans les années à venir, comme on l'observe dès à présent aux États-Unis, à une emprise croissante du Web et des réseaux sociaux lors des campagnes présidentielles.

En tout état de cause, après la communication dite moderne des années 1960-1990, nous serions progressivement entrés, si l'on en croit Pipa Norris[2], dans l'ère de la communication postmoderne, celle de la multiplication des canaux de diffusion des informations politiques et du ciblage de plus en plus sophistiqué des publics auxquels on s'adresse.

B. De nouvelles techniques de persuasion

Le modèle « marketing » de la communication politique a introduit, on le voit, de nombreux changements dans le comportement des hommes politiques et dans leurs relations avec les médias. Ils utilisent aujourd'hui de nouvelles techniques de persuasion qui peuvent être schématiquement résumées sous cinq modalités : la personnalisation de leurs interventions, la publicisation de leur intimité (*peopolisation*), la théâtralisation de leurs activités, l'emploi d'une nouvelle rhétorique politique et l'usage intensif des sondages.

Puisque l'électeur est de plus en plus sensible à l'apparence et aux images retransmises par la télévision, l'homme politique, sur la suggestion de ses conseillers en communication, soignera au moins autant la forme que le fond de sa prestation c'est-à-dire la *personnalisation* de son intervention. Pour se distinguer de ses concurrents, il mettra donc l'accent sur certains aspects de sa personnalité (jeune, dynamique, entreprenant), choisira avec soin ses costumes, valorisera certains de ses centres d'intérêt (la littérature, le sport, la musique, etc.), se fera photographier en compagnie de son épouse ou de ses enfants, en train de pratiquer du tennis ou de faire son jogging, voire de jouer d'un instrument de musique. L'accent mis sur la singularité de l'homme politique, sur son capital de visibilité, sur son style individuel, conduit à une véritable mise en scène du moi, une forme d'ego-politique, pour reprendre l'expression de Christian Le Bart[3], qui témoigne d'une individualisation progressive du champ politique.

1. Karolina Koc Michalska et Thierry Vedel, « Les pratiques informationnelles durant la campagne présidentielle de 2012 » in Pascal Perrineau (sous la direction de), *Le vote normal. Les élections présidentielles et législatives d'avril-juin 2012*, Paris, Presses de Sciences Po, 2013, p. 43 à 61.
2. Pippa Norris, *A Virtuous Circle. Political Communication in Postindustrial Societies*, Cambridge University Press, Cambridge, 2000.
3. Christian Le Bart, *L'ego-politique. Essai sur l'individualisation du champ politique*, Paris, Armand Colin, 2013.

Les exemples fourmillent de ces hommes politiques qui, au vu de sondages plus ou moins décevants, tentent de redresser leur image en élaborant une stratégie de « média planning » extrêmement sophistiquée, c'est-à-dire programment leurs interventions en choisissant avec soin le journal, la radio, la chaîne de télévision ou le site en ligne auxquels ils accordent une interview. L'exemple le plus symptomatique de ce type de comportement est probablement celui de Michel Noir qui, dans les années 1980, réussit à se faire connaître en demandant à ses enfants de chercher des croissants dans des boulangeries lyonnaises différentes (« Les croissants de Michel Noir, s'il vous plaît ! »), en posant des questions écrites à l'Assemblée durant les périodes creuses de l'actualité (le coût de l'opération « Bison futé »), en jouant du violoncelle, ou en pratiquant l'aviron devant les photographes[1].

Cette personnalisation se transforme désormais chez certains, en étalage de la vie privée, symbole d'une exposition promotionnelle[2] qui témoigne de l'abaissement récent en France des barrières entre la sphère publique et la sphère privée. La *« peopolisation »* des hommes politiques, dont les figures les plus emblématiques sont par exemple Silvio Berlusconi en Italie, Nicolas Sarkozy ou François Hollande (à son corps défendant) en France, répond à un besoin de se mettre en scène, de pouvoir raconter une histoire en vue d'agir sur les émotions du public. Il faut à tout prix susciter l'intérêt des médias, déclencher des réactions de sympathie chez le public afin d'entretenir sa notoriété et, le cas échéant, détourner l'attention de certains problèmes politiques. Le dévoilement de la vie privée confortée par le Web qui tend à favoriser l'extériorisation de l'intimité, s'accompagne donc souvent d'une mise en récit de son parcours personnel plus ou moins idéalisé, d'un art consommé de réduire toute vie sociale à une histoire édifiante. Cette technique venue des États-Unis et importée des stratégies marketing est résumée sous la formule du *storytelling*[3] qui consiste, pour les hommes politiques, à forger des récits de vie, à construire une mise en fiction de la réalité, à faire part d'anecdotes personnelles, d'expériences vécues pour se rapprocher le plus possible de la « vraie vie des gens ». Cette mise en avant de l'image personnelle et cette surexposition de l'intimité sont interprétées par certains spécialistes comme le symptôme d'un brouillage des clivages idéologiques, d'une usure du système politique traditionnel ou encore comme un danger pour le débat démocratique dans la mesure où les sentiments prennent le pas sur les arguments et les enjeux collectifs. D'autres l'analysent comme un facteur de démocratisation de la politique, une forme de reconnaissance de sa dimension profondément esthétique[4].

La *théâtralisation* va dès lors de pair avec la personnalisation. Les hommes politiques ont endossé le rôle de véritables acteurs qui s'inscrivent dans une dramaturgie et une

---

1. Lire à ce sujet le récit qu'en donne François-Henri de Virieu, dans *La Médiacratie*, Paris, Flammarion, 1990, chapitre XV.
2. La formule est de Jamil Dakhlia, *Politique people*, Paris, Bréal, 2008, p. 19.
3. Christian Salmon, *Storytelling. La machine à fabriquer des histoires et à formater les esprits*, Paris, La Découverte, 2007.
4. Pour un examen précis des arguments des uns et des autres, Jamil Dakhlia, *op. cit.*, chapitre 4.

scénographie particulières. Le répertoire figuratif montre qu'ils sont en représentation constante et que leur « façade sociale », pour reprendre l'expression d'Erving Goffman, est savamment calculée. « Le moi en tant que personnage représenté n'est donc pas une réalité organique... souligne le sociologue, c'est un effet dramatique qui se dégage d'un spectacle que l'on propose[1] ». Les hommes politiques apprennent par conséquent à parler sans hésitation devant un micro, à bien passer à l'écran avec l'aide de spécialistes, souvent journalistes, à placer au bon moment la petite phrase qui retiendra l'attention des médias dans une conférence de presse, etc. Le « *media training* » est devenu partie intégrante de l'apprentissage du métier. Pour lutter contre l'épuisement rapide de leur image et donc renouveler leur apparence, ils n'hésiteront pas à participer à certaines émissions de divertissement ou à créer une image-choc[2]. « La loi du tapage médiatique », selon la formule de Bernard Kouchner, apparaît souvent préférable au silence ou à l'indifférence des médias. Christophe Piar[3] qui a étudié la couverture des campagnes électorales (notamment présidentielles) dans les journaux télévisés entre 1981 et 2007, note à ce sujet que les chaînes de télévision ont de plus en plus joué, pour attirer l'attention du plus grand nombre de téléspectateurs, sur la dramatisation de ces moments forts de la vie politique et sur la personnalisation des candidats. Elles ont privilégié la mise en récit des campagnes électorales (tout en donnant une visibilité supérieure aux grands candidats par rapport aux petits candidats) et favorisé, en raison de ce traitement particulier de l'information, la domination du « jeu » politique (les petites phrases, les stratégies, l'évolution des cotes de popularité, etc.) sur « les enjeux » politiques (le débat d'idées, les prises de position, etc.).

La *rhétorique politique* s'en est trouvée, elle aussi, modifiée. Les grands orateurs, nourris d'humanités classiques et capables de fasciner par la virtuosité de leurs propos les parlementaires, ont partiellement disparu. Ils sont remplacés par des techniciens de la parole, soucieux de proposer des interventions calibrées en fonction de la demande des journalistes et d'employer des mots simples, compréhensibles par le plus grand nombre d'auditeurs ou de téléspectateurs. On a ainsi pu montrer, en étudiant la vitesse d'élocution et la richesse du vocabulaire des candidats à l'élection présidentielle française de 1981, que certains d'entre eux étaient passés maîtres dans l'art d'éliminer tous les termes compliqués ou jargonnants et de contrôler leur débit de parole à l'antenne[4]. On a aussi observé plus récemment, à travers une analyse lexicométrique, le vocabulaire employé par certains candidats à l'élection présidentielle de 2007, leurs stratégies discursives; voire la communication non verbale et leur rapport au corps[5]. De manière générale, on

1. Erving Goffman, *La Mise en scène de la vie quotidienne. 1/ La Présentation de soi*, Paris, Minuit, 1973, p. 238-239.
2. Voir notre article, Rémy Rieffel, « Du vedettariat médiatique », *Hermès*, n° 4, *op. cit.*, p. 215-222.
3. Christophe Piar, *Comment se jouent les élections. Télévision et persuasion en campagne électorale*, Paris, INA éditions, 2012.
4. Sur ce point, voir *Les Cahiers de la communication*, n° 4-5, 1981, Université Paris II, IFP.
5. *Mots*, « 2007. Débats pour l'Élysée », n° 89, 2009.

s'aperçoit que le discours politique est de plus en plus désacralisé, qu'il prend de plus en plus appui sur des techniques de captation du public (prédominance de l'affect, effets de *pathos*, effets slogan à l'aide de certaines phrases du type « la fracture sociale », « travailler plus pour gagner plus » etc.)[1].

Cette simplification des discours imposée par les nécessités de l'audience à la télévision et par le système de concurrence entre les médias, est évidemment peu propice aux raisonnements détaillés et aux argumentations solidement charpentées. La rhétorique médiatique des hommes politiques est celle de l'émotion, du direct, de l'expérience et du témoignage, bien plus que celle de l'analyse et du raisonnement développé. L'important, c'est le contact : « la relation l'emporte sur le contenu et l'énonciation compte plus que l'énoncé » écrit Régis Debray à propos de ce qu'il dénomme le monde de la vidéosphère[2]. Nul doute que la communication politique fondée traditionnellement sur la symbolique est dorénavant prise dans les rets de ce que les spécialistes dénomment la « communication indicielle », celle qui s'attache à l'image, à la participation et aux affects. On cherche à émouvoir instantanément et à faire événement : on élimine donc, par la force des choses, la complexité du réel. La rhétorique médiatique est devenue une esthétique de la séduction : le dispositif des campagnes électorales est de bout en bout fondé sur des éléments visuels (drapeaux, sigles, jeu sur les couleurs) et sonores (musiques d'ambiance, slogans), sur une gestuelle particulière des candidats, qui doivent retenir l'attention des citoyens-électeurs et qui favorisent la culture du sentiment[3].

Ces transformations s'accompagnent d'un usage massif et spectaculaire des *sondages* par les hommes politiques. La nécessité pour ces derniers de passer à la télévision les contraint d'une certaine manière à tenir compte du verdict des études d'audience : ils sont convaincus qu'une bonne prestation médiatique peut influer sur leur cote de popularité auprès des électeurs qui sont en même temps des téléspectateurs. Les instituts de sondage et les politologues qui commentent les résultats sont dorénavant devenus des acteurs à part entière de la vie politique au même titre d'ailleurs que les journalistes qui s'appuient sur les résultats des sondages pour légitimer leur statut auprès des hommes politiques.

L'essor de la pratique des sondages d'opinion est lié à celui des moyens modernes de communication. De ce fait, la médiatisation de la politique appelle en quelque sorte les sondages tandis que la publication des sondages appelle de son côté la recherche de nouveaux moyens pour améliorer les scores obtenus, en particulier en intervenant de plus en plus fréquemment dans les médias[4]. Cette propension à publier régulièrement des

1. Patrick Charaudeau, *Le Discours politique. Les masques du pouvoir*, Paris, Vuibert, 2005.
2. Régis Debray, *L'État séducteur. Les révolutions médiologiques du pouvoir*, Paris, Gallimard, 1993, p. 127.
3. Marlène Coulomb-Gully, *La Démocratie mise en scène. Télévision et élections*, Paris, CNRS éditions, 2001 et Geneviève Calbris, *L'Expression gestuelle de la pensée d'un homme politique*, Paris, CNRS éditions, 2004.
4. Patrick Champagne, *Faire l'opinion. Le nouveau jeu politique*, Paris, Minuit, 1990.

sondages sur les hommes politiques entraîne tout naturellement une « technicisation » de la politique de plus en plus tributaire de protocoles d'enquêtes qui tentent d'évaluer les mouvements d'humeur de l'opinion. Elle favorise par ailleurs l'émergence d'un corps de spécialistes censés décrypter, tels des oracles, les chances de réussite des candidats. Ceux-ci aujourd'hui ne peuvent plus être indifférents à l'évolution de leur cote de popularité dans les sondages.

Accroissement de la personnalisation des prestations des hommes politiques au détriment de leurs idées ; développement des stratégies de mise en scène de soi (« peopolisation ») et donc de théâtralisation de leurs interventions ; utilisation d'une rhétorique fondée sur la simplification et sur l'émotion ; usage constant des résultats de sondages : tous ces phénomènes se conjuguent pour redéfinir la politique à l'aune de sa médiatisation. La vie politique se joue aujourd'hui, pour une bonne part, sur le terrain du marketing et de la télévision, mais aussi de plus en plus sur les médias en ligne et les réseaux sociaux. On assiste à une modification progressive des modes de fonctionnement traditionnels de la communication politique en raison de l'inflexion numérique en cours.

C. La nouvelle configuration du jeu politique

Les recherches récentes sur les formes de médiatisation de la vie politique et sur les rapports entre médias et politique témoignent d'un changement de perspective. Les travaux menés, dans différents pays, sur les usages de la télévision et d'Internet, sur les analyses de discours et de l'image, sur la constitution de l'agenda électoral, ont conduit à évaluer, d'une part *les représentations et les interprétations* qui circulent lors des campagnes électorales, d'autre part *les relations* qui s'instaurent entre les différents acteurs du jeu politique. La campagne électorale se présente en effet « comme une séquence privilégiée de construction de la réalité politique à laquelle contribuent tous les acteurs selon leurs ressources et leurs intérêts » observe Jacques Gerstlé[1].

La communication des hommes politiques qui prétendent accéder au pouvoir consiste d'abord en l'imposition de symboles, d'images, de discours, qui sont interprétés de manière très variable par leurs concurrents, par les journalistes et par les électeurs. Les conduites de ces différents acteurs s'inscrivent donc dans une sorte d'affrontement de définitions de la situation dont chacune vise à devenir dominante. Cette confrontation est essentiellement symbolique puisqu'elle est fondée sur la mobilisation d'arguments, de récits, d'émotions, d'images qui seront décryptés de manière très sélective par les multiples protagonistes de la scène électorale. L'analyse de ce processus complexe d'interaction des représentations et des images véhiculées par le discours politique est

1. Jacques Gerstlé, *La Communication politique*, Paris, PUF, coll. « Que sais-je ? », 1992, p. 68. Voir également Philippe Riutort, *Sociologie de la communication politique*, Paris, La Découverte, « Repères », 2007, (réed. 2013), notamment p. 88-101.

réalisée par des sémiologues, des spécialistes de l'étude des discours et des images. On ne l'abordera donc pas ici, bien que cet aspect de la communication politique constitue un élément essentiel de la compréhension du jeu politique aujourd'hui[1].

La communication des hommes politiques est ensuite dépendante du rapport de forces entre les différentes parties en présence, de la lutte incessante entre les acteurs eux-mêmes du jeu politique. Pendant très longtemps, ce dernier s'est résumé à une configuration relativement simple : les hommes politiques s'adressaient souvent directement à leurs électeurs ou utilisaient le truchement des médias en cantonnant les journalistes dans un rôle de faire-valoir. De nos jours, le contexte politique a changé, et le jeu met en présence non plus deux, mais au moins quatre acteurs : *les hommes politiques, les communicants, les journalistes et les citoyens.* Voire cinq acteurs si l'on y ajoute *les sondeurs.* L'étude de ce champ de forces inédit est du ressort de l'analyse sociologique : c'est la raison pour laquelle on s'attardera à présent sur cet aspect particulier de la vie politique contemporaine.

La nouvelle configuration du jeu politique se caractérise par un état d'équilibre instable, ou plus exactement, par des renversements d'équilibre selon la conjoncture observée. La logique de la communication semble aujourd'hui souvent l'emporter sur la logique politique : autrement dit, les journalistes apparaissent souvent en position dominante face aux hommes politiques. Un tel constat mérite toutefois d'être nuancé et relativisé par l'analyse des ressources et des atouts dont dispose chacun des acteurs en présence.

Les *hommes politiques* subissent incontestablement de plus en plus la pression des événements et des médias. Ils sont obligés, on l'a vu, de répondre aux sollicitations des journalistes, de courir de studios de radio en plateaux de télévision, de construire leur image en tenant compte des résultats des sondages : leur stratégie électorale est tributaire de la logique médiatique. Un maire, un conseiller régional, un député et même un ministre, s'ils veulent avoir quelque chance d'être réélus, doivent nécessairement intégrer dans leur action les commentaires des professionnels des médias, suivre l'évolution de leur cote de popularité, tenter de réajuster leur discours. L'un des effets les plus visibles de cette médiatisation est probablement l'augmentation des médiations dont ils se servent pour entrer en contact avec leurs concitoyens. Si le face à face avec l'électeur n'a pas disparu (les rencontres sur les marchés constituent encore une habitude très ancrée), il est cependant supplanté par un ensemble complexe de dispositifs, d'écrans et de filtres : baromètres et chiffres de sondages, interviews devant un micro ou une caméra, présence sur les réseaux sociaux (Facebook, Twitter, etc.) et dialogue avec les internautes, constituent le lot quotidien ou presque des responsables politiques soucieux d'obtenir une assise nationale. Le métier s'est en quelque sorte professionnalisé et intègre une dimension « technicienne » de la compétence politique.

1. Pour une première introduction à l'étude de ces phénomènes, lire Christian Le Bart, *Le Discours politique*, Paris, PUF, coll. « Que sais-je ? », n° 3397, 1998.

Les *communicants*, spécialistes en image, en communication politique, également appelés *spin doctors*, sont, pour la plupart d'entre eux, des hommes et des femmes de l'ombre, inconnus du grand public, mais dont l'influence auprès des hommes politiques n'a cessé de croître. On cite souvent le cas de Jacques Séguéla ou de Jacques Pilhan qui ont eu l'oreille de François Mitterrand ou de Jacques Chirac, mais on connaît moins le rôle des autres communicants qui conseillent aujourd'hui nombre de ministres et d'élus. Ce sont eux qui gèrent l'image de leur protégé, qui auscultent l'état de l'opinion, qui élaborent le média-planning, qui tissent des liens avec les journalistes, qui définissent les « éléments de langage » pour les interventions dans les médias[1]. Leur poids est de plus en plus décisif.

Les *journalistes*, de leur côté, se sont émancipés en France de la tutelle du Pouvoir, de l'État ou des partis. Ils ont indéniablement gagné en autonomie, par rapport à l'époque, pas si lointaine, où le chef de l'État et les ministres surveillaient leurs faits et gestes, en particulier dans l'audiovisuel public en leur imposant une certaine forme de censure. Le recul du contrôle gouvernemental s'est accompagné, chez bon nombre d'entre eux, notamment l'élite du milieu (éditorialistes, chroniqueurs, responsables de rédaction, etc.) d'un souci de développer une certaine forme d'expertise critique. Ils se veulent des commentateurs et des évaluateurs compétents de la vie politique, capables d'interpréter à bon escient le jeu politique, utilisant les résultats des sondages comme arguments pour décoder les attentes de l'opinion. Ils jaugent sans cesse les discours et les comportements des hommes politiques, scrutent les coulisses et tentent d'anticiper les conséquences des jeux tactiques : de simples témoins de la scène politique, ils en sont devenus des acteurs à part entière. Les hommes politiques ne peuvent rester indifférents à leur influence. Aussi préfère-t-on parler aujourd'hui, à propos des relations entre hommes politiques et journalistes, d'un système « d'associés-rivaux[2] » dont les intérêts et les atouts s'entrecroisent.

Le *public des citoyens*, quant à lui, est dorénavant soumis à une multiplicité de messages et de mises en scène. Son opinion est censée être révélée par les sondages considérés comme l'expression permanente du corps social. Or, comme on le verra ultérieurement, on ne peut en aucun cas assimiler les résultats de sondages à un reflet fidèle de l'opinion publique. Il n'en reste pas moins vrai que les hommes politiques et les médias font un grand usage de ces enquêtes qu'ils jugent représentatives de l'opinion du public. Véhiculant une vision bien particulière de la réalité, les sondages exercent dès lors une pression forte sur les responsables politiques, qui définissent leur stratégie et leur action en fonction des chiffres publiés et des appréciations portées à leur égard. L'omniprésence des sondages accentue la culture de l'instantané : les résultats, les commentaires et les

1. Voir Jean-Baptiste Legavre, « Entre conflit et coopération. Les journalistes et les communicants comme "associés rivaux" », *Communication et langages*, n° 167, 2011, p. 105-123 ainsi que l'ouvrage fourmillant d'exemples de Aurore Gorius et Michaël Moreau, *Les gourous de la com'*, Paris, La Découverte, Poche, 2012.
2. L'expression est d'Erik Neveu. Voir à ce sujet son article « De quelques incidences des médias sur les systèmes démocratiques », in *Réseaux*, n° 100, 2000.

réactions se succèdent à un rythme de plus en plus intense. On peut par conséquent affirmer que leur influence dans le jeu politique va croissant. Le public des électeurs-citoyens dispose toutefois d'autres moyens de se faire entendre : existence d'émissions de dialogue à la radio, possibilité de participation des profanes à certaines émissions politiques à la télévision, interventions sur des forums de discussion et commentaires sur les réseaux sociaux.

L'essor d'Internet a d'ailleurs peu à peu changé la donne puisque les citoyens peuvent dorénavant bien plus facilement faire entendre leur voix qu'auparavant. Les multiples prises de position et d'interpellation des hommes politiques sur le Web, les échanges de vidéos tournant en dérision certains d'entre eux, les discussions véhémentes autour de l'actualité sur des sites en ligne, sont autant de manifestations d'une prise de parole publique plus forte et d'une mise en conversation de l'actualité politique sur le Web[1]. L'élargissement des formes de discussion, la diversité des registres de parole (humour, opinion brute, expertise, témoignage, etc.) sur les plates-formes numériques sont la preuve d'un changement des relations traditionnelles entre hommes politiques et citoyens. Autant de signes qui montrent en tout cas que l'influence du public n'est pas négligeable (sans oublier qu'il dispose par ailleurs d'un certain pouvoir grâce à son bulletin de vote).

Les relations ainsi constituées entre les différents acteurs (hommes politiques-communicants-journalistes-citoyens) composent un champ de forces soumis à des variations d'intensité. Tout le problème est de savoir qui domine le jeu et qui apparaît comme le principal bénéficiaire de cette nouvelle donne. Les interprétations auxquelles se livrent les sociologues à ce sujet sont contrastées, mais insistent pour la plupart d'entre elles sur le poids croissant exercé par les médias sur la vie politique.

Dominique Wolton estime par exemple que la pression exercée par les médias est considérable et que le rapport des forces penche en faveur des journalistes[2]. Les armes sont inégales car les professionnels de l'écrit et surtout de l'audiovisuel, épaulés dans leurs commentaires par les sondages, détiennent le contrôle de l'interprétation des événements. La relation est donc déséquilibrée et laisse entrevoir selon lui trois risques majeurs. Le premier est celui où les médias absorbent la politique et débouchent sur la politique-spectacle. Leur crédibilité auprès de l'opinion en pâtit en raison du rapprochement trop étroit entre les deux sphères. Le deuxième est celui où les sondages absorbent l'opinion politique en faisant croire qu'ils sont représentatifs de cette dernière. Cette situation entraîne un appauvrissement de la communication politique qui se contente d'une vision partielle de la réalité. Le troisième est celui d'une rupture de la relation entre opinion et médias : les journalistes assurent moins leur rôle de porte-parole véritable de l'opinion publique et s'abritent derrière les sondages pour parler aux hommes

1. Sur ce sujet, voir Josiane Jouët et Rémy Rieffel (sous la direction de), *S'informer à l'ère numérique*, Rennes, Presses Universitaires de Rennes, 2013.
2. Dominique Wolton, *Penser la communication*, Paris, Flammarion, 1997, p. 149.

politiques : or les sondages, comme on l'a déjà dit, ne représentent ni l'opinion publique, ni le corps électoral. Chacune de ces trois logiques montre bien la fragilité de l'équilibre de la configuration actuelle[1].

Patrick Champagne, dans un autre registre, souligne lui aussi la consécration des sondages, l'intérêt des journalistes à s'en servir comme instrument de légitimation de leur rôle et comme arme symbolique particulièrement puissante face aux hommes politiques. Les journalistes et les sondeurs attirent l'attention du public sur certains faits et imposent en partie leur vision du monde[2].

Sans doute convient-il de relativiser ces analyses en fonction du contexte : de nombreux exemples montrent qu'il n'y a pas de réponse définitive à la question posée. Lors du référendum sur Maastricht en 1992, les résultats des sondages laissaient croire que le « oui » allait être nettement majoritaire. L'on sait que le résultat fut, au contraire, très serré : c'est la preuve que le public ne suit pas aveuglément le discours des médias. La campagne pour les élections présidentielles de 1995 en est une autre illustration : peu d'observateurs croyaient en les chances de Jacques Chirac de se retrouver présent au second tour. Quant à l'élection présidentielle de 2002, rares ont été ceux qui ont anticipé le résultat du premier tour permettant à Jacques Chirac et Jean-Marie Le Pen de rester en lice pour la seconde phase de cette élection. La réalité a démenti les prévisions : c'est la preuve que le jeu n'est pas totalement fermé et que le rapport des forces entre les différents acteurs est fluctuant.

Autre exemple récent qui témoigne de la variabilité des situations et donc de la nécessité de procéder à des interprétations nuancées : le référendum sur le Traité constitutionnel européen en 2005. Alors que la très grande majorité des hommes politiques et des journalistes-éditorialistes des médias les plus en vue plaidaient en faveur du « oui », c'est en fin de compte le « non » qui l'a emporté. On s'est aperçu, à cette occasion, que sur les forums de discussion sur le Web, les adversaires du Traité étaient très nombreux et qu'ils avaient été globalement ignorés par les médias traditionnels. Les électeurs, dans ce cas de figure, n'ont suivi ni les hommes politiques, ni les journalistes et ont bien eu le dernier mot. Dernière illustration de la diversité des phénomènes observables : les élections présidentielles de 2007 et 2012 en France. Alors que les journalistes ont été obligés en 2007 d'adopter un positionnement très suiviste par rapport aux stratégies de communication des deux principaux candidats (Nicolas Sarkozy et Ségolène Royal) qui ont imposé aux médias leur agenda ; ils ont en revanche disposé en 2012 d'une marge de manœuvre beaucoup plus grande.

Le jeu politique semble, au final, plus complexe qu'il n'y paraît : les diagnostics trop tranchés ne sont pas de mise en la matière.

1. Dominique Wolton, « Les contradictions de la communication politique », in *Hermès*, n° 17/18, p. 107-124.
2. Patrick Champagne, *Faire l'opinion, op. cit.* Pour davantage de précision sur l'explication proposée par Patrick Champagne, se reporter au chapitre 2, « Les médias, l'opinion publique et l'espace public ».

II. Les effets de la médiatisation sur la vie politique

La description rapidement esquissée des changements survenus dans la communication politique contemporaine conduit tout naturellement à s'interroger sur l'impact de telles transformations sur la vie politique dans les sociétés démocratiques. Les recherches menées à ce sujet remontent aux lendemains de la Seconde Guerre mondiale : elles ont principalement porté sur les campagnes électorales et leurs effets sur les électeurs. La variable « communication » est depuis lors de plus en plus considérée comme un élément essentiel de compréhension de la scène électorale. L'influence de la médiatisation de la vie politique, bien que malaisée à évaluer, peut cependant être déterminée dans ses grandes lignes.

A. Les premières études sur les campagnes électorales

Les premiers travaux empiriques sur les modifications de comportements induites par l'utilisation des médias ont été menés par le sociologue Paul Lazarsfeld et ses collaborateurs à l'université de Columbia aux États-Unis, et sont à l'origine de ce qu'on a appelé le modèle des « effets limités et indirects » de la communication. Ils montrent que le récepteur n'est pas un être passif et vulnérable ingurgitant sans réagir les messages émis par les médias, mais un individu inséré dans un tissu social, influencé par la pression des groupes d'appartenance. Quelles sont les principales leçons que l'on peut tirer de ces études publiées dans quelques ouvrages majeurs dont on retiendra notamment *The People's choice* (1944) avec Bernard Berelson et Hazel Gaudet, et *Personal influence* (1955) avec Elihu Katz[1].

• *La première est que le degré d'exposition des individus aux messages médiatiques dépend fortement de leurs modalités d'insertion dans certains groupes sociaux.* L'analyse menée dans le comté de l'Erié lors de la campagne présidentielle de 1940 qui opposa le candidat démocrate (Roosevelt) et le candidat républicain (Wilkie) a permis en effet de se rendre compte que les individus les plus intéressés par cette élection appartenaient à un milieu socio-économique élevé, étaient fortement diplômés et qu'ils avaient, dans l'ensemble, des opinions politiques tranchées dès le départ. Les individus ne sont donc pas touchés de manière uniforme puisque l'appartenance sociale est un facteur discriminant : le degré d'exposition est variable selon les groupes primaires auxquels on est rattaché.

• *Cette exposition, deuxième leçon, est en outre sélective.* Nous avons tendance à refuser de voir et d'écouter les messages qui ne vont pas dans notre sens, à ne mémoriser que

1. Paul Lazarsfeld, Bernard Berelson, Hazel Gaudet, *The People's Choice*, Columbia University Press, New York, 1948, et Elihu Katz, Paul Lazarsfeld, *Personal Influence*, The Free Press, Glencoe, 1955, traduit en français *Influence personnelle*, Paris, A. Colin, 2008.

les informations qui correspondent à nos attentes et à nos opinions personnelles. En étudiant, par exemple, le public d'émissions de radio consacrées aux minorités ethniques, Paul Lazarsfeld a montré que les auditeurs étaient principalement composés des membres de ces minorités elles-mêmes : c'est bien la preuve, comme l'ont confirmé depuis les travaux menés en psychosociologie, que l'exposition, l'attention et la perception des messages obéissent à un processus complexe de filtrage qui va dans le sens du renforcement de nos opinions préalables.

• *La troisième leçon est que le vote est non seulement une expérience de groupe, mais aussi que les groupes exercent une pression à la conformité.* « Les gens qui travaillent ou vivent ou se distraient ensemble sont enclins à voter pour les mêmes candidats » écrivent les auteurs de *The People's choice*[1]. Afin d'éviter d'entrer en conflit avec notre entourage, nous préférons souvent nous ranger à l'avis majoritaire. En outre, comme nous évoluons dans un milieu d'amis qui partagent les mêmes opinions que nous, nos schèmes d'interprétation sont souvent identiques aux leurs. Les opinions déviantes ou minoritaires s'avèrent donc plus difficiles à défendre dans un tel contexte. Les chercheurs américains ont observé que les campagnes électorales provoquent le renforcement de l'homogénéité et de la cohésion des groupes ; en d'autres termes, que plus on se rapproche du jour du scrutin, plus on a tendance à se rallier à l'opinion majoritaire. Les dissidents, mais également les indécis, finissent par adopter l'avis qui a les faveurs de leur entourage proche.

• *Quatrième leçon, l'effet des messages est indirect. Il passe par des relais ou des guides d'opinion et s'élabore en deux temps (« two step flow of communication »).* L'une des grandes découvertes de ces enquêtes de terrain a été, en effet, de s'apercevoir qu'il existe des « relais d'opinion » qui, dans un premier temps, trient les informations, servent de filtre et qui, ensuite, retransmettent ce qu'ils ont vu, entendu ou lu aux autres membres des groupes primaires. L'étude conduite à Decatur dans le Middle West par Paul Lazarsfeld et Elihu Katz (*Personal influence*) auprès d'un échantillon de 800 femmes à propos des influences auxquelles elles sont soumises pour les achats ménagers, la mode, les affaires politiques, la fréquentation des salles de cinéma, a ainsi confirmé l'importance des contacts personnels et le rôle décisif joué par le guide d'opinion, souvent plus influent que les médias eux-mêmes. Elles ont en effet beaucoup plus mentionné une personne (membre de la famille, amie, voisine, collègue de travail) qu'un média particulier (sauf pour le cinéma) comme facteur discriminant de leur choix.

Reste à savoir quelles sont exactement les caractéristiques propres d'un *guide d'opinion*. Ce dernier doit avant tout inspirer confiance : sa crédibilité est forte auprès de nous parce qu'il partage nos envies, nos attentes, nos interrogations, et parce qu'il nous semble compétent et convaincant. Cette crédibilité repose sur plusieurs facteurs :

---

1. Cité par Grégory Derville, *Le Pouvoir des médias. Mythes et réalités*, Grenoble, Presses universitaires de Grenoble, 2005, (rééd. 2013), p. 17.

- Il occupe une position sociale stratégique. Il est en effet situé au centre d'un réseau de connaissances dense à l'intérieur du groupe et grâce à cette position, il ressent avec justesse le climat et l'ambiance du groupe. Il noue également de nombreux contacts avec l'extérieur, fait le lien entre le groupe et son environnement.
- Il incarne les valeurs du groupe, c'est-à-dire que ses opinions et ses idées sont conformes à celles des membres du groupe. Il apparaît en quelque sorte comme le reflet fidèle des normes de comportement du groupe.
- Il est davantage exposé aux messages médiatiques que les autres membres du groupe. Il lit davantage la presse, écoute davantage la radio, ou regarde davantage la télévision, et est capable d'opérer un tri judicieux de toutes les informations qu'il recueille. Sa compétence en ce domaine lui est reconnue.

Le *leader* d'opinion n'est crédible que dans un ou quelques domaines précis (par exemple la musique ou le sport) : ce qui explique les raisons pour lesquelles nous sommes influencés par des personnes différentes selon le sujet abordé. Si l'on prend le cas de la France, il est clair que les *leaders* d'opinion des années 1950 étaient, pour nombre de nos concitoyens, l'instituteur du village, le secrétaire de mairie ou le curé, sans oublier, bien sûr, d'autres membres de leur environnement proche (parents, amis, collègues, etc.). La donne a aujourd'hui changé : nous sommes davantage attentifs aux avis de responsables d'associations, de sportifs, mais aussi de journalistes, d'intellectuels ou d'experts, souvent très médiatisés eux-mêmes. Le *leader* d'opinion appartient donc toujours à notre proche entourage, mais peut également être une personnalité évoluant dans la sphère des médias. L'explication proposée par Paul Lazarsfeld est donc à compléter.

Le processus de communication en deux temps est devenu aujourd'hui, en raison de l'essor d'Internet et des réseaux sociaux, beaucoup plus complexe et probablement plus diffus : c'est la raison pour laquelle on considère qu'il existe aujourd'hui de multiples niveaux de filtrage, moins hiérarchisés et plus disséminés ou enchevêtrés. On parle donc plutôt de « *multi step flow of communication* », d'un véritable réseau d'influence qui conduit, par le biais des conversations, à l'émergence d'opinions collectives, de « communautés interprétatives[1] ». Les études les plus récentes menées à propos des discussions politiques sur le Web montrent en effet que les formes d'expression y sont plus souples et plus informelles, mais que nous avons malgré tout tendance à dialoguer avec des internautes partageant les mêmes points de vue que nous. Cependant, si l'on en croit certains spécialistes, ce constat est surtout valable pour des individus idéologiquement isolés dans leur environnement quotidien. Le spectre des contacts et des discussions politiques apparaît de fait un peu plus large qu'auparavant[2].

1. Daniel Dayan, « Les mystères de la réception », *Le Débat*, n° 71, 1992. Se reporter, à ce sujet, au chapitre 7, « Le(s) public(s) des médias ».
2. Sur ce sujet, voir le chapitre VII de notre livre, Rémy Rieffel, *Révolution numérique, révolution culturelle ?*, Paris, Gallimard, coll. Folio, 2014 ainsi que Dominique Cardon, *La démocratie Internet*, Paris, Le Seuil, 2010.

En définitive, les travaux empiriques sur les campagnes électorales réalisés par l'école de Columbia ont confirmé à l'époque que les effets de la médiatisation ne sont pas aussi importants que certains l'affirment, que l'influence existe (notamment lorsque l'écart entre deux candidats semble très faible: dans ce cas, les indécis peuvent être influencés par une intervention réussie dans les médias), mais que les changements d'attitude ou les conversions provoqués par les médias sont finalement assez rares. Les effets réels concernent principalement le renforcement des attitudes préexistantes et des prédispositions politiques, ou encore l'activation de certaines opinions latentes qui sont, d'une certaine manière, cristallisées par les médias. L'hypothèse d'effets puissants de la communication électorale sur le public se trouve de la sorte invalidée puisque l'influence est médiatisée par le tissu social dans lequel sont insérés les électeurs-récepteurs. Comme le soulignait, non sans humour, Bernard Berelson, toutes ces enquêtes prouvent simplement « que certains types de communications, sur certains types de sujets, émis à l'intention de certains types d'individus, pour certains types de condition, ont certains types d'effets ».

Les multiples études menées depuis lors ont permis de progresser dans la compréhension de l'influence des médias en matière politique et d'affiner ou de contester les explications proposées par Paul Lazarsfeld. On ne réduit plus aujourd'hui les effets des médias et de la communication électorale à de simples renforcements d'attitude; on ne se contente plus de les mesurer sans tenir compte de l'impact du dispositif d'enquête. On se sert en outre d'autres paramètres, notamment d'ordre social, cognitif, psychologique, voire émotionnel.

Certains spécialistes en sciences politiques estiment par exemple que l'identification partisane et les prédispositions politiques préalables sont souvent déterminantes dans la décision de vote et que l'exposition à la politique télévisée est inégalement distribuée: l'intensité de cette exposition à l'information politique varie fortement selon le niveau d'instruction, selon la profession, voire selon le sexe des individus[1]. Le contexte de réception est souvent décisif: il convient donc de prendre en considération les caractéristiques sociales des individus ainsi que le milieu familial, professionnel ou amical dans lequel ils évoluent. D'autres chercheurs considèrent que le degré d'exposition et de compréhension des messages dépend aussi fortement de l'engagement cognitif des individus (*awareness*) ou encore que l'environnement d'information (homogène ou hétérogène) joue un rôle sur le caractère uniformisant ou oppositionnel des opinions[2]. Les psychosociologues insistent, quant à eux, sur les motivations du récepteur face à un message politique, son degré d'implication véritable et sur l'importance du contexte de

1. Se reporter à Jacques Lagroye, (avec Bastien François et Frédéric Sawicki), *Sociologie politique*, Paris, Presses de Sciences Po et Dalloz, 2002, p. 345 et suivantes. Ainsi qu'à Michel Offerlé, *Sociologie de la vie politique française*, Paris, La Découverte, coll. « Repères », 2005, p. 130 et suivantes.
2. Consulter à ce sujet Jacques Gerstlé, *La Communication politique*, Paris, Armand Colin, coll. « Compact », 2004, p. 98 et suivantes.

réception[1]. D'autres spécialistes enfin, mettent l'accent sur le poids des réactions émotionnelles des téléspectateurs devant les expressions non verbales et les mimiques des hommes politiques. Autrement dit, les explications des effets des médias sont désormais l'objet d'approches multidimensionnelles : l'environnement sociopolitique, les compétences politiques des individus, leurs motivations, leur niveau d'information préalable, les choix partisans, les usages des médias, etc. interagissent et forment un écheveau complexe de facteurs intervenant dans le processus d'influence[2].

B. L'influence des médias sur les gouvernants et les gouvernés

Les premières études sur les campagnes électorales ont permis de mieux saisir le processus d'influence des médias sur les électeurs, mais ne peuvent rendre compte des modifications en profondeur de l'ensemble de la vie politique elle-même. La plupart des travaux actuels sur ce phénomène s'attachent à délimiter les effets de cette médiatisation d'une part sur *les gouvernants*, d'autre part sur *les gouvernés*, et se concentrent en fait sur le rôle joué par deux média dominants : la télévision et Internet.

Rares sont en effet les études qui essaient d'évaluer l'influence de la presse écrite et de la radio. Il semble, en fait, que la télévision soit devenue l'instrument essentiel de l'information des citoyens en matière politique (la presse et la radio ont une fonction d'accompagnement) et qu'elle ait en quelque sorte déplacé le lieu de la politique. C'est par le petit écran que l'électeur prend vraiment connaissance des enjeux, des débats, des questions à l'ordre du jour en matière politique, bien plus que par les meetings, les campagnes d'affichage, les émissions à la radio ou les journaux. Toutefois, depuis quelque temps, la recherche d'informations en ligne gagne en importance notamment auprès des individus fortement intéressés par la politique. Mais les pratiques informationnelles demeurent socialement et culturellement différenciées[3]. On y reviendra.

1/ Sur les gouvernants

Les médias modifient les règles traditionnelles du jeu démocratique. On peut, à grands traits, résumer leur influence sur les gouvernants en l'appréhendant à trois niveaux : leur image, leur travail et leur recrutement.

1. Sur ce point, voir Marie-Pierre Fourquet-Courbet, « Réception et influence des discours politiques à la télévision » *in* Pascal Marchand (sous la direction de) *Psychologie sociale des médias*, Rennes, Presses universitaires de Rennes, 2004, p. 257-275.
2. Pour une bonne synthèse, lire Brigitte Le Grignou, *Du Côté du Public. Usages et réceptions de la télévision*, Paris, Economica, 2003, notamment le chapitre X « Téléspectateurs citoyens ».
3. Sur ce point, voir Jean-Baptiste Comby, « L'orientation sociale des goûts en matière d'actualité » in Josiane Jouët et Rémy Rieffel (sous la direction de), *S'informer à l'ère numérique*, *op. cit.*, p. 31-55.

• L'impact de la télévision sur les responsables politiques dépend pour beaucoup de l'*image* qu'ils proposent d'eux-mêmes. Celle-ci, pour séduire l'électorat doit répondre à un certain nombre de critères dont le principal est celui de la cohérence. L'adéquation entre l'image montrée et l'image perçue est un impératif absolu car si le public s'aperçoit qu'il y a rupture d'image, il se détournera de l'homme politique qui verra ainsi son crédit fortement entamé. La gestion de l'image apparaît donc comme un phénomène essentiel de la médiatisation de la vie politique. Le cas d'école le plus exemplaire est très certainement le débat qui opposa en octobre 1985 Laurent Fabius, alors Premier ministre à Jacques Chirac, chef de file de l'opposition[1]. Largement présenté comme un duel au sommet par les médias de l'époque, il montra un Laurent Fabius plus agressif qu'à l'accoutumée, moins à l'aise que prévu, et un Jacques Chirac, au contraire, très maître de la situation. Les commentaires parus dans la presse le lendemain furent souvent sans pitié pour le Premier ministre et constituèrent un bon indicateur de « l'effet de verdict » déclenché par les journalistes et par les sondages d'opinion. La discordance entre l'image habituelle de Laurent Fabius, celle d'un homme calme et pondéré et celle qu'il montra, ce jour-là, sur le petit écran, le pénalisa ensuite pendant un long moment.

L'intervention télévisée, si l'on souhaite qu'elle soit réussie et efficace, doit également être pertinente (c'est-à-dire formuler un énoncé neuf en termes nouveaux) et prégnante (c'est-à-dire trancher sur les énoncés de même nature)[2] : il convient donc de ne pas en abuser. Puisque la perception que nous avons de l'homme politique est tributaire de la télévision, il semble que cette dernière est capable de remodeler l'identité des grands *leaders*, mais aussi des partis politiques qui ont intérêt à développer un discours clair, immédiatement lisible. C'est l'image personnelle du candidat et globale du parti, bien plus que l'addition d'arguments raisonnables, qui déterminent la perception qu'ont les électeurs, en particulier les indécis, de la politique. Aussi ne peut-on être insensible à celle que livrent des émissions, fondées sur la caricature et la dérision, telles que « Les Guignols de l'info » (Canal +) qui touchent notamment les jeunes. Le recodage politico-burlesque auxquels se livrent les producteurs de cette émission n'a pas été sans effet sur certains hommes politiques eux-mêmes[3], obligés de tenir compte de la manière dont les marionnettes des « Guignols de l'info » accusaient certains traits de leur personnalité.

Le travail sur l'image passe également de plus en plus par une présence active des hommes politiques sur le Web : pages de blog, profil Facebook, échanges sur Twitter, forums en ligne, etc. leur offrent en effet l'occasion de jouer sur la dimension stratégique d'une forte visibilité en ligne. La campagne électorale – déjà évoquée précédemment – que Barack Obama a menée en 2008, a servi à ce titre d'exemple emblématique en la

1. Ce débat est analysé en détail par Patrick Champagne, « Le cercle politique. Usages sociaux des sondages et nouvel espace politique », *Actes de la Recherche en Sciences Sociales*, n° 71-72, *op. cit.*, p. 71-97.
2. Selon la terminologie de Jean-Paul Gourevitch, *La Politique et ses images*, Paris, Edilig, 1986.
3. Se reporter à Annie Collovald et Erik Neveu, « "Les Guignols" ou la caricature en abyme », *Mots*, n° 48, 1996, p. 87-112.

matière[1]. Sa campagne de 2012, fondée sur une utilisation encore plus massive des réseaux sociaux (Facebook, YouTube, Instagram, Pinterest, etc.) a, quant à elle, renforcé son image d'un homme politique proche et accessible et intensifié l'envoi d'informations personnalisées. Les interventions médiatiques des hommes politiques se glissent donc de plus en plus aujourd'hui dans les habits du numérique.

• Les médias influent également sur le *travail* des hommes politiques, sur leur activité quotidienne. La gestion du temps a subi à son tour de profonds bouleversements. Alors que le temps politique est un temps qui s'inscrit dans la durée, qui nécessite analyse et délibération, qui doit favoriser la mémorisation de ce que les spécialistes nomment des « actes politiques lourds » (s'inscrivant dans une continuité), le temps médiatique, au contraire, est celui du direct, de l'éphémère et de la rapidité. L'exemple des élections présidentielles américaines de novembre 2000 est une parfaite illustration du poids de la logique de la concurrence et de l'urgence. Les chaînes de télévision ont en effet d'abord annoncé la victoire du candidat démocrate Al Gore, puis se sont rétractées et ont affirmé que le candidat républicain George W. Bush serait le nouveau président des États-Unis, avant de reconnaître que le résultat de l'élection était finalement extrêmement indécis. Ces annonces contradictoires prouvent que l'on n'a guère pris le temps de vérifier les résultats des sondages à la sortie des urnes parce qu'il importait d'être le premier à livrer le résultat de l'élection. Soumis à la pression de l'urgence, les hommes politiques sont donc souvent contraints de réagir à chaud aux sollicitations des journalistes, d'intervenir dans plusieurs médias sur le même sujet, de rechercher l'effet d'annonce ou la petite phrase avec les risques inhérents à ce genre de pratiques : celui de la simplification excessive par manque de recul, celui de la dramatisation mal calculée, voire de la superficialité et du conformisme. Adaptant leur discours aux normes du medium lui-même, ils sont pris au piège de ce que Paul Virilio appelle la logique « monstrative » (fondée sur le réflexe, l'instant)[2], au détriment de la logique « démonstrative ».

L'activité des hommes politiques est, en outre, de plus en plus soumise à une vérification permanente de la part des médias et du public. Le suffrage universel demeure certes le principal instrument de leur légitimité, mais ils sont conduits à faire des efforts d'explication tout au long de l'année, sommés à comparaître devant les médias pour rendre des comptes, obligés de répondre aux leçons qui se dégagent des résultats des sondages. Certains hommes politiques l'ont tellement bien compris qu'ils ont choisi une autre stratégie, celle qui consiste à devancer les souhaits des médias, à anticiper leurs attentes, en leur offrant tous les jours ou presque des images et de petites phrases susceptibles de les attirer. C'est le cas de Nicolas Sarkozy qui a gouverné à l'aide des sondages, a multiplié les déplacements et les interventions publiques, a saturé l'espace médiatique pour éviter de laisser à ses adversaires la moindre initiative. Il a ainsi obligé les journalistes à

1. François Heinderyckx, « Obama 2008: l'inflexion numérique » in *Hermès*, n° 59, 2011, p. 135-136.
2. Parmi les nombreux ouvrages de Paul Virilio, on retiendra notamment *La Vitesse de libération*, Paris, Galilée, 1995.

entrer dans son jeu, à le suivre sans pouvoir disposer du temps nécessaire pour prendre du recul. À l'aide de ses conseillers en communication, il a défini son action en partant du principe que gouverner, c'est d'abord communiquer et faire savoir.

• Le changement porte enfin sur le *recrutement du personnel politique* lui-même. Traditionnellement, l'accès aux plus hautes responsabilités au sein d'un parti nécessitait la reconnaissance des militants de base et l'investiture ne s'obtenait qu'après avoir gravi les différents échelons de responsabilité. Aujourd'hui, le « capital » mobilisé pour être désigné n'est plus seulement celui de l'art oratoire dans les meetings ou la force des convictions, mais aussi celui de la visibilité et de la performance médiatiques. La légitimation s'opère grâce à une bonne prestation médiatique ou une forte visibilité parfois acquise à l'extérieur (dans le sport, les affaires) : c'est l'opinion publique qui fait office de critère de choix dans beaucoup de cas. Si la télégénie n'est pas une garantie absolue pour être choisi, elle n'en apparaît pas moins comme un élément essentiel dans les mécanismes de sélection des hommes et des femmes politiques. La désignation de Ségolène Royal comme candidate à l'élection présidentielle de 2007 par les militants du parti socialiste dut ainsi beaucoup à sa popularité dans les sondages d'opinion et à sa bonne image dans les médias. Certains spécialistes en sciences politiques relativisent cependant cette influence des médias en soulignant que le personnel politique le plus visible correspond malgré tout à la structure actuelle du pouvoir institutionnel et partisan : la télévision contribuerait dès lors au maintien de la légitimité du capital accumulé préalablement.

Le risque qui se profile toutefois à l'horizon est celui de créer une inégalité de fait entre la légitimité élective et la légitimité cathodique, ainsi que le soulignait autrefois Jean-Marie Cotteret[1], autrement dit entre celle qui s'appuie sur le suffrage universel et celle qui repose sur la maîtrise des médias et sur la communication « marketing ». Les hommes politiques sollicités par les micros et les caméras se réduisent dès lors à quelques dizaines tandis que les députés, sénateurs ou maires qui restent dans l'ombre, qui n'ont pas accès aux « *sunlights* », sont quasiment ignorés par le grand public. L'affaiblissement des corps intermédiaires (partis, syndicats, etc.) qui constituaient auparavant autant de filtres et d'instruments d'arbitrage a conduit les hommes politiques à rechercher l'étalon de la légitimité auprès des médias.

2/ Sur les gouvernés

Les citoyens-électeurs-téléspectateurs sont évidemment touchés d'une manière ou d'une autre par l'accélération de cette médiatisation de la vie politique. Un certain nombre de conséquences peuvent rapidement être repérées : d'abord un accroissement de leurs connaissances ; puis une possibilité d'élargissement de leur capacité d'expres-

1. Jean-Marie Cotteret, *Gouverner, c'est paraître*, Paris, PUF, 1991.

sion ; ensuite une plus forte dépendance à l'égard du calendrier des événements ainsi qu'une inflexion de leurs perceptions et de leurs représentations des hommes politiques ; et enfin, une modification possible de leur comportement électoral.

• L'essor des moyens modernes de communication, en particulier de la télévision et d'Internet, a sans nul doute entraîné *l'accroissement du niveau des connaissances*, en matière politique, du public. Le fait semble tellement évident qu'on a quelque peu tendance à l'oublier : l'environnement en matière d'information s'est considérablement enrichi depuis quelques décennies et, parallèlement, le niveau d'exposition des individus à l'information s'est fortement accru. Alors qu'autrefois, l'électeur s'informait uniquement par la lecture des journaux ou des tracts, par la participation à des réunions électorales, aujourd'hui il se forge souvent son opinion en regardant les informations sur le petit écran ou les débats télévisés, voire en naviguant sur des sites en ligne. : la télévision est en tout cas devenue la première source d'information politique. Toutes les enquêtes réalisées à ce sujet vont dans le même sens : un fort degré d'exposition aux médias favorise l'exactitude de la perception des prises de position des différents candidats, permet une meilleure connaissance des enjeux politiques du moment. De ce point de vue, la télévision est très certainement un média « interclassiste » puisqu'elle s'adresse à tous les publics sans distinction *a priori*. Il est toutefois probable, ainsi qu'on l'a déjà souligné, qu'Internet devienne dans les années à venir l'un des médias privilégiés pour s'informer et qu'il remplace peu à peu la télévision. Mieux informés et en principe mieux armés pour faire la part des choses, les citoyens des démocraties modernes ont donc largement bénéficié des bienfaits de la nouvelle communication politique[1].

On rappellera toutefois que les pratiques informationnelles sont ancrées dans des stratifications sociales qui déterminent la manière dont les individus s'investissent dans la lecture de la presse ou dans la consultation du Web pour se tenir au courant de l'actualité. Le poids des propriétés socio-culturelles (âge, sexe, niveau de diplômes) demeure essentiel pour saisir le rapport des citoyens à l'information[2].

• Dans la même optique, certains observateurs estiment que les médias constituent un moyen de vérification permanente de la légitimité des hommes politiques et qu'ils *élargissent l'espace d'expression du public*. Les outils actuels de communication (téléphones portables, smartphones, tablettes, etc.) instituent une sorte de suffrage instantané puisque l'auditeur intervient à l'antenne pour donner son avis, que le téléspectateur est invité à des émissions de débats politiques, que l'internaute fait entendre sa voix sur les réseaux sociaux ou par des textos, voire des tweets ; bref, ils participent davantage à la constitution d'un véritable débat collectif autour de certains sujets. L'interaction gou-

---

1. Pour davantage de détails, se reporter à Thierry Vedel, *Comment devient-on président(e) de la République ?*, Paris, Robert Laffont, 2007, en particulier le chapitre 7 « Le rôle de la télévision et les effets des médias ».
2. Se reporter à Fabien Granjon et Aurélien Le Foulgoc, « Les usages sociaux de l'actualité. L'expérience médiatique des publics internautes », *Réseaux*, n° 160-161, 2010, p. 225 à 253.

vernants-gouvernés s'établit quasiment en temps réel et favorise *a priori* le dialogue entre les élus et les citoyens. L'éventail des modes d'intervention s'est fortement élargi et les manières de parler politique en ligne se sont diversifiées. Une sorte de nouvelle culture citoyenne se met ainsi lentement en place. Les citoyens deviendraient plus critiques à l'égard des institutions politiques et, de manière plus générale, plus actifs. Il semblerait que le mélange des conversations privées et des discours publics sur le Web dissolve peu à peu les frontières entre le haut (les élus, les décideurs) et le bas (les militants, les sympathisants, les non engagés), entre les professionnels de la politique et les profanes[1]. Internet offre donc de nouvelles opportunités démocratiques qui se manifestent par la possibilité de davantage débattre avec les hommes politiques et de davantage surveiller l'action des élus.

Si les médias représentent bien, dans certains cas, des instruments d'extension de la prise de parole politique, il ne faut toutefois pas sous-estimer les obstacles et les contraintes qui pèsent sur ces dispositifs : inégale capacité d'expression des invités profanes sur un plateau de télévision, contrôle de la sélection des intervenants, absence de droit de réponse ou de suite, etc. Il n'en demeure pas moins qu'on assiste progressivement à une relative ouverture des espaces d'expression, *via* la médiatisation.

• Le troisième point concerne ce qu'on dénomme les « effets persuasifs de l'information[2] » et plus particulièrement l'influence des médias sur *l'établissement de l'ordre du jour* des problèmes dont on parle, ce que l'on désigne dans la terminologie anglo-saxonne par « *agenda setting function* ». À la suite de travaux publiés en 1972 par deux chercheurs américains Maxwell McCombs et Donald Shaw qui, (après avoir comparé le contenu des médias et l'opinion des électeurs sur les sujets qui leur paraissaient importants lors des élections présidentielles de 1968 aux États-Unis), ont établi qu'il existait une corrélation forte entre l'importance accordée par les médias à certains enjeux et celle attribuée par les électeurs à ces mêmes sujets, on en est arrivé à affirmer que les médias, par la sélection des informations à laquelle ils procèdent, attirent l'attention du public sur certains thèmes plutôt que d'autres. Leur influence ne consiste donc pas à dire aux gens ce qu'ils doivent penser, mais *ce à quoi ils doivent penser* puisqu'ils définissent le calendrier et la hiérarchie des événements dont on parle. Dans cette perspective, les électeurs sont dépendants des médias pour repérer quels sont les « points chauds » du débat politique, notamment lorsque le thème d'actualité est éloigné des préoccupations immédiates du public[3].

1. Laurence Monnoyer-Smith, « La participation en ligne, révélateur d'une évolution des pratiques politiques ? », *Participations*, n° 1, 2011, p. 156-185.
2. Jacques Gerstlé, (sous la direction de), *Les Effets d'information en politique*, Paris, L'Harmattan, 2001.
3. Les recherches actuelles portent en réalité sur l'analyse des interactions entre trois types d'agendas : celui des médias proprement dit (les mécanismes de sélection de l'information par les journalistes), celui des différents acteurs politiques (l'ordre d'importance que les élites attribuent aux problèmes de la cité) et celui des citoyens (les priorités définies par le public lui-même).

La sélection des controverses politiques et l'établissement de l'agenda varient toutefois selon la conjoncture : on a aussi pu montrer qu'en 1986, lors des élections législatives en France, le décalage entre les thèmes traités par les hommes politiques et les sujets de préoccupation des électeurs (révélés à l'aide de sondages) était important[1]. Il n'en reste pas moins que la télévision notamment, joue un rôle permanent de médiation entre la sphère politique et l'ensemble des citoyens et qu'à ce titre, la marge de manœuvre des gouvernés peut dans certains cas se trouver réduite dans le choix des sujets qui sont publiquement débattus. Les médias attirent l'attention du public sur certains problèmes ou certains enjeux. Tel fut bien le cas lors de l'élection présidentielle de 2002 au cours de laquelle le thème de l'insécurité fut omniprésent sur les chaînes de télévision.

• Dans le prolongement des observations précédentes sur les effets persuasifs de l'information, la quatrième forme d'influence possible a trait à ce qu'on appelle les effets de cadrage (*framing*) et les effets d'amorçage (*priming*) des médias. Il ne s'agit plus seulement de mesurer l'impact des médias sur les comportements, mais de saisir leurs effets cognitifs, leur influence sur les perceptions et sur les représentations des électeurs.

Le cadrage d'un événement ou d'un problème politique signifie sélectionner certains aspects de cet événement ou de ce problème et en rendre certaines de ses dimensions plus saillantes. Les journalistes, en choisissant de traiter une question sous un angle précis (la candidature de tel homme politique, les rivalités personnelles entre tel ou tel dirigeant, les propositions de tel ou tel parti à propos de l'Union européenne, etc.) peuvent orienter les représentations que nous nous faisons de ces hommes ou de ces partis politiques. Le cadrage retenu, le travail de catégorisation et de qualification effectué, peuvent ainsi avoir une incidence sur les récepteurs puisque le mode de présentation d'un sujet influe sur l'opinion qu'on se fera de ce sujet. Ce fut, semble-t-il, le cas en 1988 au moment de l'élection présidentielle au cours de laquelle les médias ont, par une sorte de cadrage discriminant, marginalisé la candidature de Raymond Barre en raison des doutes qu'ils émirent sur l'étendue de son réseau politique. Ce fut également le cas lors de la campagne présidentielle de 2007 au cours de laquelle l'image de Ségolène Royal dans les médias fut largement influencée et orientée par un certain nombre de clichés sur les femmes en politique[2]. Le cadrage équivaut donc à une sorte de pratique interprétative qui met en valeur certains traits de caractère plutôt que d'autres, qui privilégie souvent la couverture stratégique, « la course de chevaux », plutôt que le débat d'idées, les projets ou les propositions. Il résulte de la manière dont les journalistes couvrent les événements et dont ils choisissent les mots et les images pour rendre compte d'une situation donnée.

---

1. Dorine Bregman et Jean-Louis Missika, « La campagne : la sélection des controverses politiques », *in* Élisabeth Dupoirier et Gérard Grunberg, *Mars 1986 : la drôle de défaite de la gauche*, Paris, PUF, 1986, p. 97-116.
2. Marlène Coulomb-Gully, *Présidente : le grand défi*, Paris, Payot, 2012.

L'amorçage, pour sa part, consiste en « une modification momentanée des critères de jugements sous l'effet d'une information temporairement plus accessible[1] » La couverture médiatique de certains événements, leur forte visibilité, influent sur les critères retenus pour évaluer certaines situations ou certains enjeux : l'information amorce alors le jugement que nous allons porter sur ces événements. Lors de l'élection présidentielle de 1995, le transfert d'attention médiatique vers un certain nombre d'affaires (écoutes téléphoniques, affaire Schuller-Maréchal etc.) a visiblement provoqué un changement des modes d'évaluation du candidat Édouard Balladur dont la côte de popularité s'est brutalement effondrée. De même, lors de la canicule de 2003 en France, la manière dont les médias ont rendu compte de cette crise exceptionnelle a probablement conduit les téléspectateurs à porter des jugements très critiques sur les responsables politiques en charge de ce problème.

• Dernier point qui mérite qu'on s'y attarde : les messages médiatiques peuvent parfois exercer une influence sur *le comportement électoral des citoyens.*

Certes, comme l'ont démontré les premières enquêtes des années 1940 et 1950, les électeurs font preuve d'une capacité de sélection et de résistance ; certes, les médias ont plutôt tendance à renforcer les convictions préexistantes des récepteurs : mais ils ont également la capacité de provoquer des déplacements d'intentions de vote. Ce constat remonte à une bonne cinquantaine d'années lorsque, en 1960, Kurt et Gladys Lang ont étudié, lors des élections présidentielles américaines, sur un petit échantillon de 95 citoyens new-yorkais, l'impact des quatre débats télévisés sur les partisans des deux candidats en présence (Richard Nixon et John Kennedy) et sur les indécis. Leur observation a montré une nette mobilisation des indécis en faveur de John Kennedy, considéré comme un candidat plus dynamique et plus convaincant[2]. Il est intéressant de noter qu'à cette occasion, John Kennedy a été perçu comme le vainqueur par ceux qui ont regardé les débats à la télévision alors que ceux qui les avaient écoutés à la radio, considéraient plutôt Richard Nixon comme le gagnant. Par conséquent, toutes les fois qu'une campagne électorale décisive se joue à la marge, que l'écart entre les deux adversaires est faible, une bonne prestation médiatique peut faire basculer le résultat d'une élection, et réussir à convaincre les hésitants. Il est sans conteste erroné d'affirmer que la télévision fait l'élection ; il n'est en revanche pas faux de dire qu'elle y contribue parfois[3].

Comme la volatilité de l'électorat s'est accentuée ces derniers temps en France, les hommes politiques les plus médiatiques ont très probablement tiré profit de cette évolu-

1. Jacques Gertslé, *La Communication politique*, *op. cit.*, 2004, p. 105.
2. Avant le premier débat, les partisans de Kennedy étaient 39 ; ceux de Nixon, 33 ; les indécis, 23. Après le quatrième débat, les intentions de vote avaient évolué : 56 penchaient pour Kennedy, 32 pour Nixon et 7 demeuraient indécis. Voir Kurt et Gladys Lang, « Ordeal before television : the Kennedy-Nixon debates », in *Politics and Television*, A Quadrangle paperback, 1968, p. 212-249.
3. Pour davantage de détails sur les effets politiques différés des campagnes électorales, se reporter à Jacques Gerstlé, *La Communication politique*, Armand Colin, *op. cit.*, p. 158 et suivantes.

tion qui a une incidence, on s'en doute, sur l'explication du vote. Le poids des variables dites « classiques » (caractéristiques socio-démographiques de l'électeur, affiliations partisanes, croyances religieuses, etc.) est aujourd'hui limité par les variables dites « communicationnelles » (perception des enjeux du scrutin, de la personnalité des candidats, images des partis, etc.). Le Web accentue par exemple la fugacité des impressions et des émotions en politique et provoque une évolution incontestable des formes et du contenu de la communication politique. Il n'a pas encore effacé les logiques anciennes d'informations des citoyens et ne fait pas, pour l'instant, l'élection, du moins en France. Comme le constate Thierry Vedel, les effets d'Internet sont ambivalents : si ce dernier devient insensiblement une source d'information politique, il ne faut cependant pas oublier que le public concerné reste pour l'instant assez restreint : les internautes impliqués dans l'usage politique d'Internet sont surtout des jeunes, urbains et diplômés. On peut donc en déduire que « l'Internet aura bien des effets sur la communication politique, mais [que] ceux-ci seront lents, diffus et, probablement, contradictoires[1] ».

N'oublions pas que l'attention portée aux messages politiques dépend du degré de politisation préalable des individus, de leur niveau de diplôme et de leur statut professionnel. John Zaller a ainsi montré que les citoyens les moins sensibles aux informations diffusées par les médias sont les plus politisés (parce qu'ils ont des opinions très tranchées et qu'ils sont très sélectifs), mais aussi les moins politisés (parce que la politique ne les intéresse *a priori* pas et qu'ils suivent peu l'actualité politique dans les médias)[2]. Rappelons également que les électeurs s'appuient sur d'autres sources que les médias pour construire leur jugement. Il y a donc loin du « voir » au « croire » pour reprendre la formule de Brigitte le Grignou[3]. L'efficacité des messages politiques en provenance des médias est tributaire de leur mise en forme, de leur contenu, du type de supports utilisé et des conditions de réception : l'éventail des attitudes possibles est par conséquent large et en partie imprévisible.

L'influence des médias sur les gouvernants d'une part, sur les gouvernés d'autre part, pose au final le problème du statut de nos démocraties soumises au choc de la médiatisation. De nombreux spécialistes n'ont pas manqué de relever les bienfaits et les méfaits de la communication « marketing », en insistant surtout sur les aspects négatifs : risque de simplification et de démagogie ; avènement de la politique-spectacle ; édulcoration et clôture du débat politique au profit des idées consensuelles et élimination des contenus contestataires ; souci du court terme au lieu du long terme, etc. Toutes ces dérives existent bel et bien et les diagnostics qui se succèdent à ce sujet ne manquent pas de pertinence. Ils invitent, en fait, à repenser les modalités de fonctionnement de nos démocraties par rapport à la « démocratie d'opinion », c'est-à-dire celle qui privilégie les médias et les sondages. Le chapitre suivant portera donc sur le lien entre médias et opinion.

1. Thierry Vedel, *Comment devient-on Président(e) de la République ?, op. cit.* p. 247.
2. John Zaller, *The Nature and Origins of Mass Opinion*, Cambridge, Cambridge University Press, 1992.
3. Brigitte Le Grignou, *Du côté du public, op. cit.*, p. 151.

2

LES MÉDIAS, L'OPINION PUBLIQUE ET L'ESPACE PUBLIC

L'étude des rapports entre les médias et la vie politique conduit tout naturellement à poser la question du lien entre l'essor des moyens de communication modernes et la formation des opinions. On a vu, dans le chapitre précédent, que les nouvelles formes de la communication politique engendraient tantôt un élargissement de l'espace d'expression du public, tantôt une restriction de sa marge de manœuvre. Il s'agit, à présent, d'approfondir ce constat en dépassant le cadre étroit des campagnes électorales et de juger de sa pertinence en l'appliquant à l'ensemble de la vie sociale. En d'autres termes, de savoir quel est le rôle exact joué par les médias dans la formation et dans l'expression des opinions au sein de nos sociétés et donc, dans les modalités d'instauration du débat public.

On privilégiera, pour ce faire, deux types de questionnements. On se demandera, dans un premier temps, si l'opinion publique est aujourd'hui mesurée par les sondages et si leur publication dans les médias ouvre ou ferme la discussion. Dit d'une autre manière, les médias créent-ils l'opinion publique, en amplifient-ils l'écho, orientent-ils son expression ? On cherchera à préciser, dans un second temps, de quelle manière ces mêmes médias transforment les termes du débat au sein de ce qu'on appelle l'espace public : favorisent-ils plutôt la formulation d'arguments, les échanges rationnels ou, au contraire, la généralisation de l'expression spontanée ? Toutes ces interrogations renvoient, en fin de compte, à une analyse de *la relation triangulaire médias/sondages/opinion* et nécessitent une délimitation des notions d'opinion publique d'un côté, d'espace public de l'autre.

I. Un sujet controversé

A. L'opinion publique : essai de définition sommaire

Notion éminemment complexe qui se dérobe à l'analyse à mesure que l'on s'efforce d'en déterminer la nature, l'idée d'opinion publique renvoie d'abord à celle d'opinion tout court, c'est-à-dire de croyance douteuse, de « doxa » chez Platon (à mi-chemin entre l'erreur et la vérité) : elle est alors l'expression d'une certaine subjectivité, d'une forme de sentiment relativement instable, opposée à la raison.

Lorsque l'on parle d'opinion publique, on se situe sur un tout autre plan et l'on y adjoint au moins trois caractéristiques supplémentaires. Elle est d'abord le produit d'un auditoire particulier (un public tel que l'électorat) ; elle est ensuite une opinion partagée par un grand nombre d'individus, une opinion commune ; elle est enfin une opinion portée à la connaissance de tous et soumise au jugement de tous ; elle est rendue publique. Ces trois traits fondamentaux (un public, une opinion commune, une opinion partagée)[1] se retrouvent dans la définition qu'en donnait Georges Burdeau : « C'est une force sociale résultant de la similitude de jugements portés sur certains sujets par une pluralité d'individus et qui s'extériorise dans la mesure où elle prend conscience d'elle-même[2] ». Pour qu'il y ait opinion publique, il faut donc une convergence de vues sur un même sujet, une expression manifeste des jugements et une participation d'un grand nombre d'individus.

L'un des débats classiques autour de la notion d'opinion publique est celui qui opposa durant les années 1920 Walter Lippmann et John Dewey. Le premier, journaliste de talent (*columnist*) et commentateur politique reconnu, publie en 1925 *Le Public fantôme* dans lequel il met en doute la capacité de celle-ci à véritablement saisir et résoudre les problèmes qui se posent à une société. La capacité de l'opinion publique à influer sur les affaires d'un pays est limitée et sa connaissance des problèmes d'ordre général est faible. Il considère que le processus qui « conduit de la diversité des opinions à la coopération se caractérise par l'exacerbation de l'émotion au détriment de la signification » et que d'une certaine manière l'opinion publique « est incapable d'appréhender un problème intellectuellement et de le traiter autrement que par un jugement à l'emporte-pièce[3] ». Le second, John Dewey, est un philosophe pragmatiste qui répond à Walter Lippmann

1. Voir à ce sujet Dominique Reynié, « Sondages d'opinion et démocratie » in *Les Cahiers français*, La Documentation française, n° 258, octobre-décembre 1992, p. 68-80.
2. Georges Burdeau, « L'opinion publique », *Encyclopaedia Universalis*, édition 1990. À compléter par le recueil de textes publiés par Jean-Gustave Padioleau, *L'Opinion publique, examen critique, nouvelles directions*, Paris, Mouton, EHESS, 1981.
3. Walter Lippmann, *Le Public fantôme*, Paris, éditions Démopolis, 2008, respectivement p. 73 et p. 87 et 88.

dans un livre publié en 1927 *Le Public et ses problèmes*. Tout en partageant globalement le diagnostic du premier qui dénonce les illusions qui nous gouvernent, il soutient qu'il faut trouver des solutions pour que le public sorte de son apathie ou, pour reprendre son expression, « de son éclipse ». Il est donc nécessaire de favoriser, au moyen d'enquêtes approfondies, une meilleure connaissance des activités sociales et de divulguer leurs résultats au plus grand nombre afin de faire émerger un public digne de ce nom. La démocratie n'est accomplie que si « l'enquête sociale libre » est liée à l'art de communiquer de manière la plus complète possible[1].

Sans aller plus avant dans le détail de la définition de la notion d'opinion publique[2], on rappellera simplement que l'idée d'un sentiment dominant partagé fut rapidement l'objet de tentatives d'évaluation et d'investigation par les sociologues[3]. C'est durant les années 1920-1930[4] que ces derniers commencèrent en effet à élaborer des méthodes d'enquêtes et des outils statistiques pour mieux connaître l'opinion de la population sur certains thèmes (l'IFOP fut créé en France en 1938 par Jean Stoetzel) et depuis lors, on n'a cessé d'affiner les techniques au point qu'on en est arrivé à assimiler l'état de l'opinion publique à ce que mesurent les enquêtes d'opinion c'est-à-dire les sondages. Or ceux-ci, faut-il le souligner, ne sont que des réponses très ponctuelles à des questions posées par un commanditaire, une espèce de photographie à chaud de réactions des individus face à un questionnaire. Les sondages ne mesurent, en réalité, que des mouvements d'opinion et ne sauraient, en aucun cas, être confondus avec l'opinion publique dont la connaissance s'avère bien plus difficile et plus compliquée.

S'il est clair que l'opinion publique ne se résume pas aux résultats des sondages, elle ne se réduit pas non plus aux analyses qui en sont tirées par les sondeurs et les journalistes à l'heure actuelle. L'un des grands reproches adressé par exemple par Pierre Bourdieu aux responsables d'instituts de sondages ou à certains commentateurs des médias est qu'ils font croire que l'opinion publique telle qu'ils l'entendent à travers leurs interprétations et leurs propos, existe vraiment. Or, rien n'est plus faux, selon lui. Les sondages, explique-t-il, imposent en réalité des problématiques subordonnées à des intérêts politiques et reposent sur un certain nombre de postulats (1/ tout le monde peut avoir une opinion sur un sujet ; 2/ toutes les opinions se valent ; 3/ il y a accord sur les

1. John Dewey, *Le Public et ses problèmes*, Paris, Gallimard, coll. « Folio », 2010.
2. L'explication de la notion « d'opinion publique » demanderait à elle seule un volume. On renverra pour plus de détails à Paul Beaud, « Sens communs : de quelques avatars historiques de la notion d'opinion publique » *in* Paul Beaud, Patrice Flichy, Dominique Pasquier, Louis Quéré, *Sociologie de la communication*, Paris, Réseaux, CNET, 1997, p. 367-385 ainsi qu'à Mathieu Brugidou, *L'opinion et ses publics. Une approche pragmatique de l'opinion publique*, Paris, Les Presses de Sciences Po, 2008.
3. C'est en réalité au XVIe et au XVIIe siècles que l'on se mit à vouloir connaître les opinions des gouvernés.
4. Sur l'émergence des techniques de sondage, voir Loïc Blondiaux, *La Fabrique de l'opinion. Une histoire sociale des sondages*, Paris, Le Seuil, 1998. On estime généralement que les sondages ont acquis une réelle légitimité en 1936 lorsque l'institut Gallup prédit (avec raison) la réélection de Delano Roosevelt.

questions qui méritent d'être posées) totalement erronés. Les résultats qui paraissent dans la presse ne sont donc, très souvent, qu'une création artificielle, « un artefact » résultant d'une simple agrégation statistique d'opinions individuelles et dont la fonction est « d'imposer l'illusion qu'il existe une opinion publique comme sommation purement additive d'opinions individuelles[1] ». Il y aurait, en d'autres termes, une sorte de collusion entre sondeurs et journalistes pour imposer une certaine représentation de l'état de l'opinion publique.

Cette thèse, on s'en doute, a donné lieu à une vigoureuse polémique qu'il serait trop long de détailler ici et est loin d'être partagée par tous les politologues et sociologues concernés[2]. Elle a, en tout cas, le mérite de s'interroger sur la validité scientifique des sondages et sur la signification de la notion d'opinion publique. On se contentera de souligner, à ce sujet, que les sondages permettent simplement d'apporter un éclairage sur certains enjeux qui structurent le débat public (chômage, santé, immigration, sécurité, etc.) ; de saisir l'image d'un parti politique, d'une entreprise ou d'une institution ; de mesurer la notoriété de telle ou telle personnalité ou encore de connaître les intentions de vote des électeurs à un moment précis d'une campagne.

Les progrès accomplis, ces dernières années, sur le plan méthodologique, en matière d'enquêtes par sondages, ont en outre contribué à asseoir leur validité scientifique bien que l'on observe encore, il est vrai, l'utilisation de protocoles d'enquête contestables et que l'on assiste trop souvent à des extrapolations hâtives à partir de chiffres publiés. Il serait nécessaire, chaque fois que l'on se sert de cette technique, de savoir si les personnes interrogées se posaient préalablement le problème sur lequel on leur demande un avis ; si elles ont les mêmes capacités à formaliser et à formuler leur perception ; si toutes les réponses fournies peuvent logiquement être agrégées, etc. Sans doute conviendrait-il également, pour mieux appréhender l'expression du corps social, de procéder à d'autres investigations et d'utiliser la méthode des entretiens approfondis, les enquêtes ethnographiques, les récits de vie : mais le coût en serait évidemment très élevé et la durée, beaucoup plus longue. Toujours est-il que les sondages ne peuvent, à eux seuls, refléter l'opinion publique : ils ne sont qu'un élément, parmi d'autres, d'observation des attentes et des réactions des individus appartenant à un même pays ou à une même catégorie sociale.

En vérité, aucune technique ne peut totalement rendre compte de « l'opinion publique vraie » qui reste une abstraction insaisissable, un référent démocratique précieux, mais malgré tout utopique. Nous savons désormais que celle-ci n'est ni l'agrégation d'opi-

1. Pierre Bourdieu, « L'opinion publique n'existe pas » in *Questions de sociologie*, Paris, Minuit, 1980, p. 224.
2. Pour une discussion de la thèse de Pierre Bourdieu, lire Roland Cayrol, *Sondages. Mode d'emploi*, Paris, Presses de Sciences Po, 2000. Pour une synthèse des problèmes soulevés par la question des sondages, se reporter à Patrick Lehingue, *Subunda, coups de sonde dans l'océan des sondages*, Paris, éditions du Croquant, 2007.

nions privées, ni la manifestation de simples croyances, mais qu'elle résulte d'une élaboration concertée de points de vue, d'une confrontation négociée et sans cesse renouvelée. Bref, qu'elle est le fruit d'un travail continuel d'ajustements entre opinion individuelle et opinion collective, entre le système social et le monde vécu, ce que les spécialistes nomment « l'échange intersubjectif » par lequel nous construisons quotidiennement un monde commun. Elle renvoie, en final, à la façon dont se fonde la cohésion sociale, aux conditions qui rendent possible une entente par la communication[1].

Peut-être serait-il dès lors judicieux de distinguer deux moments de l'opinion publique, pour évaluer son degré de consistance : d'une part les *moments « nominaux »* de l'opinion c'est-à-dire ceux où elle est un énoncé discursif du type « les Français pensent que » ou « 20 % des personnes interrogées estiment que » ; d'autre part les *moments « réels »* c'est-à-dire ceux où elle prend corps de manière moins désincarnée, par le biais d'acteurs concrets : porte-parole, pétitionnaires, manifestants, etc.[2]. On le sait, l'étude de l'opinion publique est à la fois du ressort de la sociologie (les méthodes d'enquête permettent une première approche du phénomène, avec toutes les précautions d'interprétation indispensables), de la philosophie politique (on attribue souvent la paternité de la notion à Jean-Jacques Rousseau et sa naissance à la disparition de l'arbitraire du pouvoir absolu) et de l'économie (ce n'est pas un hasard si nombre d'instituts de sondages ne sont souvent que des départements d'organismes spécialisés dans les études de marché). Multiforme et complexe, elle invite en tout cas à comprendre comment les moyens de communication modernes ont pu modifier les modalités de son expression.

B. L'influence des médias sur l'opinion publique

Question tout aussi délicate : comment les médias influent-ils sur l'opinion publique ? Sont-ils de simples amplificateurs du phénomène, une caisse de résonance ? Ou parviennent-ils à créer, de toutes pièces, un consensus autour d'un problème et donc à manipuler en quelque sorte les individus, à instaurer un conformisme de pensée ? Le diagnostic, on s'en doute, est malaisé et les réponses apportées à ces questions donnent le sentiment d'une certaine confusion tant elles sont variées et souvent contradictoires entre elles. Afin d'y voir plus clair, on les regroupera sous forme de quelques constats dont certains donnent d'ailleurs lieu à de sérieuses polémiques. On commencera donc par ceux qui ne souffrent guère de contestation.

• *La presse écrite a été l'un des facteurs qui a favorisé l'émergence et l'essor de l'opinion publique.* C'est la thèse soutenue par un psychosociologue du siècle dernier, Gabriel

---

1. Cette question est longuement analysée par Jürgen Habermas, dans *Théorie de l'agir communicationnel*, Paris, Fayard, 1987.
2. Distinction proposée par l'historien David Zaret, cité par Erik Neveu, « De quelques incidences des médias sur les systèmes démocratiques », *Réseaux*, n° 100, 2000, p. 107-136.

Tarde, qui a été l'un des premiers à souligner l'importance de la diffusion à grande échelle des journaux sur les conversations et sur les idées qui circulent au sein de nos sociétés, à produire une théorie moderne de l'opinion. Considérant que l'imitation est le principe collectif des communautés humaines, il propose dans son livre *L'Opinion et la Foule*, paru en 1901, de distinguer d'un côté la foule, de l'autre le public. L'action de *la foule*, explique-t-il, est instable et soudaine : elle est asservie aux forces de la nature, réagit par impulsion et par passion. En ce sens, la foule fait souvent preuve d'intolérance, voire de violence, est soumise aux préjugés et aux emballements. *Le public*, en revanche, est « une collectivité purement spirituelle, une dissémination d'individus physiquement séparés et dont la cohésion est toute mentale[1] ». En d'autres termes, ses membres sont plus réfléchis, reliés entre eux par la conviction de partager au même moment un certain nombre d'idées grâce à une espèce de « suggestion à distance ». Ce public donne alors naissance à l'opinion (nous dirions aujourd'hui : une opinion publique) fondée sur « un accord partiel sur quelques points importants ».

L'intérêt de la réflexion de Gabriel Tarde est dans l'explication des causes qui ont présidé à l'émergence du public. C'est grâce aux journaux et en particulier à leur floraison lors de la Révolution française que surgit véritablement un public : « c'est du moment où les lecteurs d'une même feuille se laissent gagner par l'idée ou la passion qui l'a suscitée, qu'ils composent vraiment un public[2] ». Cette nouvelle forme d'association collective s'intensifie durant le XIXe siècle en raison du développement des moyens de communication et de transport, de l'extension de la diffusion de la presse sur tout le territoire. Il se produit alors une accélération de la circulation des opinions, un travail de fusion des opinions personnelles, locales, en une opinion collective et nationale.

L'intellectualisation croissante du monde social s'accompagne, selon Gabriel Tarde, non seulement d'une unification des opinions, mais aussi d'une pacification : la presse joue, d'une certaine façon, le rôle d'un ciment social qui réunit des populations auparavant dispersées, morcelées, et qui atténue les conflits parce que les gens, grâce aux conversations, prennent conscience de l'identité de certains points de vue. On peut, dès lors, proposer une définition plus complète de l'opinion : « un groupe momentané et plus ou moins logique de jugements, qui répondant à des problèmes actuellement posés, se trouvent reproduits en nombreux exemplaires dans des personnes de même pays, de même temps, de la même société[3] ».

L'analyse à laquelle procède Gabriel Tarde garde toute sa valeur aujourd'hui[4]. Nul doute que la presse écrite permet, dans certains cas, de favoriser la circulation des idées

1. Gabriel Tarde, *L'Opinion et la Foule*, Paris, PUF (1re éd. 1901), 1989, p. 31.
2. Gabriel Tarde, *op. cit.*, p. 52.
3. Gabriel Tarde, *op. cit.*, p. 76.
4. Pour saisir l'influence de Gabriel Tarde en matière d'opinion publique (la presse alimente les conversations et les conversations façonnent l'opinion), lire Elihu Katz, « L'héritage de Gabriel Tarde. Un paradigme pour la recherche sur l'opinion et la communication », *Hermès*, n° 11-12, 1993, p. 265-274.

et des opinions en donnant la parole à certaines personnalités, en faisant intervenir dans ses colonnes des témoignages d'experts ou de simples citoyens. Elle sert, en outre, de lien entre membres d'une même communauté (que l'on songe, par exemple, à l'influence des journaux de communautés d'immigrés, à celle de la presse de quartier, etc.), ou d'un même pays d'origine. Mais la segmentation du marché à laquelle se livrent les spécialistes du marketing de presse, en essayant de s'adresser à des cibles précises (les jeunes, les seniors, les femmes, les amateurs de sport, d'informatique, etc.) relativise quelque peu ce constat.

Si, de surcroît, on élargit la perspective aux médias audiovisuels, on affirmera comme Dominique Wolton que « la télévision est la seule activité partagée par toutes les classes sociales et toutes les classes d'âge, faisant ainsi le lien entre tous les milieux[1] ». Mais ce public de téléspectateurs est-il encore l'expression de l'opinion publique? Rien n'est moins sûr: l'audience d'un média ne saurait représenter un miroir de l'opinion même si on y débat de certains enjeux du moment en donnant la parole aux profanes. Elle n'est qu'une facette d'une réalité infiniment plus complexe.

• *Les médias ont modifié les modalités d'expression de l'opinion publique.* À partir du moment où l'opinion publique ne se résume pas à ses « moments nominaux » tels qu'ils sont appréhendés par les sondages, il faut tenter de saisir la substance de ses « moments réels » à travers notamment les mouvements sociaux et les mobilisations militantes. Les transformations de l'action collective ces dernières années illustrent parfaitement cet aspect du problème: l'opinion publique s'exprime aussi par le biais de signataires de pétitions, d'organisateurs de manifestations, de pratiques de protestations dans les rues. Et les médias, dans certaines circonstances, participent à leur succès. Il suffit, pour s'en convaincre, de comparer les modalités de protestation d'hier et d'aujourd'hui.

Dans le passé, les manifestations avaient pour objectif essentiel de se faire entendre dans la rue et étaient conçues par des militants politiques ou syndicaux quasi professionnels sous un contrôle policier strict. La presse en rendait éventuellement compte le lendemain et la télévision y consacrait une place plus ou moins restreinte. Depuis quelques décennies, elles ont pris une tout autre tournure. Elles sont organisées par des occasionnels (des « coordinations »), sont de moins en moins prévisibles dans leur allure, et ont pour but de se faire entendre principalement par les médias. Les manifestations d'étudiants, d'agriculteurs, d'infirmières, etc., visent en effet à attirer l'attention des journalistes par tous les moyens: communiqués de presse, ambiance festive, déguisements surprenants, accompagnement musical coloré, etc. Elles deviennent, par conséquent, ainsi que l'a montré Patrick Champagne[2], des « manifestations médiatiques » qui obéissent à une stratégie d'investissement des plateaux de télévision: l'idéal

1. Dominique Wolton, *Penser la communication*, *op. cit.*, p. 97. On reviendra sur la notion de public dans le chapitre 7.
2. Patrick Champagne, *Faire l'opinion*, *op. cit.*, en particulier p. 193-267.

étant d'intervenir en direct au journal de 20 heures pour faire pression sur les pouvoirs publics et pour peser sur les négociations. Les journalistes, en donnant de l'écho à ces formes de mobilisation peuvent transformer un problème local ou secondaire en problème national et prioritaire. C'est la preuve qu'ils participent alors à la construction de l'événement.

Il ne fait guère de doute que les modalités d'expression publique ont changé : l'activisme des mouvements sociaux sur le Web apparaît comme une volonté d'influer sur les décisions des gouvernants, sur les représentations des journalistes et comme une manière de mettre en scène une opinion publique mobilisée, concrètement incarnée dans la rue. Les exemples de mobilisations de lutte contre le sida, contre la mondialisation, contre le nucléaire, etc. témoignent de l'importance prise par le cadrage de l'action collective (*framing*) et par la relation opinion-médias, à la source de la construction de certains problèmes publics[1]. L'interdépendance entre manifestants et journalistes (de l'ordre de la coopération et du conflit), la lutte pour l'accès à l'espace médiatique et pour la reconnaissance d'une identité valorisante du groupe mobilisé sont autant de faits qu'il est nécessaire d'étudier pour comprendre les « moments réels » de l'opinion publique[2].

On apportera toutefois un bémol à ce type d'analyse : nombre de manifestations ne font pas l'objet d'un compte rendu journalistique, demeurent ignorées des médias ou ne sont pas résolument orientées vers eux. Il faut donc relativiser la portée de cette explication qui pose, en filigrane, un problème encore plus épineux : celui de la dépendance apparente de l'opinion publique à l'égard des médias. On aborde ainsi un thème aujourd'hui très controversé : la question de la manipulation de l'opinion par les médias.

• *Les médias peuvent tantôt imposer les thèmes à l'ordre du jour et produire du conformisme ; tantôt élargir le débat et favoriser le pluralisme des opinions.* En l'état actuel de nos connaissances, toute position trop tranchée en la matière heurte de front la diversité des cas de figure observables et schématise à outrance la réalité. La thèse selon laquelle les médias définissent les problématiques du moment renvoie à la théorie d'agenda

1. Pour de plus amples considérations sur ce point, on renverra au dossier consacré à « Médias et mouvements sociaux » de la revue *Réseaux*, n° 98, 1999 et à Erik Neveu, *Sociologie des mouvements sociaux*, Paris, La Découverte, coll. « Repères », 2011. On considère généralement que les médias contribuent à fixer le cadre de référence en dehors duquel aucun débat n'est possible et qu'ils définissent plus ou moins la formulation des thèmes et des enjeux à leur propre manière. Voir à ce sujet, les remarques sur le cadrage (*framing*) et sur l'amorçage (*priming*) du chapitre précédent. Le cadrage peut être *épisodique* c'est-à-dire qu'on traitera d'un problème tel que le chômage en faisant, par exemple, le portrait d'un chômeur (le téléspectateur attribuera alors la responsabilité du problème à l'individu lui-même) ou *thématique* c'est-à-dire qu'on évoquera le problème du chômage à l'aide d'une approche macroéconomique fondée par exemple sur des statistiques (le téléspectateur imputera alors la responsabilité du problème à un collectif, le plus souvent le gouvernement en place).
2. Sur le poids des médias dans la construction des problèmes publics (la lutte contre le Sida, contre la fermeture de l'usine de Vilvorde, les violences urbaines, etc.) et sur les modalités d'expression de la parole publique, se reporter à notre ouvrage, Rémy Rieffel, *Que sont les médias ? Pratiques, identités, influences*, Paris, Gallimard, coll. « Folio », 2005, chapitre 5.

(*l'agenda-setting*), déjà évoquée dans le chapitre précédent. Elle présuppose que la presse, la radio, la télévision, Internet, exercent un effet puissant et direct sur les citoyens et que ces derniers ne jouissent que de peu d'autonomie dans leur comportement.

Une telle approche se retrouve également, sous une autre forme, chez Pierre Bourdieu et Patrick Champagne et leur théorie de l'effet de fermeture symbolique selon laquelle les médias sont devenus, par la manière dont ils imposent une certaine vision des événements, le tribunal de l'opinion : l'actualité se circonscrit à ce dont parlent les journalistes, véritables professionnels de l'opinion publique puisqu'ils délimitent ce qui mérite d'être porté à la connaissance, ou non, du public. En poussant le raisonnement à l'extrême, on dira que les médias créent l'opinion publique et ferment le jeu du débat démocratique.

Un certain nombre d'objections ont été soulevées par différents spécialistes à propos de cette vision de la réalité médiatique. On observe d'abord une certaine diversité des problématiques au sein de nos sociétés démocratiques même s'il existe bel et bien des moments où le conformisme l'emporte sur la différence. On constate ensuite que les grands enjeux politiques, économiques ou sociaux parviennent toujours à être exprimés à un moment ou à un autre. On sait par ailleurs que les citoyens que nous sommes tiennent toujours compte de l'avis de leurs groupes d'appartenance, de leurs amis ou de leurs proches : ce qui relativise l'influence des médias. Il est donc pour le moins hasardeux de penser que la démocratie est menacée de ne plus être démocratique à cause de l'omniprésence des médias. Tout porte à croire, une fois encore, que la réalité est plus nuancée et qu'il convient, pour chaque phénomène étudié, d'être prudent dans les conclusions qu'on en tire.

Il existe cependant une autre théorie qui s'apparente à la thèse de la production du conformisme pour les médias, mais qui s'inscrit dans un tout autre cadre de pensée. Il s'agit de ce que l'on désigne par « *la spirale du silence* », interprétation proposée dans les années 1970 par la sociologue allemande Elisabeth Noëlle-Neumann[1]. Partant du principe que ce qui caractérise l'individu dans toute société humaine, c'est la peur de l'isolement (peur d'être mis à l'écart qui s'accompagne d'un doute sur sa propre capacité de jugement), Elisabeth Noëlle-Neumann considère l'opinion publique comme le résultat de l'interaction entre les individus et leur environnement social, et la définit « comme cette opinion qui peut être exprimée en public sans risque de sanctions et sur laquelle peut s'appuyer l'action menée en public[2] ». S'inspirant de la pensée d'Alexis de Tocqueville dans *L'Ancien Régime et la Révolution*, elle a procédé à de nombreuses enquêtes par sondages en Allemagne sur divers thèmes controversés (la loi sur l'avor-

1. Théorie dont on trouvera un aperçu dans Elisabeth Noëlle-Neumann, « La spirale du silence, une théorie de l'opinion publique », *Hermès*, n° 4, 1989, p. 181-189.
2. Elisabeth Noëlle-Neumann, *ibidem*, p. 182.

tement, la peine capitale, l'interdiction du parti communiste, etc.) et en a conclu que les médias sont les créateurs de l'opinion publique, qu'ils constituent « l'environnement dont la pression déclenche la combativité, la soumission ou le silence[1] ».

Les individus sont, selon elle, dans un état de dépendance à l'égard des médias. La démonstration repose sur les hypothèses suivantes :

- les individus se forgent une représentation de la répartition et du succès des opinions au sein de leur environnement social. Ils repèrent donc intuitivement les signes de soutien et anticipent ce que sera l'opinion dominante ;
- les médias représentent la principale source de référence pour tout ce qui ne relève pas de leur sphère personnelle ;
- lorsqu'ils ne se sentent pas soutenus, les individus perdent confiance en eux et n'osent plus exprimer leur opinion. Ils se retirent par conséquent du débat public et s'installent dans une « spirale du silence » qui en quelque sorte s'auto-alimente.

Cette théorie laisse entendre qu'il existe bel et bien une opinion dominante, imposée par les médias et que ces derniers constituent de véritables distributeurs des opinions légitimes, des indicateurs déterminant qui a le droit de parler ou de se taire. Elle rappelle, par bien des aspects, « l'effet *underdog* » que l'on attribue souvent à la publication des sondages lors d'élections, à savoir la tendance des individus défendant une opinion minoritaire ou marginale à taire leur opinion ou bien à renoncer d'agir, par l'abstention.

Ce type d'analyse (ce qu'il ne faut pas penser) se heurte aux mêmes objections que celle de la fonction d'agenda (ce à quoi il faut penser) ou que celle proposée par certains sociologues français sur l'effet de « fermeture symbolique » du débat. Il postule, à son tour, l'existence d'un individu sans défense, atomisé au sein de la masse alors que de nombreuses études montrent aujourd'hui qu'il dispose d'une capacité d'initiative, voire de sélection et de rejet des thématiques diffusées par les médias. Il oublie que les individus sont capables parfois de résister à la menace d'isolement ; qu'ils démontrent (en particulier lors des élections) une aptitude au détachement et à l'autonomie (que l'on songe à la volatilité de plus en plus grande de l'électorat) ; que les opinions minoritaires réussissent souvent à se faire entendre (notamment sur les réseaux sociaux) et que, comme le fait remarquer Dominique Reynie, « en l'état actuel de nos connaissances, il est impossible d'affirmer que la publication des sondages influence le comportement électoral, et encore moins de dire dans quel sens pourrait jouer cette influence[2] ».

Il paraît donc plus sage d'en conclure que la spirale du silence ne se réalise que pour certains sujets et pour certains publics. Ce qu'Elisabeth Noëlle-Neumann suggère d'ailleurs elle-même : « tous les exposés sur l'opinion publique ne valent que pour des périodes et des lieux déterminés[3] ».

---

1. Elisabeth Noëlle-Neumann, *ibidem*, p. 187.
2. Dominique Reynié, « Sondages d'opinion et démocratie », art. cité, p. 77.
3. Elisabeth Noëlle-Neumann, « La spirale du silence. Une théorie de l'opinion publique », art. cité, p. 186.

On le voit, l'influence des médias sur l'opinion publique est un sujet complexe qui ne débouche guère, pour l'instant, sur des certitudes. Il se prête à des interprétations divergentes : seules des études de terrain plus approfondies seront en mesure de faire progresser les connaissances sur ce point.

II. Les transformations de l'espace public

A. L'émergence d'un espace public

Opinion publique et espace public sont deux notions étroitement liées : l'existence de la première dépend de la vigueur du second. Afin de saisir cette interdépendance, le plus simple est de procéder à un rapide rappel historique. Le terme d'opinion publique émerge au XVIIIe siècle et désigne, sous la plume de Malesherbes ou de Condorcet, une nouvelle culture politique qui « transfère le siège de l'autorité du seul vouloir du roi, décidant sans appel et en secret, au jugement d'une entité qui ne s'incarne en aucune institution, qui débat publiquement et qui est plus souveraine que le souverain[1] ».

Elle est stable, fondée en raison et s'oppose ainsi à l'opinion populaire, versatile, habitée par les préjugés. Présente dès la fin de l'Ancien Régime, la notion gagnera en pertinence sous la Révolution avec l'essor de la lecture des journaux qui fleurissent un peu partout à cette époque. Les changements politiques engendrés par la fin de la monarchie absolue favorisent dès lors la constitution d'un espace public ou de ce que Jürgen Habermas appelle « une sphère publique bourgeoise » qui se définit d'abord politiquement, comme un espace de discussion soustrait à l'emprise de l'État et critique à son égard ; puis sociologiquement comme différent de la cour (proche de l'État) et du peuple (exclu du débat critique).

L'analyse de Habermas, qui a fait date à l'époque, porte en effet sur « le processus, au cours duquel le public constitué par des individus faisant usage de leur raison s'approprie la sphère contrôlée par l'autorité et la transforme en une sphère où la critique s'exerce contre le pouvoir de l'État[2] ». Cette « *sphère publique bourgeoise* » se met en place alors qu'un public unifié se construit et qu'une opinion publique érigée en autorité souveraine se manifeste[3]. Reste à savoir quels sont les principes qui président à l'existence de cet espace public.

1. Roger Chartier « Espace public et opinion publique », in *Les Origines culturelles de la Révolution française*, Paris, Le Seuil, 1re éd. 1990, coll. « Points », 2000, p. 51.
2. Jürgen Habermas, *L'Espace public*, 1re éd., Paris, Payot, 1986, p. 61.
3. On retrouvera, on l'a vu, certains de ces thèmes chez Gabriel Tarde à la fin du siècle dernier.

Pour mieux en comprendre l'origine, un second rappel historique s'impose. L'espace public n'est pas sans point commun avec la vie publique telle qu'elle se déroulait sur l'agora grecque. Habermas remarque que, chez les Grecs, la Cité (*polis*) est la chose commune à tous les citoyens libres et qu'elle est strictement séparée de la sphère privée (*oikos*), qui est propre à chaque individu. L'agora est donc le lieu concret où tous les citoyens doivent se montrer pour débattre des affaires intéressant le gouvernement de la Cité. Cette sphère publique est le règne de la liberté avec un droit égal pour tous les citoyens libres de participer directement aux affaires publiques alors que la sphère privée est l'espace de la domination du maître de maison (sur la femme, les enfants, les esclaves). Dans cette perspective, le modèle grec fait en quelque sorte coïncider la politique et la sphère publique.

La sphère publique bourgeoise, quant à elle, est d'abord un espace où les personnes privées font un usage public de leur raison et instaurent une véritable communication, un échange d'idées ou de jugements. C'est en même temps un espace homogène dans lequel s'établit une égalité *a priori* entre les individus : seule la cohérence ou non des arguments les distingue puisque l'usage de la raison n'est plus limité par le respect dû à l'autorité politique ou religieuse. L'espace public qui prend naissance au XVIIIe siècle bénéficie du succès des salons, des cafés, des clubs et des périodiques qui servent de relais aux lecteurs, auteurs et auditeurs : ces derniers sont en réalité des individus éclairés, c'est-à-dire une élite intellectuelle capable d'argumenter. À l'inverse, le peuple en est *de facto* exclu puisqu'il ne dispose pas de la compétence nécessaire pour débattre des problèmes littéraires, artistiques, politiques ou autres.

Décrivant l'évolution de cet espace public apparu dans les classes bourgeoises d'Europe occidentale qui s'inspiraient ainsi des idéaux des Lumières, Habermas constate sa dénaturation progressive, voire son déclin, notamment au cours du XIXe et surtout du XXe siècle. La transformation « d'un public discutant la culture en un public qui la consomme[1] », le développement du mercantilisme, l'emprise de plus en plus forte des techniques de marketing et la crise de l'idéal bourgeois de la Publicité (au sens de publier, de rendre public) ravalé au rang de la publicité médiatique (au sens de réclame) engendrent une dégénérescence de l'espace public contemporain.

La vision critique du philosophe allemand est sévère : la société de masse, la commercialisation de la presse, le modèle des relations publiques, sont responsables de cette transformation de la sphère publique. « La *Publicité* signifiait autrefois démystifier la domination politique devant le tribunal d'un usage public de la raison : la publicité d'aujourd'hui se contente d'accumuler les comportements-réponses dictés par un assentiment passif » conclut Habermas[2].

1. Jürgen Habermas, *L'Espace public*, *op. cit.*, p. 183.
2. Jürgen Habermas, *L'Espace public*, *op. cit.*, p. 203.

Le rôle de la presse en particulier et des médias en général est dès lors posé : favorisent-ils la consolidation d'un espace public où les citoyens échangent des arguments rationnels en vue du bien commun, ou provoquent-ils comme le suggère Habermas, une dilution des idéaux démocratiques ? Les réponses apportées précédemment à propos de l'influence des médias sur l'opinion publique ont déjà laissé entrevoir la complexité du problème : elles peuvent dorénavant être approfondies et complétées par une évaluation du rôle joué à l'heure actuelle par les outils de communication modernes dans la permanence ou non d'un espace public digne de ce nom.

B. L'élargissement de l'espace public : des médias traditionnels à Internet

L'espace public, on l'a vu, est le résultat d'un mouvement d'émancipation qui a valorisé la liberté individuelle, l'expression des opinions et qui permet à des acteurs politiques, sociaux, religieux, culturels, de dialoguer, de s'opposer, de se répondre aux yeux de tous. Il désigne également aujourd'hui l'ensemble des scènes et des arènes plus ou moins institutionnalisées où l'on débat des enjeux du moment. La presse, la radio, la télévision, mais aussi de plus en plus Internet, constituent à ce titre des canaux et des filtres essentiels de cet échange des points de vue. L'espace public est donc non seulement symbolique, mais aussi matériel : les supports et réseaux de communication sont sans conteste des éléments-clés de sa structure actuelle.

Depuis le XVIIIe siècle, se sont succédé quatre modèles de communication qui ont, selon Bernard Miège, réorganisé l'espace public des sociétés démocratiques[1]. Le *premier* est celui de la presse d'opinion qui paraît avec une certaine irrégularité durant la seconde moitié du XVIIIe siècle et qui est fondé sur un style souvent polémique associant discours politique et propos littéraires. Grâce à ces journaux s'est installé un usage public de la raison par l'argumentation et par l'échange des opinions : c'est la bourgeoisie éclairée qui en a tiré le plus grand profit. Le *deuxième* modèle émerge à partir du milieu du XIXe siècle à l'aide de la presse commerciale qui connaît un essor considérable. Il s'agit d'une presse de masse, organisée sur une base industrielle : les genres journalistiques se mettent en place, la publicité est dissociée de la rédaction, le journalisme se sépare progressivement de la littérature. Ce type de presse s'interpose entre la classe politique et les lecteurs en se faisant l'écho de l'opinion publique. Le *troisième* modèle correspond à la période de l'implantation des médias audiovisuels vers le milieu du XXe siècle. Tributaires de la publicité commerciale, des techniques de marketing pour capter les audiences, mettant l'accent sur le divertissement, ces médias privilégient le spectacle et la mise en scène au détriment de l'argumentation. *Dernier modèle*, selon Bernard Miège,

1. Bernard Miège, « L'espace public : perpétué, élargi et fragmenté », *in* Isabelle Pailliart (sous la direction de), *L'Espace public et l'emprise de la communication*, Grenoble, ELLUG, 1995, p. 163-175.

celui des relations publiques généralisées qui touchent, à partir des années 1970, les entreprises, les administrations, les associations en valorisant les stratégies de séduction des citoyens-consommateurs.

L'espace public est ainsi tiraillé entre ces différents modèles qui se superposent plus ou moins de nos jours : presse d'opinion (en déclin toutefois), presse commerciale, télévision de masse, relations publiques généralisées, interfèrent et entraînent à la fois un élargissement significatif des publics qui participent à l'espace public et leur éloignement relatif des centres de décision. En d'autres termes, l'espace public serait aujourd'hui constitué, d'un ensemble de dispositifs communicationnels gérés par des médiateurs (journalistes), des chefs d'entreprise, des responsables de communication, échappant peu à peu au contrôle du grand public. L'asymétrie serait de plus en plus forte entre décideurs et citoyens puisque l'échange des arguments est maîtrisé par les détenteurs des médias et des outils de communication.

Le diagnostic est plutôt sombre et laisse entendre que les médias accentuent l'inégalité d'accès au débat public : il y aurait d'un côté, une minorité de dirigeants et de médiateurs en position favorable et de l'autre côté, une majorité d'individus éprouvant plus ou moins de difficultés à se faire entendre. On a déjà souligné, à propos des modalités d'expression de l'opinion publique, que la situation est loin d'être dramatique : la prise de parole et la résistance du public sont monnaie courante, malgré tout. Toutefois, le développement récent des réseaux sociaux et d'Internet fondés sur l'interactivité renouvelle en partie l'analyse : les technologies d'information et de communication (TIC) et plus précisément les médias numériques ont-ils une incidence positive sur l'espace public ? Élargissent-ils davantage les canaux d'intervention des profanes ?

On considère généralement que les TIC ont entraîné quatre types de conséquences : la technicisation des relations ; la marchandisation de la communication ; la fragmentation des publics ; la mondialisation des flux d'information[1]. La *technicisation* des relations se traduit par la multiplication des machines à communiquer dans notre vie quotidienne. Leur diffusion implique que les relations entre les individus passent de plus en plus par l'intermédiaire de ces instruments (smartphones, ordinateurs, tablettes numériques, etc.) qu'il devient nécessaire de maîtriser[2]. La *marchandisation* de la communication, signifie que l'accès à l'information devient payant : les chaînes câblées et par satellite, l'utilisation des banques de données, le paiement au programme ou à la séance (« *pay per view* ») etc., en sont les manifestations les plus éclatantes. L'accès à l'espace public risque d'être réservé à ceux qui ont les moyens intellectuels et financiers d'utiliser ces services. La *fragmentation* des publics est le résultat de la production d'une offre visant la satisfaction de demandes particulières : les « médias interactifs » proposent des programmes

1. Selon l'analyse de Pierre Chambat, « Espace public, espace privé : le rôle de la médiation technique » *in* Isabelle Pailliart (sous la direction de), *L'Espace public et l'emprise de la communication*, *op. cit.*, p. 65-98.
2. Pour davantage de détails, se reporter au chapitre 8, « Les usages des médias ».

à la carte, répondent à des attentes très ciblées. La confrontation des jugements au sein de l'espace public s'efface peu à peu derrière des goûts et des intérêts privés. La *mondialisation* des flux d'information suggère enfin que le débat public ne se cantonne plus à la communauté nationale, mais touche, en particulier grâce à la vitesse de circulation des informations sur les réseaux sociaux, l'ensemble de la communauté internationale.

Internet apparaît aujourd'hui comme un « média multimodal » selon l'expression de Peter Dahlgren[1], offrant la possibilité de communiquer d'un seul vers beaucoup d'autres (« *one to many* »), ou encore à une pluralité d'utilisateurs de s'adresser à une pluralité d'usagers (« *many to many* »). Il a donc suscité beaucoup d'espoir parce qu'il semble pouvoir élargir l'espace de discussion et constituer une sorte d'arène publique en ligne. Internet permet d'abord d'avoir accès à une masse considérable d'informations; il offre ensuite la possibilité de créer de nouveaux espaces de dialogue (par les forums, les échanges sur Twitter ou Facebook) et d'accélérer l'activation des opinions. La communication en ligne, détachée de toute amarre géographique, constatait de manière prudente Peter Dahlgren en 2000[2], « peut élargir, au moins chez ses utilisateurs, les marges politiques de l'espace public ».

Si l'on examine d'abord l'offre d'informations aujourd'hui disponible, il est indéniable qu'Internet propose une information *a priori* beaucoup plus large et plus diversifiée que les médias traditionnels. L'accessibilité et la gratuité de très nombreux sites et plates-formes en ligne nous ont fait entrer dans une ère de surabondance informationnelle. Mais cette surabondance de nouvelles n'entraîne pas nécessairement une plus grande diversité des pratiques de réception. En effet, la plupart des enquêtes montrent que les internautes fixent leur attention sur quelques sites privilégiés, les plus lus et les plus cités: cette concentration de l'information en ligne s'explique notamment par le rôle clé joué par les moteurs de recherche du type *Google* et les portails du type *Yahoo*. L'espace est certes plus ouvert; les barrières d'accès à l'information sont sans nul doute moins élevées qu'auparavant (puisque l'information y est souvent gratuite); mais seul un petit nombre de sites reçoit l'essentiel des liens. Autrement dit, la cartographie de l'information en ligne est fortement polarisée autour des sites les plus connus[3].

Si l'on se penche ensuite sur les modalités du débat dans l'univers électronique, on s'aperçoit que coexistent deux formes de discussion en ligne: d'un côté, des espaces de discussion plus ou moins bien identifiés qui promeuvent avant tout une certaine forme de sociabilité, l'expression de soi, la spontanéité et l'émotion; de l'autre, des communautés plus homogènes où l'on partage un intérêt commun avec des modes de régulation clairement définis. Dans le premier cas de figure, l'expressivité l'emporte sur l'argumentation; dans le second cas de figure, Internet permet de débattre avec autrui, de

1. Peter Dahlgren, « L'espace public et Internet », in *Réseaux*, n° 100, 2000, p. 157-186.
2. Peter Dahlgren, « L'espace public et Internet », *ibidem*, p. 175.
3. Lire Viviane Le Hay, Thierry Vedel et Flora Chanvril, « Usages des médias et politique: une écologie des pratiques informationnelles », *Réseaux*, n° 170, 2011, p. 45-73.

rencontrer des gens qui pensent comme nous, mais également des gens qui ont des opinions différentes des nôtres. Vu sous cet angle, Internet favorise sans conteste le débat public. Il n'en demeure pas moins vrai que la fracture démocratique persiste car ceux qui utilisent le plus les sites de discussion politique sont ceux qui sont déjà, au départ, très intéressés par la politique. Malgré tout, comme le souligne Patrice Flichy, « Internet n'a pas en lui-même d'effet négatif sur la délibération démocratique. Il s'est en partie moulé sur les caractéristiques de notre société, mais il offre aussi de réelles opportunités pour de nouvelles formes démocratiques multiples et réticulaires où le citoyen ne se contente pas d'élire ses représentants, mais où il peut faire connaître son opinion, débattre, surveiller et évaluer les actions de ceux qu'il a élus[1] ». Les vertus démocratiques d'Internet semblent donc bien réelles, même s'il faut parfois en relativiser la portée.

Dominique Cardon[2] est de ceux qui estiment qu'Internet a pour effet de désenclaver l'espace de l'expression publique en l'ouvrant à de nouveaux acteurs et en donnant la parole à davantage de personnes. Il décèle six vertus politiques d'Internet. Celui-ci est d'abord fondé sur une présupposition d'égalité : on n'évalue et on ne hiérarchise les individus qu'à partir de ce qu'ils produisent et disent, et non pas ce qu'ils sont. Il encourage ensuite la libération des subjectivités dans la mesure où la vitalité et la créativité des conversations y sont fortes. On y observe également une porosité de plus en plus grande entre l'espace conversationnel et l'espace public, une dynamique d'enchevêtrement des conversations qui mêle des niveaux de langue, des types de discours et des publics différents. Ces trois premières vertus se heurtent néanmoins à quelques écueils : l'exclusion de ceux qu'il appelle « les immobiles » (la disqualification des silencieux et des passifs en raison de l'inégale distribution des capitaux socioculturels) ; le risque de dépolitisation et de désengagement civique en raison du culte du narcissisme qui prévaut souvent sur les réseaux ; mais aussi la fin de la vie privée parce qu'Internet favorise la mise en partage de contenus jusqu'alors circonscrits à la sphère de l'intime.

On peut toutefois, selon lui, y ajouter trois vertus supplémentaires. En premier lieu, « la force des coopérations faibles » c'est-à-dire les opportunités d'interaction avec autrui : après avoir exposé son identité, ses goûts et ses idées, on s'aperçoit que d'autres internautes réagissent, se laissent prendre au jeu et consolident progressivement les liens entre eux. En deuxième lieu, une forme d'auto-organisation : on partage ses ressources afin de découvrir des personnes avec lesquelles on se coordonne pour produire ensemble des valeurs collectives (la mise en partage est donc un préalable à la coordination). En troisième lieu, une légitimité qui ne s'obtient qu'après coup (*ex-post*) : la hiérarchisation des énoncés s'établit à partir de l'addition des appréciations et des jugements qui circulent (la visibilité ne résulte donc pas d'une sélection préalable des points de vue par des spécialistes, mais est la conséquence de ce travail de réception).

1. Patrice Flichy, « Internet et le débat démocratique », *Réseaux*, n° 150, 2008, p. 180.
2. Dominique Cardon, *La démocratie Internet*, *op. cit.* ainsi que « Vertus démocratiques de l'Internet », 2009, http://www.laviedesidees.fr

Bien entendu, certains écueils sont là encore possibles. Le risque est d'abord celui de la fragilité des engagements et donc de l'affaiblissement du souci du collectif; il est aussi celui de la lourdeur des dispositifs procéduraux en raison notamment d'une certaine instabilité des règles de fonctionnement; il est enfin celui de l'écrasement éventuel de la diversité car les têtes de classement (blogueurs influents, portails les plus connus, etc.) ont tendance à marginaliser tous les autres. Le grand mérite du Web, aux yeux de Dominique Cardon, est cependant d'avoir encouragé l'émergence d'un espace intermédiaire dans lequel on peut discuter de sujets et de contenus qui circulaient peu ou mal dans l'espace public traditionnel. Les médias numériques ont permis à un nombre de plus en plus important d'individus de participer, à des degrés divers, à des discussions en ligne portant sur des sujets ayant trait à la vie de la cité.

Grâce à ces nouveaux outils de communication utilisables n'importe quand et n'importe où, on serait donc en droit de conclure que la communication démocratique va progressivement s'améliorer. Il est vrai que dans certains pays, une part de la discussion civique a de plus en plus lieu sur le Web: une nouvelle culture citoyenne dont les contours demeurent encore flous et mouvants, semble peu à peu émerger. Mais, de manière générale, les pratiques d'Internet s'orientent davantage vers le consumérisme que vers la participation citoyenne. En outre, en raison de l'exclusion d'une partie de la population en matière d'usage des TIC (la fracture numérique entre pays riches et pays pauvres), l'idéal d'universalité d'accès à l'information est mis à mal. Se dirige-t-on vers la création d'un espace public transnational qui supprimerait toutes les barrières géographiques? Rien n'est moins sûr. Les efforts réalisés ces derniers temps pour faire par exemple émerger un espace médiatique européen ne semblent guère couronnés de succès: il n'existe pour l'instant que des fragments d'un espace public européen délibératif[1].

C. Les acteurs et les arènes

Le meilleur moyen d'approcher la réalité des transformations qui affectent l'espace public est encore de dresser une sorte de *cartographie des sites* et des répertoires de la parole publique, autrement dit de repérer quels sont les forums ou les arènes qui permettent d'accéder à cet espace public, d'identifier quels sont les acteurs qui obtiennent une réelle visibilité[2]. On assiste en effet, ces derniers temps, à une multiplication des

1. Voir par exemple Éric Dacheux, *L'Impossible Défi. La politique de communication de l'Union européenne*, Paris, CNRS éditions, 2004 ainsi que Dominique Marchetti (sous la direction de), *En quête d'Europe. Médias européens et médiatisation de l'Europe*, Rennes, Presses universitaires de Rennes, 2004.
2. On aborde ici, à travers l'étude des acteurs, et des arènes, l'idée d'une scène publique d'apparition des actions, des événements et des problèmes sociaux. Il ne s'agit pas, en la circonstance, d'échanger uniquement des arguments, mais d'accéder à la visibilité publique pour se faire entendre.

lieux de prise de parole et à une diversification (relative) des intervenants avec – il faut le préciser – une réussite inégale : les ressources dont disposent ces derniers sont en effet inégalement distribuées.

On peut, en reprenant les distinctions proposées par Bastien François et Erik Neveu[1], isoler quatre types d'acteurs ayant chacun leur propre registre de parole : les *profanes*, les *experts*, les *intellectuels* et les *hommes politiques*.

De nouvelles formes d'intervention des *profanes* sont apparues d'abord à la télévision, puis sur Internet. Deux phénomènes assez dissemblables peuvent être relevés : d'un côté, le succès du témoignage personnel et de l'expression de la subjectivité ; de l'autre, l'essor de la prise de parole citoyenne et de l'activisme militant.

Les années 1980 constituent un premier symptôme éloquent de la montée en puissance de ce qu'on appelle aujourd'hui « la culture expressive ». Les émissions de télévision du genre « talk-show » ou « reality-show » ont en effet connu à ce moment-là une audience grandissante qui s'accompagne de la montée en puissance des animateurs censés faire parler les gens devant les caméras de leurs souffrances, de leurs difficultés (mais aussi parfois de leur bonheur ou de leur héroïsme). Elles encouragèrent une forme de thérapie télévisée en donnant la parole aux anonymes et aux amateurs. Cette « télévision de l'intimité[2] » devait rendre compte de « la vraie vie » des gens, favoriser une expression individuelle reposant sur les sentiments et les affects. Ce n'est d'ailleurs pas un hasard si certaines émissions de radio de la bande FM, offrant l'occasion aux jeunes de faire part, par exemple, de leurs problèmes sexuels, suscitèrent elles aussi un réel engouement et connaissent aujourd'hui encore un fort succès. Le discours « psy » comme on l'a parfois dénommé, est en fait révélateur de malaises sociaux souvent plus profonds (chômage, exclusion, violence, etc.).

Durant les années 1990-2000, on a continué à promouvoir ce type d'émissions qui fait appel au registre de la confession et de la compassion (à l'instar de « Vie privée, Vie publique », de « Ça se discute », etc.), mais cette période propice au développement de « la télévision compassionnelle » a surtout vu naître et se répandre une autre forme de parole des profanes, celle qui fait les beaux jours de ce qu'on dénomme « la télévision relationnelle[3] » où l'on se contente de filmer la vie quotidienne d'un échantillon plus ou moins représentatif de jeunes ou de célébrités. Un cap a été franchi à cet égard avec le succès en 2001 de l'émission « Loft Story ». Le public n'y est plus simplement un figurant ou un simple spectateur, il est devenu l'acteur principal de son propre spectacle. Majoritairement composé d'adolescents et de très jeunes adultes, il fait preuve à la fois

1. Bastien François et Erik Neveu (sous la direction de), *Espaces publics mosaïques*, Rennes, Presses universitaires de Rennes, 1999, et en particulier leur introduction intitulée : « Pour une sociologie politique des espaces publics contemporains », p. 13-58.
2. Dominique Mehl, *La Télévision de l'intimité*, Paris, Le Seuil, 1996.
3. Dominique Mehl, « La télévision relationnelle », *Cahiers internationaux de sociologie*, vol. CXII, 2002, p. 63-95.

de distance et de complicité à l'égard de ce type d'émission de télé-réalité. La dimension ludique et interactive du programme (appel au vote des téléspectateurs) a sans nul doute contribué à faire de ce mélange de réalité et de fiction, une émission à forte audience[1].

Comme le souligne Dominique Mehl, l'essor de la télé-réalité au cours des années 2000 a sensiblement modifié la donne. On met désormais en scène des citoyens ordinaires invités, non seulement à prendre la parole, à raconter leur vie, mais aussi à vivre une expérience personnelle sous l'œil des caméras. Dans ces émissions (« Koh Lanta », « Star Academy », « L'île de la tentation », etc.), les témoignages deviennent surabondants, la parole des experts est de plus en plus marginalisée ; les individus sélectionnés doivent participer à une compétition ou subir une épreuve et éliminer leurs concurrents. On prône donc une idéologie du dépassement de soi. « Nous ne sommes plus à l'écoute d'un récit d'expérience vécue, mais à l'affût des aléas d'une expérimentation sur soi parfois pénible » constate la sociologue[2]. Les valeurs promues par la télé-réalité sont celles du relationnel, des rapports interindividuels (confidence, face à face, etc.), du lien familial et de l'esprit de compétition. Le modèle qui semble désormais prévaloir est celui du relativisme culturel : on réhabilite des valeurs tenues pour désuètes (l'autorité) sans pour autant discréditer les conduites libertaires (la liberté des mœurs). Ainsi, après avoir mis en exergue l'individu souffrant, on met en lumière l'individu incertain ; après avoir encouragé la télévision de l'expérience, on défend la télévision de l'expérimentation ; après avoir valorisé l'exposition de soi, on vante la mise à l'épreuve de soi. En d'autres termes, « au sortir d'un espace public engageant la délibération de la société avec elle-même au nom de l'argument de l'expérience se dessine un espace public de l'expérimentation ludique[3] ».

On peut voir dans l'essor des blogs au milieu des années 1990, puis des réseaux sociaux dans les années 2000, une extension de ce besoin ressenti par les profanes de parler sans cesse d'eux-mêmes en vue d'obtenir une certaine reconnaissance. La parole des profanes sur le Web prolonge d'une certaine manière la sociabilité ordinaire et complexifie nos modes de relations avec autrui. Notre présence connectée, notre navigation constante sur les réseaux sociaux, nos listes d'amis sur Facebook ou de suiveurs (*followers*) sur Twitter, créent un vaste territoire libre et ouvert où nous échangeons avec des proches, mais aussi des inconnus. L'émergence « des subjectivités en réseaux » selon la formule de Josiane Jouët[4] valorise l'expression des humeurs et des états d'âme,

1. Sur *Loft Story*, lire Dominique Mehl, « *Loft Sory*. La fracture culturelle » in *SOFRES, L'état de l'opinion*, Paris, Le Seuil, 2002, p. 143-157 ainsi que François Jost, *L'Empire du Loft*, Paris, La Dispute, 2002.
2. Dominique Mehl, « Le jeu avec le *je* », *Communications*, n° 80, 2006, p. 150.
3. Dominique Mehl, *ibidem*, p. 159.
4. Josiane Jouët, « Sociologie des médias numériques » in Christine Leteinturier et Rémy Le Champion (sous la direction de), *Médias, Information et Communication*, Paris, Ellipses, 2009 p. 110.

estompe la séparation entre vie privée et vie publique au risque de favoriser parfois un certain exhibitionnisme. Mais elle offre également l'occasion de décliner une véritable identité numérique qui joue sur différents formats de mise en visibilité[1].

L'autre versant de la prise de parole profane est constitué par l'intensification des mobilisations et des manifestations collectives davantage tournées vers l'engagement citoyen. L'espace public contemporain voit en effet se déployer une floraison d'interventions collectives du type protestations d'écologistes, d'homosexuels, de chômeurs, de sans-papiers, de mouvements antiracistes, etc., qui affichent une identité souvent forte et qui essaient de capter l'attention des médias. Ces derniers relaient plus ou moins activement ces paroles protestataires comme l'atteste l'expérience tentée par *France Inter* en 1994 pour commémorer le quarantième anniversaire de l'appel de l'abbé Pierre[2]. La couverture des manifestations par la presse et par l'audiovisuel demeure cependant assez aléatoire : les médias ont tendance à ne rendre compte que des manifestations de grande ampleur et les plus propices à créer l'événement. Toujours est-il que la croyance en l'efficacité de la médiatisation conduit progressivement les manifestants à se mobiliser davantage et à utiliser aujourd'hui de plus en plus Internet pour se faire entendre.

Les nouvelles techniques de communication introduisent en effet de la fluidité et de la rapidité pour alerter l'opinion nationale ou internationale[3] : elles sont à l'origine d'une nouvelle forme de citoyenneté ou d'un néomilitantisme aux effets non négligeables comme on l'a vu avec les mouvements altermondialistes. Ces mouvements assurent des activités de vigilance et de dénonciation qui, grâce à Internet, obtiennent un certain écho médiatique : ils sont une illustration de ce que Pierre Rosanvallon appelle la contre-démocratie[4]. Les mobilisations réactives des *Anonymous*, ce collectif « hacktiviste » qui dénonce les atteintes à la liberté d'expression ; les mouvements de protestation de ce qu'on a appelé « le Printemps arabe » en Égypte et en Tunisie en 2011, sont autant d'illustrations frappantes de cet usage subversif d'Internet pour tenter de changer l'ordre établi. Ce qui s'invente sur le Web militant est donc une sorte d'arène numérique où s'élaborent collectivement des discours alternatifs, où se mettent en place des actions de protestation contre les pratiques anti-démocratiques de certains États ou de certains gouvernements.

À côté de la prise de parole influente et ininterrompue des profanes, a également surgi celle des *experts* de plus en plus présents dans les médias. Les journalistes font

---

1. Pour une synthèse sur le sujet, se reporter à notre livre, Rémy Rieffel, *Révolution numérique, révolution culturelle ?, op. cit.*, chapitre 3 ainsi qu'au chapitre 8 « Les usages des médias » du présent ouvrage.
2. Dominique Cardon et Jean-Philippe Heurtin, « La critique en régime d'impuissance. Une lecture des indignations des auditeurs de *France Inter* » *in* François Bastien et Erik Neveu (sous la direction de), *Espaces publics mosaïques, op. cit.*, p. 85-119.
3. Pour un bon exemple de ce type de mobilisation, voir Fabien Granjon, *L'Internet militant. Mouvement social et utilisation des réseaux télématiques*, Paris, éditions Apogée, 2001 ainsi que Dominique Cardon et Fabien Granjon, *Médiactivistes*, Paris, Presses de Sciences Po, 2013.
4. Pierre Rosanvallon, *La Contre-démocratie. La politique à l'âge de la défiance*, Paris, Le Seuil, 2006.

en effet régulièrement appel à des chercheurs, des spécialistes de sciences humaines ou sociales (économistes, sociologues, psychologues, etc.) et de sciences expérimentales (biologistes, physiciens, etc.) pour commenter l'actualité, apporter un éclairage supplémentaire ou débattre d'un problème clé (l'immigration, la bioéthique, les relations internationales...). Le discours des scientifiques a indéniablement gagné en influence parce qu'il semble apporter une caution de rigueur et d'objectivité supplémentaires. À l'image des comités des sages (Comité d'éthique, Commission de la nationalité, Haut Conseil à l'intégration, etc.) dont l'avis est fortement sollicité, la parole des experts est convoquée pour reformuler les problèmes, proposer de nouvelles interprétations, permettre une meilleure intelligibilité du monde qui nous entoure. Le poids grandissant de certains hauts fonctionnaires, de spécialistes médicaux ou sociaux dans des instances institutionnelles manifeste aussi le souci des gouvernants de s'abriter de plus en plus derrière l'avis des spécialistes lors d'arbitrages difficiles. Leur légitimité n'est guère contestée, mais la figure du savant ou du technocrate, synonyme d'une certaine froideur, oblige les journalistes ou les animateurs à compenser cette dernière en la confrontant à celle du public qui apporte un témoignage plus « vivant », sur le registre du vécu.

Il n'en demeure pas moins que cette parole des experts est de plus en plus contestée par les internautes à travers leurs réactions et commentaires sur la Toile. Les profanes doutent en effet de la neutralité, voire de la compétence des experts. Dans un tel contexte, le Web favorise une forme de remise en cause de leur légitimité et valorise « l'intelligence des foules[1] », ou du moins la pertinence de la parole profane. Pourquoi en effet continuer à faire appel à des spécialistes et des autorités établies à partir du moment où tout un chacun peut prendre la parole sur tout type de sujet, poster des commentaires et mettre à la disposition du plus grand nombre son savoir et son savoir-faire? Les promoteurs du Web insistent tous sur la disparition ou du moins la diminution de l'influence des médiateurs (ce qu'on dénomme aussi « la désintermédiation »).

Les *intellectuels*, pour leur part, ont perdu de leur superbe par rapport à l'époque glorieuse des années 1960 et 1970 : se voulant des porte-parole de l'universel, des guides ou des gourous dénonçant toutes les formes d'injustice, ils s'engageaient régulièrement sous la bannière de la protestation publique à l'aide de pétitions, de manifestes et de manifestations. Cette figure du clerc prenant position dans le débat public a subi depuis lors un réel déclin[2], et laissé le champ libre à des « intellectuels médiatiques », proches des journalistes, à l'aise devant micros et caméras, publiant des essais qui figurent souvent sur la liste des best-sellers. Composée de quelques dizaines de noms, la liste des intellectuels médiatiques se résume à quelques philosophes, sociologues ou historiens constamment

1. James Surowiecki, *La sagesse des foules*, Paris, J.-C. Lattès, 2008.
2. Les raisons en sont trop nombreuses pour être analysées ici. On se permettra de renvoyer, à ce sujet, à notre livre, Rémy Rieffel, *Les Intellectuels sous la Ve République*, Paris, Hachette, coll. « Pluriel », 3 tomes, 1995, et pour plus de détails sur la médiatisation des intellectuels, au chapitre 4 du présent ouvrage, « Les métamorphoses de la culture : de l'ère médiatique à l'ère numérique ».

invités sur les plateaux de télévision, ou dans les tribunes des journaux. Le registre de leur prise de parole est bien celui de la séduction du plus grand nombre à l'aide d'une rhétorique adaptée au formatage télévisuel. Leurs interventions dans l'espace public ont néanmoins été contrecarrées à l'automne 1995 par des collectifs d'intellectuels engagés dans la lutte politique et sociale et qui cherchaient à influer sur les débats du moment selon une autre logique : publication d'ouvrages de vulgarisation (collection « Liber éditions » de Pierre Bourdieu) ; soutien aux grévistes et discussion avec la base ; manifestations et pétitions, etc. Mais ce sursaut de certains intellectuels engagés dans le débat public français a été de courte durée : en effet l'influence de ces intellectuels a fortement décliné ces deux dernières décennies. Si l'on excepte quelques figures médiatiques du type Bernard-Henry Lévy, Luc Ferry, Michel Onfray ou quelques autres, l'écho de leurs prises de position est désormais faible dans la nouvelle configuration politique marquée par l'essor des médias numériques et de la parole citoyenne.

Face aux profanes, aux experts, et aux intellectuels, les *hommes politiques* dont on a déjà analysé l'évolution du comportement au chapitre précédent, se retrouvent dans une position pour le moins fragile. Concurrencé par de nouveaux producteurs de légitimité qui s'accaparent la parole publique, leur discours semble quelque peu discrédité. Perçus comme redondants ou vides, leurs propos passent de plus en plus mal la rampe et sont sensiblement dévalués. Ils ont donc besoin de renouveler leur prestation médiatique en intervenant, par exemple, comme on l'a vu, dans des émissions de divertissement. La désacralisation dont ils sont l'objet à l'heure actuelle, les contraint à repenser les modalités de leur prise de parole s'ils veulent éviter une certaine marginalisation. Dans la lutte d'influence qui oppose les hommes politiques, les journalistes et les sondeurs, l'issue est incertaine et les hommes politiques ne sont pas toujours assurés d'avoir le dernier mot.

La multiplicité des formes d'intervention et la diversité des acteurs qui se font entendre dans les médias conduisent à deux types de réflexion. La première incite à relativiser les interprétations en termes de dégénérescence de l'espace public ou de domination exclusive d'une élite politique, économique ou culturelle. L'accès aux arènes et aux formes médiatiques n'est plus aussi étroit qu'auparavant ; il n'est plus réservé aux seuls détenteurs du pouvoir : les profanes semblent de plus en plus avoir leur mot à dire et n'hésitent pas d'ailleurs à le dire. Les médias numériques permettent ainsi de faire entendre dans l'espace public des voix et des points de vue souvent marginalisés ailleurs et encouragent l'élargissement des modalités d'accès à la discussion[1].

La seconde réflexion invite à s'interroger sur la pertinence de l'idée d'un espace public unifié. Jürgen Habermas avait, on s'en souvient, défendu dans les années 1960, l'idée d'un espace public homogène, et cohérent. Certains indices tels que la permanence des grands débats nationaux au moment des élections, les retrouvailles du public autour de la grand-messe du 20 heures à la télévision, plaident en ce sens. Mais plusieurs

1. Se reporter au dossier de *Politiques de communication*, « S'engager sur Internet. Mobilisations numériques et pratiques politiques », n° 3, 2014.

spécialistes[1] se demandent s'il ne conviendrait pas mieux de parler d'une *fragmentation de l'espace public* donnant naissance à des espaces publics sectoriels, morcelés, pluriels. Il existerait en réalité une mosaïque d'espaces publics, liés à des milieux de sociabilité relativement étanches les uns aux autres (professionnels, associatifs, populaires, etc.), cantonnés à des compétences citoyennes variables.

Une autre manière de prendre acte d'une fragmentation possible de l'espace public consiste à souligner le poids croissant de ce que Jean-Louis Missika dénomme l'essor de la « post-télévision[2] » et d'Internet qui conduisent, selon lui, à une véritable désynchronisation du débat. La post-télévision encourage en effet l'information de divertissement, les émissions « *people* » (est légitime la parole de celui qui s'exprime à la télévision). Elle met également l'accent sur l'arrière-scène de la politique, s'attarde sur les coulisses au lieu de parler des vrais enjeux et promeut un journalisme compassionnel qui s'impose comme le registre dominant de ces dernières années. La hiérarchie de l'information est par conséquent élaborée en fonction de son impact sur les émotions plutôt qu'en termes d'enjeux collectifs : la compréhension des phénomènes devient souvent anecdotique.

La montée en puissance de la post-télévision s'accompagne, selon Jean-Louis Missika, d'un autre phénomène : elle s'adresse de plus en plus à des « niches » précises de téléspectateurs qui la regardent en fonction de leurs intérêts particuliers, de leurs goûts propres sans se préoccuper des autres. Chacun est en quelque sorte dans sa bulle de sorte que le pouvoir fédérateur du petit écran diminue et que les occasions de confrontation avec autrui s'estompent. Or, la condition d'un véritable débat est que les citoyens acceptent de discuter d'un même sujet au même moment. Internet aggrave selon lui ce phénomène : « La proposition politique d'Internet, écrit-il, est presque l'inverse de celle de la télévision : ni tous ensemble, ni en même temps, ni le même message ». Les chats, les forums, les blogs, aussi riches soient-ils, ne concernent que ceux qui partagent les mêmes centres d'intérêt. Le débat est donc de plus en plus désynchronisé. Le risque est alors celui « d'un espace public bavard et inattentif où chacun veut être émetteur, auteur, éditeur, journaliste, mais où peu choisissent d'écouter ensemble[3] ».

Les rapports entre médias et opinion publique offrent l'occasion de soulever de nombreuses questions dont certaines demeurent, pour l'instant, sans réponse. Il apparaît toutefois que les médias deviennent de plus en plus le seul étalon de légitimité pour tous les acteurs sociaux et pour toutes les formes de prise de parole (sondages, manifestations, débats télévisés, campagnes électorales, communication en ligne, etc.). On parle de tout sur la place publique, même des problèmes privés et le risque majeur est celui d'une confusion entre l'espace public conçu comme lieu d'échange d'arguments rationnels et l'espace public utilisé comme simple lieu de libre expression, sans hiérarchie et sans nor-

1. Voir notamment Laurence Monnoyer-Smith, *Communication et délibération. Enjeux technologiques et mutations citoyennes*, Paris, Hermès, 2010.
2. Jean-Louis Missika, *La Fin de la télévision*, Paris, Le Seuil, 2006.
3. Jean-Louis Missika, *ibidem*, respectivement p. 104 et 105.

mativité. Si l'on ne jure plus que par l'immédiateté et que par la spontanéité de la prise de parole, si l'on ne juge plus qu'à l'aune des résultats de sondages ou d'audience, on s'achemine vers une « démocratie d'opinion » qui se substituerait dès lors à la démocratie représentative dont le Parlement est le centre[1].

1. Bernard Manin, dans son ouvrage, *Principes du gouvernement représentatif*, Paris, Calmann-Lévy, 1995, préfère parler de « démocratie du public ». Elle se caractérise, selon lui, par quatre traits majeurs. L'élection des gouvernants est de plus en plus fondée sur la personnalisation des choix ; l'offre électorale s'ajuste progressivement aux réactions du public ; l'expression de l'opinion publique par les sondages est facilitée et détachée du vote lui-même : le nouveau forum de délibération est constitué par les médias.

3

LES MÉDIAS ENTRE PROPAGANDE ET PUBLICITÉ

Caractérisé par un essor considérable des moyens de communication de masse, le XXe siècle a sans aucun doute marqué un tournant dans l'utilisation des techniques de persuasion et de manipulation. Si, à l'origine, les médias peuvent être conçus comme des instruments de progrès, c'est-à-dire d'une meilleure circulation de l'information au sein de la société, force est cependant de reconnaître que leur mission initiale a souvent été dévoyée au profit d'individus, de groupes, de partis, peu scrupuleux et avant tout soucieux d'asseoir leur autorité sur le peuple.

De nombreux événements historiques témoignent, tout au long de ce siècle, de ce détournement des supports de communication en vue d'obtenir ou de conserver le pouvoir: guerre de 1914-1918, révolution russe de 1917, prise de pouvoir de Hitler en 1933, ou plus près de nous, « révolution culturelle » chinoise, instauration d'une dictature en Irak ou ailleurs. À chaque fois, les gouvernants s'emparent des stations de radio (ou de télévision), musèlent la presse (et donc la liberté d'expression), contrôlent et filtrent l'information diffusée. Les médias sont alors les vecteurs d'une *propagande politique et idéologique* particulièrement efficace, obéissant à des techniques de manipulation très sophistiquées. Les rapports entre médias/démocratie/totalitarisme méritent donc d'être sérieusement analysés puisqu'ils conditionnent, pour une bonne part, l'évolution des régimes politiques.[1]

À côté de ces formes de *persuasion dite « dure »* (propagande politique) existent également des techniques de *persuasion dite « douce »*, moins visibles, mais tout aussi influentes. On pense bien évidemment à l'arsenal de méthodes employées par les conseillers en communication politique, sur le modèle de la communication « marketing[2] ». Les tech-

1. Lire, par exemple, François-Bernard Huyghe, *Maîtres du faire-croire. De la propagande à l'influence*, Paris, Vuibert, 2008.
2. Se reporter, à ce sujet, au chapitre 1, « Les médias et la vie politique ».

niques de persuasion utilisées en matière commerciale s'appuient en effet fortement sur la presse, la radio, la télévision ou Internet et ont recours en particulier à des slogans et à des images élaborés par des spécialistes en sciences sociales. On fait également référence ici à ce que certains ont appelé dans les années 1960/70 la *propagande sociologique*, autrement dit l'ensemble des procédés par lesquels une société diffuse un certain style de vie, des valeurs particulières, au moyen notamment de la publicité et du cinéma. On parle d'ailleurs aujourd'hui plutôt de « soft power » (ou puissance douce) pour désigner cette capacité d'influencer indirectement les individus par le biais d'un modèle culturel ou d'une idéologie implicite. Les nouvelles technologies de communication ont sans conteste accéléré la circulation mondialisée de certaines représentations ou visions du monde et fait triompher le modèle américain de « l'entertainment[1] ».

On constate, à l'aide de ces quelques rapides exemples, que la persuasion – phénomène en lui-même fort banal puisque nous cherchons quotidiennement dans notre vie personnelle à persuader autrui c'est-à-dire à le convaincre de modifier son attitude et son comportement afin d'agir de telle ou telle manière – devient, à partir du moment où elle emprunte la voie des moyens de communication de masse, un procédé entaché de suspicion, immédiatement affecté de connotations péjoratives et souvent assimilé à une forme de manipulation.

La compréhension de la persuasion médiatisée, qu'elle soit dite dure ou douce, qu'elle ressortisse à la propagande (politique) ou à la publicité (commerciale), nécessite par conséquent une analyse critique de tous les procédés de manipulation mis en œuvre pour convaincre les citoyens de soutenir tel régime ou les consommateurs d'acheter tel produit.

La notion de *manipulation* mérite, à cet égard, d'être précisément définie. Selon Philippe Breton[2], cette dernière répond à trois critères étroitement imbriqués. Premièrement, la manipulation désigne une action violente et contraignante qui prive de liberté les individus qui y sont soumis. Cette violence n'est pas physique, mais psychologique ou cognitive. Deuxièmement, elle s'appuie sur une stratégie élaborée qui vise à tromper, à faire croire ce qui n'est pas : le message délivré est donc souvent mensonger. Il s'agit d'emporter coûte que coûte l'adhésion de l'auditoire. Troisièmement, le procédé manipulatoire se heurte à une résistance ou, du moins, à une non-acceptation immédiate de son message. On ne cherche pas à argumenter, à échanger des idées ou des opinions, mais à les imposer en entrant en quelque sorte par effraction dans l'esprit de quelqu'un. On dira donc que la parole manipulatoire est « mensonge organisé, privation de liberté de l'auditoire et outil pour vaincre sa résistance[3] ».

---

1. Voir l'enquête de Frédéric Martel, *Mainstream. Enquête sur la guerre globale de la culture et des médias*, Paris, Flammarion, coll. « Champs », 2011.
2. Philippe Breton, *La Parole manipulée*, Paris, La Découverte, 1997.
3. Philippe Breton, *La Parole manipulée*, *op. cit.*, p. 27.

Les exemples abondent en matière politique ou publicitaire d'essais de manipulation en tout genre : Hitler et ses diverses tentatives de convaincre l'opinion allemande, puis internationale des bienfaits de sa politique ; la mise en scène, très médiatisée, de l'existence d'un prétendu charnier à Timisoara lors de la révolution roumaine de 1989 ; la volonté exprimée par certains partis politiques de fonder le racisme sur une base scientifique ; les campagnes de publicité de Benetton axées sur l'utilisation d'images choquantes ou provocantes, sans rapport avec le produit dont on vante les mérites, etc. À chaque fois, on tente de convaincre en séduisant, en dramatisant et en fabriquant un message conçu pour tromper partiellement ou totalement le récepteur.

Cette communication contraignante repose sur l'emploi de certaines techniques particulières qui cherchent à influer, soit sur la forme des messages en jouant sur les affects et les sentiments, soit sur le fond en faisant appel au raisonnement et à la dimension cognitive des messages[1].

La *manipulation des affects* est un procédé classique qui peut être décrit à partir de deux grandes catégories de technique. D'un côté, l'appel aux sentiments ; de l'autre, l'effet fusionnel. L'*appel aux sentiments* consiste d'abord à jouer de la séduction. Le prototype du séducteur en politique, est le démagogue qui s'adapte aux circonstances et au public qu'il veut toucher, qui fait croire à son auditoire qu'il partage les mêmes idées que lui. En publicité, il s'agit de plaire pour vendre et non pas de plaire pour plaire : la stratégie sous-jacente est celle d'une séduction par le style, par l'usage de formules-chocs et d'images attirantes. L'appel aux sentiments passe également par l'esthétisation du message (on engage pour ce faire des artistes et notamment des cinéastes), par l'utilisation du ressort de la peur et de l'appel à l'autorité (du moins en matière politique) ou encore par l'amalgame affectif (construire un message qui est un mélange d'une opinion, sans discussion de son contenu, avec un élément extérieur, de l'ordre de l'affect, sans rapport avec cette opinion comme, par exemple, adjoindre à une image publicitaire une connotation sexuelle). L'*effet fusionnel*, pour sa part, est une méthode visant à annihiler toute différence dans le processus de communication, à instaurer un type de relation inhabituel entre le manipulateur et le manipulé. Parmi les procédés souvent employés, on peut citer la répétition (qui crée un sentiment d'évidence) ou la multiplication des stimulus liés à des réactions corporelles (on éprouve des sensations particulières, une certaine sympathie, sans savoir pourquoi).

La *manipulation cognitive*, comme son nom l'indique, est de l'ordre du trucage du raisonnement et se divise, elle aussi, en deux types de procédés : d'un côté, le cadrage manipulateur ; de l'autre, l'amalgame cognitif. Le *cadrage manipulateur* consiste à utiliser des éléments connus et acceptés par l'interlocuteur, et à les réordonner de telle façon qu'il ne puisse guère s'y opposer. Transformer le vrai en faux (et réciproquement), déformer la réalité, masquer certains faits, sont autant de procédés employés dans ce

1. On reprend ici les grandes distinctions proposées par Philippe Breton dans son ouvrage.

domaine. En temps de guerre, par exemple, faire croire à l'ennemi que vos troupes vont débarquer à tel endroit alors que la réalité sera tout autre, est un cadrage manipulateur qui se sert du mensonge pour parvenir à ses fins. *L'amalgame cognitif*, tout comme l'amalgame affectif évoqué plus haut, mêle une opinion sans discussion de son contenu avec un élément extérieur, sans rapport avec cette opinion. Cette fois-ci, l'association n'est plus fondée sur une image ou un sentiment, mais sur un lien de causalité non fondé. Faire croire que la présence d'étrangers en France est synonyme de dysfonctionnements de la société (chômage, délinquance, violence, etc.) est un amalgame hâtif, xénophobe : on identifie un problème social, réel, en l'associant, sans preuve, à une augmentation du nombre des immigrés.

Cette palette de techniques manipulatrices dont on n'a donné ici qu'un rapide aperçu, est à la disposition de tous ceux – et ils sont nombreux – qui essaient de convaincre autrui en recourant aux médias. Les outils modernes de communication permettent en effet de s'adresser à de vastes auditoires, mais aussi de toucher des cibles de plus en plus précises. Le problème est donc de savoir en quoi l'utilisation de la presse écrite, de la radio, de la télévision, d'Internet, a modifié les formes de la propagande politique et idéologique, ainsi que celles de la propagande sociologique. Les médias ont-ils accru le pouvoir et l'influence des manipulateurs ? Ou, au contraire, la manipulation appartiendrait-elle désormais au passé grâce à l'essor de la « société de communication », et serait-elle réservée aux seuls régimes autoritaires ? Telles sont quelques-unes des questions auxquelles on tentera de répondre en examinant d'abord les formes de la propagande et de la désinformation, ensuite le cas de la rumeur, puis celui de la publicité.

I. La propagande

Le terme de « propagande », lorsqu'il apparaît pour la première fois en France, n'a pas de connotation péjorative. Il est utilisé au XVIIe siècle par le pape Grégoire XV qui réunit une congrégation « pour la propagation de la foi » (*de propaganda fide*) : le mot désigne alors l'action de propager une doctrine religieuse et englobera ultérieurement, au moment de la Révolution française, la diffusion des idées politiques. Ce n'est, semble-t-il, qu'au XXe siècle qu'il prendra une acception plus négative et qu'il servira à décrire l'action consistant à convaincre l'opinion, en utilisant tous les moyens de persuasion disponibles, de soutenir un parti politique ou un gouvernement. La propagande a dès lors pour but d'exercer une influence sur les personnes, « soit pour les faire agir dans un sens donné..., soit au contraire pour les rendre passifs et les dissuader de s'opposer à certaines actions, menées par le pouvoir ou par un groupe antagoniste », selon la définition proposée par Guy Durandin[1].

1. Guy Durandin, *L'Information, la désinformation et la réalité*, Paris, PUF, 1993, p. 138.

Contrairement à ce qu'on croit souvent, la propagande politique telle que nous l'entendons aujourd'hui, n'est pas née dans un régime autoritaire, mais est directement issue de la démocratie. Pour qu'il y ait propagande, il faut en effet qu'existe au départ un affrontement d'idées et que l'avis du peuple compte : elle vise, en tant que telle, à éliminer toute possibilité de choix qui est le propre d'un régime démocratique. Jacques Ellul a souligné, à cet égard, que la propagande est liée à une double prise de conscience[1] : d'une part, celle de l'efficacité de certaines méthodes et techniques d'influence sur les foules ; d'autre part, celle de l'importance de la psychologie en matière politique. À l'origine de la propagande moderne, on trouve en effet des références à certaines théories et recherches en sciences humaines et sociales qu'il est utile de mentionner ici pour saisir très précisément ses fondements.

A. L'ère des foules

On s'accorde à reconnaître en Gustave Le Bon celui qui, le premier, a tenté de comprendre les mécanismes qui président à la constitution d'une foule et les raisons pour lesquelles cette dernière peut être maîtrisée. Jusqu'à la publication de son livre *La Psychologie des foules* en 1895, on considérait en effet les foules, soit comme un agrégat d'individus qui se rassemblent en marge des institutions et donc comme des asociaux correspondant à la « populace » ou à la « canaille » ; soit comme un rassemblement d'individus dangereux, incarnant la violence déchaînée, le déferlement incontrôlé, et perçus comme des représentants d'une foule criminelle.

Ainsi que le souligne Serge Moscovici, l'originalité de Gustave Le Bon fut de tourner le dos à ce point de vue et de considérer la foule comme « la fusion des individus dans un esprit et un sentiment communs, qui estompe les différences de personnalité et abaisse les facultés intellectuelles[2] ». Bien que le raisonnement prête aujourd'hui à réévaluation et que certaines de ses thèses (empreintes d'une vision raciste) soient très contestables, sa réflexion n'en a pas moins permis de progresser dans la compréhension d'un phénomène longtemps tenu pour obscur et mystérieux. Que démontre-t-il ?

D'abord que la foule ne se réduit pas à la somme des individus qui la composent et que le seul fait d'être assemblés en nombre dote une foule d'une unité mentale particulière, d'« une sorte d'âme collective » : « cette âme les [les individus] fait sentir, penser et agir d'une manière tout à fait différente de celle dont sentirent, pensèrent et agirent

1. Jacques Ellul, *Histoire de la propagande*, Paris, PUF, « Que sais-je ? », n° 1971, 1967. Cette prise de conscience s'effectue, selon lui, à l'occasion de la guerre de 1914-1918 et de la Révolution russe de 1917.
2. Serge Moscovici, *L'Âge des foules*, Bruxelles, Éd. Complexe, 1991, p. 107. On trouvera dans ce livre une synthèse détaillée des travaux de Gustave Le Bon, Gabriel Tarde et Sigmund Freud sur les rapports entre l'individu et les masses.

chacun d'entre eux isolément[1] ». Le spécialiste de psychologie sociale qu'est Gustave Le Bon considère que la foule acquiert un sentiment de puissance d'autant plus facilement qu'elle est anonyme.

D'où, deuxième caractéristique, elle devient impulsive, crédule, intolérante et est soumise à la suggestibilité c'est-à-dire un état particulier, proche de la « fascination de l'hypnotisé entre les mains de son hypnotiseur[2] ». Ne connaissant ni le doute, ni l'incertitude, ne se montrant guère apte au raisonnement, la foule pense par images, est sensible aux mots, aux formules : c'est par l'imagination populaire, rappelle-t-il, que se sont fondées la puissance des conquérants et la force des États.

Les opinions et les croyances d'une foule, troisième trait distinctif, sont prises en charge par des « meneurs de foules » qui sont souvent des rhéteurs subtils, des personnalités despotiques dont les moyens d'action habituels se résument à l'utilisation de l'affirmation (dégagée de toute preuve), de la répétition (dont Napoléon disait qu'elle était la seule figure sérieuse de rhétorique) provoquant un phénomène de contagion puisque l'homme est, comme les animaux, naturellement imitatif. La foule a donc besoin de se placer sous l'autorité d'un chef qui obtient sa docilité et qui la guide grâce à l'intensité de son pouvoir de « suggestion ». Quand ce meneur disparaît, elle perd de sa cohésion et redevient une simple collectivité sans âme.

L'analyse proposée par Gustave Le Bon met donc l'accent sur l'importance de certains aspects psychologiques du comportement humain que l'on peut manipuler en faisant appel aux pulsions, aux sentiments les plus primitifs et non pas à la raison et à l'argumentation. On peut, dans cette perspective, assimiler les réactions de l'homme dans la foule à celles de l'animal qui, sous l'emprise du réflexe conditionné, se comporte comme son maître le souhaite. Cette perspective dite « behavioriste » du comportement, fondée sur le schéma stimulus/réponse, se retrouve chez Gustave Le Bon : il suffit de mettre le cerveau de l'homme en veilleuse, de l'hypnotiser par la parole pour qu'il agisse de manière quasi mécanique et obéisse à la volonté du meneur.

Le XXe siècle allait être le théâtre d'innombrables tentatives d'instauration de régimes tyranniques dont l'un des instruments privilégiés de gouvernement fut la manipulation des foules à l'aide d'une propagande qui s'appuie sur une utilisation efficace des moyens de communication de masse. Ce n'est donc pas un hasard si les thèses de Gustave Le Bon ont inspiré certains hauts dignitaires du régime nazi, en particulier Goebbels (responsable de la propagande) et Hitler lui-même : il est l'un des premiers à avoir saisi les ressorts du comportement de la masse et mis au jour la manière dont les hommes rassemblés en grand nombre sont pénétrés par des émotions semblables, s'identifient à une personnalité charismatique et communient dans une foi supérieure.

1. Gustave Le Bon, *Psychologie des foules*, Paris, PUF (1re édition 1895), 1983, coll. « Quadrige », p. 11.
2. Gustave Le Bon, *Psychologie des foules*, *ibidem*, p. 14.

D'autres spécialistes de l'étude des mécanismes de persuasion et de manipulation des foules ont apporté un éclairage supplémentaire pour la compréhension du phénomène. *La psychologie des profondeurs et les théories de l'inconscient*, par exemple, ont été largement exploitées. Sigmund Freud, qui avait lu attentivement Gustave Le Bon, récuse, dans ses *Essais de psychanalyse*[1], l'idée selon laquelle c'est la suggestion ou l'imitation qui seraient à l'origine des modifications de comportement d'un individu au sein d'une foule. Il affirme que la transformation observée résulte de la levée des inhibitions pulsionnelles propres à chaque individu et que le facteur explicatif est la notion de libido qui désigne « l'énergie, considérée comme grandeur quantitative… de ces pulsions qui ont affaire avec tout ce que nous résumons sous le nom d'amour[2] ».

Les liens sentimentaux constituent, selon lui, l'essence de l'âme des foules : sa cohésion tient au pouvoir d'Éros et au besoin qu'éprouve l'individu d'être en accord avec autrui, plutôt qu'en opposition. Le besoin d'identification (qui joue un rôle dans la préhistoire du complexe d'Œdipe), favorise l'abandon de l'idéal du moi ainsi que l'échange contre l'idéal de la foule, incarné par le meneur. Cette approche psychanalytique du phénomène ne doit pas être négligée : bien que peu présente chez les acteurs de la propagande politique, elle est en revanche très utilisée dans l'élaboration de certaines campagnes publicitaires comme on le verra.

De l'étude de l'âme des foules à celle de la propagande, il n'y a qu'un pas : pas qui a été franchi par Serge Tchakhotine dans son livre *Le Viol des foules par la propagande politique* paru en 1939 et considéré comme l'auteur qui a analysé le plus en profondeur l'activité propagandiste[3]. Héritier de Gustave Le Bon puisqu'il postule à son tour que la foule pense par instinct et est soumise à des pulsions primitives, il s'appuie sur les travaux d'Ivan Pavlov (à qui le livre est dédié ainsi qu'à H.G. Wells) au sujet du réflexe conditionné pour montrer que l'individu est d'autant plus influençable et mobilisable qu'il a perdu ses cadres de référence habituels. Il élabore ainsi une théorie explicative de la propagande en distinguant quatre types de pulsions auxquelles elle peut faire appel : les pulsions combatives et les pulsions alimentaires qui ressortissent aux mécanismes de conservation de l'individu d'un côté ; les pulsions sexuelles et les pulsions parentales qui relèvent de mécanismes de conservation de l'espèce de l'autre.

La propagande parvient à détourner ces pulsions (en particulier la pulsion combative) à son avantage et, au moyen notamment de la répétition, crée un état de fatigue mentale favorable à l'assujettissement de la volonté. Jouant sur les émotions et les instincts, elle est d'autant plus efficace qu'elle exploite également des archétypes politiques et culturels (le nationalisme par exemple). Le symbolisme de la propagande nazie (croix

1. Sigmund Freud, *Essais de psychanalyse*, en particulier le chapitre « Psychologie des foules et analyse du Moi », (1921), Paris, Payot, coll. « Petite bibliothèque Payot », 1981.
2. Sigmund Freud, *Essais de psychanalyse*, *ibidem*, p. 150.
3. Serge Tchakhotine, *Le Viol des foules par la propagande politique*, Paris, Gallimard, (1re édition 1939), réédition 1952.

gammée, hymnes ou chants, etc.) est la preuve que l'homme peut être une proie facile (lorsque le contexte politique et économique est favorable) pour les experts en manipulation qui procèdent à un véritable viol psychique sur sa personne. La presse écrite et la radio deviennent alors des outils très efficaces de manipulation de l'opinion publique[1].

B. Le XXe siècle comme siècle de la propagande politique

On le voit, les travaux sur la foule émergent dans un contexte – celui de la fin du XIXe siècle et de la première moitié du XXe siècle – caractérisé par la montée en puissance des médias. Ceux-ci sont perçus comme des instruments privilégiés d'influence du comportement humain, qui suscitent la mise au point de stratégies de persuasion destinées à imposer des réflexes collectifs, à transformer les conduites et les mentalités. Bref, les médias sont des vecteurs décisifs de la propagande.

Bien que le phénomène en lui-même ne soit pas nouveau (on peut considérer qu'Alexandre, Jules César ou Louis XIV ont cherché chacun à sa manière, à rallier leurs sujets en diffusant des messages hautement contrôlés), il est toutefois en rapport très étroit avec l'ère des grands rassemblements, l'essor d'une industrialisation des outils de communication et avec l'avènement de la modernité.

À la société traditionnelle caractérisée par une certaine stabilité des hiérarchies sociales, par une faible mobilité des individus et par l'existence de normes intangibles a, en effet, progressivement succédé une société « moderne », *dite de masse*, marquée notamment par la disparition des communautés locales, par le brassage des catégories sociales, par une réelle mobilité des individus, vivant souvent sans lien entre eux. Cette « foule solitaire » pour reprendre l'expression du sociologue américain David Riesman[2], ces individus déracinés, constituent dès lors une cible beaucoup plus sensible à la propagande qu'auparavant[3]. Pénétrant dans chaque foyer, s'insinuant dans chaque moment ou presque de nos activités de loisirs, les médias irradient en quelque sorte partout en envoyant des messages sur l'ensemble d'une collectivité. Le contexte économique et social du XXe siècle a donc créé, selon certains, un terrain propice à la manipulation médiatisée : mais ce sont bien évidemment des événements politiques majeurs qui ont entraîné son expansion et son accélération.

Historiquement, la propagande politique comme technique de manipulation des masses au profit d'une idéologie renvoie à la guerre de 1914-1918 et aux méthodes de « bourrage de crâne » ; à la révolution bolchevique et au propagandiste hors pair que

1. Il précise cependant que la propagande au service du nazisme ne doit pas faire oublier la propagande au service des bonnes causes comme, par exemple, la propagande antiguerrière.
2. David Riesman, *La Foule solitaire. Anatomie de la société moderne*, Paris, Arthaud, 1964.
3. Jacques Ellul a lui aussi diagnostiqué la désagrégation progressive des groupes d'appartenance traditionnels et montré l'influence de ce phénomène sur le développement de la propagande dans nos sociétés. Voir son livre, *Propagandes*, Paris, Armand Colin, 1962.

fut Lénine ; à l'implantation du régime national-socialiste en Allemagne et à l'art de subjuguer les foules d'Adolf Hitler, sans oublier, bien évidemment, le second conflit mondial au cours duquel les troupes alliées et celles de l'Axe rivalisèrent d'ingéniosité et d'habileté pour diffuser leurs messages. L'idée dominante, à cette époque, était que les médias peuvent exercer un effet puissant, avoir un impact immédiat sur le récepteur[1] et qu'il suffit, pour y parvenir, de bien connaître la psychologie des groupes ou des conduites collectives, de mettre en œuvre un schéma de communication linéaire, inspiré du schéma pavlovien du réflexe conditionné (modèle stimulus/réponse). Un épisode fameux illustre parfaitement ce sentiment partagé. En diffusant, en 1938, à la radio américaine *CBS* une dramatique intitulée « L'invasion martienne », Orson Welles, le célèbre acteur et réalisateur de films, déclencha un vent de panique chez certains auditeurs, persuadés de l'imminence de la venue des Martiens sur terre. Cette expérience grandeur nature semblait confirmer la validité des interprétations concluant à la toute puissance des médias, capables d'induire n'importe quel comportement chez un public faible et crédule.

Ce n'est donc pas un hasard si les moyens de communication de masse ont été perçus comme des instruments du totalitarisme et si la propagande a été prioritairement saisie comme une forme de conditionnement d'individus atomisés. Le but de la propagande est bien de répandre des informations de « telle manière que son récepteur soit à la fois en accord avec elle et dans l'incapacité de faire un autre choix à son sujet[2] ».

Depuis la fin de la Deuxième Guerre mondiale, les exemples n'ont pas manqué de régimes politiques usant et abusant de ces méthodes de gouvernement : propagande soviétique dans les pays communistes, propagande maoïste en Chine, propagande tiers-mondiste à Cuba, etc. Ce serait toutefois une erreur que de réduire cette propagande médiatisée aux seuls cas des régimes autoritaires, contrôlés par un dictateur. Les démocraties occidentales ont, elles aussi, employé l'argumentation manipulée à des fins de propagande : que l'on songe, par exemple, au développement de radios internationales telles que *Radio Free Europe* et *Radio Liberty* à destination des sociétés est-européennes et de l'URSS durant les années 1950, à « Voice of America », voie officielle du gouvernement américain[3] ou encore, durant les années soixante à la propagande américaine lors de la guerre du Vietnam[4]. La propagande par médias interposés n'est plus seulement un art : elle est devenue une véritable science exercée par des professionnels de la manipulation.

1. On a vu, au chapitre 1, à propos des liens entre médias et vie politique, que cette vision des choses doit être relativisée.
2. Philippe Breton et Serge Proulx, *L'Explosion de la communication*, Paris, La Découverte, 2e édition, 1993, (rééd. 2012) p. 241.
3. Voir, à ce sujet, Tristan Mattelart, *Le Cheval de Troie audiovisuel. Le rideau de fer à l'épreuve des radios et télévisions transfrontières*, Grenoble, PUG, 1995.
4. Comme le fait remarquer Guy Durandin, la propagande n'est pas toujours mensongère ; mais en période de crise ou de guerre, on a effectivement tendance à travestir la réalité ou à passer sous silence

Les règles auxquelles obéit la propagande politique, telles qu'elles ont été résumées par Jean-Marie Domenach[1] n'ont donc rien perdu de leur pertinence et de leur actualité. La propagande répond d'une part à des *caractéristiques externes*; d'autre part, à des *caractéristiques internes.*

Considérons d'abord les *premières.* Elle est avant tout une technique qui doit s'adresser en même temps à l'individu et à la masse, autrement dit à des individus inclus dans une masse anonyme et à une foule en tant que rassemblement d'individus particuliers : c'est en jouant sur les deux tableaux qu'on a le plus de chance d'atteindre l'objectif fixé. Elle doit ensuite être totale c'est-à-dire utiliser tous les moyens de communication disponibles (affiches, réunions, tracts, presse, radio, cinéma, télévision, Internet aujourd'hui) en complément des partis politiques, de l'école ou de l'appareil judiciaire dans le cas d'un régime autoritaire. Elle doit être durable et continue : l'interruption favorise en effet la réflexion et incite le propagandé à chercher des points de référence à l'extérieur. Elle doit enfin être organisée, s'appuyer sur un appareil politique et idéologique fort afin de provoquer une action, déclencher des réflexes et non seulement modifier les idées. En ce sens, elle court-circuite la pensée, provoque l'adhésion à une orthodoxie (ensemble de doctrines et de dogmes imposé par le parti dominant) et favorise l'orthopraxie (action qui en soi n'est pas consciente et volontaire, mais imposée de l'extérieur).

Examinons à présent les *secondes*, à savoir les caractéristiques internes. Outre le fait qu'une propagande efficace doive connaître le terrain psychologique (opinions, sentiments, pensées) sur lequel elle prend appui ainsi que les courants fondamentaux de la société (croyances, valeurs), elle est également contrainte d'avoir un rapport direct avec l'actualité (une propagande pour la paix n'a de sens que s'il y a menace de guerre) et apparaître comme la vérité au niveau des faits (même si elle est fondée sur le mensonge au niveau des intentions). Elle doit enfin utiliser un certain nombre de procédés que Jean-Marie Domenach résume sous forme de la mise en application de cinq règles :

- Premièrement, la règle de la *simplification.* Le propagandiste se sert de slogans, de mots d'ordre, qui expriment une idée avec la force de l'évidence et qui ne souffrent guère de discussion en raison de leur concision.
- Deuxièmement, la règle du *grossissement.* Elle consiste à éliminer toutes les informations qui pourraient nuire et à ne retenir que celles qui viennent conforter le discours du propagandiste. On oublie volontairement certains détails et on en grossit au contraire d'autres, en défigurant alors certains faits.

---

certains faits. Voir Guy Durandin, *L'Information, la désinformation et la réalité*, *op. cit.*, p. 141 et suivantes.

1. Jean-Marie Domenach, *La Propagande politique*, Paris, PUF, « Que sais-je ? », 1re édition 1959, n° 448, 1979. On trouve la distinction entre caractères externes et internes chez Jacques Ellul, *Propagandes*, *op. cit.* (chapitre 1).

- Troisièmement, la règle de l'*orchestration*, c'est-à-dire la répétition inlassable des idées principales afin de soumettre le public visé à un bombardement ininterrompu de la doctrine à inculquer ou des représentations à faire assimiler.
- Quatrièmement, la règle de la *transfusion*. Il ne faut jamais heurter de front les convictions préalables du public auquel on s'adresse ; mais, au contraire, d'abord feindre de les adopter pour mieux les détourner ensuite vers d'autres buts. La transfusion permet par conséquent de s'adapter aux différents publics que l'on souhaite toucher.
- Cinquièmement, la règle de la *contagion*. Il s'agit de créer l'illusion d'une unanimité, d'exploiter le souci qu'ont les hommes d'être semblables aux autres, leur propension au conformisme.

Ces différents procédés, utilisés depuis fort longtemps, ont connu, selon les époques, une nouvelle jeunesse grâce à l'emploi calculé de l'écrit, de la radio et surtout, depuis une vingtaine d'années, de la télévision et d'Internet. Ils sont majoritairement le fait de régimes autoritaires, soucieux de préserver leur légitimité apparente et leur influence. Mais, nul ne l'ignore, cette maîtrise de la parole officielle et des médias se retourne parfois spectaculairement contre leurs auteurs : le renversement en 1989 de Nicolas Ceaucescu en Roumanie, la chute du mur de Berlin en 1989, prouvent que les images diffusées par les télévisions occidentales peuvent parfois ébranler les régimes les mieux établis. La manipulation d'un peuple par l'usage effréné de la propagande politique et par le contrôle des médias n'est pas toujours un gage de longévité pour le pouvoir en place et se révèle quelquefois une arme à double tranchant pour les propagandistes eux-mêmes.

Force est toutefois de constater qu'en raison de l'essor récent des technologies d'information et de communication, les images de propagande sont aujourd'hui légion et circulent de manière quasi instantanée sur toute la planète. Le cas le plus emblématique de cette utilisation stratégique des médias audiovisuels en vue de diffuser des messages de propagande est celui de l'attentat du 11 septembre 2001 à New York. La force symbolique des images de deux avions s'encastrant dans les tours du World Trade Center a été considérable. Passant en boucle sur les télévisions du monde entier, celles-ci ont imprégné nos mémoires et ont permis aux terroristes, en jouant sur la dramaturgie, de frapper les esprits[1]. Ce n'est pas la première fois que des terroristes utilisent des médias pour toucher profondément les consciences, mais c'est la première fois qu'un tel acte a été pensé planétairement : ces attentats ont en effet été conçus pour qu'ils prennent sens par le truchement de la télévision. Le « média-terrorisme » est aujourd'hui devenu un « cyber-terrorisme » grâce au Web et aux réseaux sociaux qui démultiplient la vitesse de circulation des images. Les terroristes ont analysé avec minutie le mode de fonctionnement des médias audiovisuels et d'Internet, et sont passés maîtres dans l'art de

1. Se reporter à Marc Lits (sous la direction de), *Du 11 septembre à la riposte. Les débuts d'une nouvelle guerre médiatique*, Bruxelles, De Boeck, 2004.

communiquer. Ils savent comment créer un état de sidération, comment inciter certains internautes à rallier leur cause et utilisent donc avec efficacité les techniques de propagande modernes[1].

II. La désinformation

La frontière qui sépare la propagande de la désinformation est très ténue car les deux phénomènes se recouvrent très souvent[2]. Le terme de désinformation apparaît, semble-t-il, pour la première fois en 1949 dans le *Dictionnaire de la langue russe* avec le sens « d'action d'induire en erreur à l'aide d'une information mensongère ». La plupart des spécialistes qui ont étudié la question considèrent en effet que ce qui caractérise la désinformation, c'est le caractère organisé du mensonge (fabrication de faux documents ou falsification de documents existants, diffusion de fausses nouvelles, etc.) : méthode employée par les pays totalitaires aussi bien que par les pays démocratiques.

La désinformation, comme le rappelle Guy Durandin[3], est toujours faite dans l'intérêt du désinformateur et vise à nuire à l'interlocuteur en utilisant le mensonge tactique (on cache ses plans à l'adversaire afin de lui faire prendre de mauvaises décisions) et médiatique (on dénigre l'image de l'adversaire dans l'opinion internationale). À la différence de la *propagande* définie comme une argumentation manipulée, la *désinformation* est une argumentation détournée, sciemment menteuse et trompeuse[4]. L'information diffusée est totalement travestie et délibérément inexacte alors que la propagande peut, dans certains cas, induire en erreur avec des informations exactes, mais partielles. En d'autres termes « la désinformation… est une action qui consiste à faire valider, par un récepteur que l'on veut intentionnellement tromper, une certaine description du réel favorable à l'émetteur, en la faisant passer pour une information sûre et vérifiée[5] » : il s'agit bien d'un jeu sur les apparences.

Comme tous les États ou presque pratiquent la désinformation, la littérature sur le sujet est extrêmement abondante. La désinformation touche en effet *certains domaines* sensibles qui relèvent de secrets d'État (affaire « Greenpeace » en 1985 avec la destruction par attentat du bateau de l'association écologique en Nouvelle-Zélande), de secrets

1. Pour une bonne vulgarisation du problème, lire François-Bernard Huyghe, *Terrorismes. Violence et propagande*, Paris, Gallimard, Découvertes, n° 575, 2011.
2. Voir à ce sujet, Fabrice d'Almeida, *La manipulation*, Paris, coll. « Que sais-je ? », n° 3665, 2011, en particulier le chapitre V « Manipulations collectives, propagande et désinformation ».
3. Guy Durandin, *L'Information, la désinformation et la réalité*, *op. cit.*, p. 54-57.
4. Selon Philippe Breton et Serge Proulx, *L'Explosion de la communication*, *op. cit.*, p. 236.
5. Philippe Breton, *La Parole manipulée*, *op. cit.*, p. 66. Définition que l'on peut rapprocher de celle proposée par Roland Jacquard pour qui elle recouvre l'ensemble des techniques utilisées pour manipuler l'information, tout en lui conservant un caractère de crédibilité, afin d'exercer une influence sur le jugement et sur les réactions d'autrui. Voir Roland Jacquard, *La Guerre du mensonge. Histoire secrète de la désinformation*, Paris, Plon, 1986.

d'argent (financements occultes de partis politiques), de secrets technologiques (incident de la centrale nucléaire de Tchernobyl en 1986 dont les nuages toxiques étaient censés ne pas avoir pénétré en France)[1], ou de situations de crise (guerres, révolutions, etc.). À chaque fois, les principaux intéressés dissimulent la réalité des faits, cherchent à étouffer l'affaire, tentent de manipuler les journalistes et les médias en leur livrant des informations tronquées ou falsifiées. Les médias sont donc au cœur de la tension démocratique puisqu'ils essaient, dans nos pays en tout cas, de savoir ce que les puissants (qui s'abritent derrière le secret) s'emploient à nous cacher.

Les *objets* de la désinformation portent donc sur des faits (on occulte, par exemple, certains événements dans des livres d'histoire comme ce fut le cas en URSS, on nie l'existence des camps de concentration) ; sur des intentions (on dissimule des projets d'attaque comme par exemple le débarquement en Normandie en 1944) ; sur des valeurs (on se réclame de grands principes tels que les droits de l'homme et la libération des peuples opprimés alors que l'on pratique le terrorisme) ; sur des opinions et des croyances ou des idéologies (on vante les mérites du marxisme-léninisme). On pourrait, à ce sujet, multiplier les illustrations tirées de l'histoire récente qui prouvent combien les opérations de désinformation sont monnaie courante et comment elles utilisent tous les canaux de communication disponibles (médias, conversations, rumeurs, etc.).

Les *procédés* mis en œuvre sont, quant à eux, facilement repérables. Certains d'entre eux le sont à titre préventif : c'est le cas, par exemple, de la censure militaire lors de conflits qui interdit aux journalistes de couvrir certaines actions et de publier certaines informations. C'est le cas également du camouflage pur et simple de certains faits, comme par exemple, le souci, en matière automobile, de ne pas dévoiler la sortie d'un nouveau modèle. D'autres procédés sont davantage offensifs : mesures actives (espionnage, infiltration d'organisations, sabotage, truquage d'élections, etc.), méthodes d'intoxication (endoctrinement par lavage de cerveau) ou tentatives de subversion (démoraliser la population du pays adverse, jeter le discrédit sur les dirigeants au moyen de calomnies) font partie des techniques habituelles de la désinformation.

Plus fondamentalement, et au-delà de la simple description des domaines, des objets et des procédés touchant à la désinformation, il importe de s'interroger sur l'influence de certains changements induits par le nouveau contexte de la communication moderne sur les modalités d'exercice de la désinformation elle-même. On a déjà eu l'occasion de souligner combien les progrès technologiques récents avaient connu un progrès considérable. Pressés par la concurrence, les médias audiovisuels notamment préfèrent aujourd'hui le direct au différé, le document brut au reportage longuement mûri, et tablent donc sur la vitesse de réaction de leurs journalistes. Grâce aux caméras

1. Lire, à ce sujet, Marie-Noëlle Sicard, *Entre médias et crises technologiques. Les enjeux communicationnels*, Paris, Presses universitaires du Septentrion, 1998, qui montre que, très souvent, les risques réels et les risques perçus s'amplifient mutuellement en raison de l'effet de résonance provoqué par les médias.

numériques, aux antennes paraboliques, aux liaisons satellitaires, ces derniers sont donc en mesure d'intervenir à chaud lors d'événements aux quatre coins de la planète. Les commentaires et vidéos qui circulent en abondance sur les réseaux sociaux accentuent encore le phénomène en donnant de l'écho à des faits ou des événements qui s'avèrent montés de toute pièce.

Ce nouveau contexte de travail n'est pas sans conséquence sur l'information diffusée : son instantanéité est évidente, mais sa fiabilité est souvent discutable. Les journalistes risquent en effet de manquer de recul, de ne pas avoir le temps de vérifier et de recouper les faits, et donc d'être pris au piège d'une manipulation, d'une rumeur, qui en font, à leur corps défendant, les vecteurs de la désinformation. En raison de l'impératif du « scoop », du règne de l'image et de la vitesse, les médias sont donc de plus en plus menacés d'être des instruments et des victimes de tentatives de désinformation. De nombreux exemples en France l'attestent : affaire Alègre en 2003, affaire dite du « RER D » en 2004, affaire d'Outreau en 2004-2005, etc. : la liste est longue des dérapages, erreurs, emballements en tous genres qui discréditent la profession de journalistes et qui témoignent de la surenchère concurrentielle entre les médias.

Le cas de figure le plus représentatif de ces pratiques de manipulation demeure toutefois ce qu'on a appelé le « faux charnier de Timisoara » en 1989 et qui a fait couler beaucoup d'encre. Les journalistes occidentaux sur place ont, à cette occasion, diffusé des informations selon lesquelles un charnier de plusieurs centaines de morts avait été découvert dans cette ville : information reprise par les télévisions françaises sans vérification de leur part. Il s'est avéré, après coup, qu'il s'agissait d'une macabre mise en scène puisque les auteurs de cette manipulation avaient déterré des cadavres dans un cimetière pour faire croire à un massacre. L'absence de distanciation de la part des journalistes, et la logique de l'Audimat ont donc provoqué un dérapage fâcheux, à la source d'une désinformation complète sur certains événements en Roumanie. L'événement, en ces circonstances, a écrasé le temps, celui de la réflexion et de l'analyse.

Le triomphe du direct et non de la vérité, a également été observé au. moment de la guerre du Golfe (1990-1991) qui a vu s'affronter les forces alliées et l'Irak. La débauche d'images, le flot d'informations en continu à la radio et à la télévision, la recherche du spectaculaire, n'ont pas empêché les médias occidentaux de tomber dans l'ornière de la désinformation puisque l'armée américaine, en particulier, a réussi à maîtriser comme elle l'entendait l'information diffusée lors de ce conflit. La mise en spectacle de la guerre dans le cadre d'une course effrénée au scoop, la volonté de rendre compte à chaud des événements (à l'instar de *CNN*) se sont accompagnées d'une véritable instrumentalisation des médias par les autorités politiques et militaires. Le contraste entre la surabondance des images, le nombre impressionnant d'émissions spéciales d'un côté et la maigreur des informations vraiment inédites de l'autre côté, fut en effet saisissant. Sans mémoire, sans véritable recul, les télévisions occidentales ont privilégié l'émotionnel, le sensationnel, et ont échoué à donner de la profondeur au conflit. Sous les apparences d'une victoire des nouvelles technologies de communication se dissimulait en réalité une défaite des médias qui ont diffusé une vision aseptisée de la guerre[1].

Analysant le malentendu entre les médias et leur public à propos de ce conflit[2], Dominique Wolton observe que le comportement des médias est passé par quatre phases distinctes: une phase de « média-diplomatie » où l'omniprésence des médias sur le terrain donna l'illusion d'une meilleure compréhension du conflit; une phase « d'information-spectacle » jouant sur le « *live* » et l'utilisation de technologies de communication très sophistiquées; une phase de « censure contre l'information » au cours de laquelle les médias s'en prirent ouvertement aux militaires, les accusant de pratiquer la censure et d'empêcher les journalistes d'exercer correctement leur travail, et enfin une phase de débat sur « la désinformation et sur l'intoxication » qui eut l'avantage de détourner l'attention d'une éventuelle critique de la presse elle-même. Cette incohérence et cette versatilité du milieu médiatique n'ont pas contribué à clarifier les faits dans l'esprit du public d'autant que trois agendas différents étaient en concurrence: celui des événements, celui des médias, celui des rumeurs et de la désinformation. Le décalage croissant entre ces trois agendas a accentué le désarroi du public, ballotté entre des informations contradictoires. L'hypermédiatisation de la guerre du Golfe prouve qu'il convient dorénavant de résister au direct à tout prix, de réintroduire de la distance: comme le souligne Dominique Wolton, « il y a peu de rapport direct entre l'augmentation de l'information et l'augmentation de la vérité[3] ».

On remarquera à ce sujet que la guerre déclenchée en Irak par les Américains en 2003 a été l'objet d'une prudence bien plus grande de la part des différents médias français, échaudés par l'expérience précédente. Si, du côté américain, les médias audiovisuels ont fait preuve d'un nationalisme sans faille et si des journalistes ont été autorisés à être embarqués (*embedded*) dans des unités combattantes; du côté français en revanche, la couverture du conflit par les chaînes de télévision a été plus mesurée et plus sobre. Les rédactions ont été soucieuses de diversifier la présence des journalistes sur le terrain et de ne pas reprendre systématiquement les thèses des belligérants (il est vrai que la France n'était pas, cette fois-ci, directement impliquée dans le conflit)[4]. Cette guerre en Irak a en outre donné lieu à deux événements singuliers: d'abord, la percée d'une chaîne de

1. Sur cette question du rapport entre les médias et la désinformation en temps de guerre, voir Michel Mathien (sous la direction de), *L'Information dans les conflits armés*, Paris, L'Harmattan, 2001.
2. Dominique Wolton, *Wargame. L'information et la guerre*, Paris, Flammarion, 1991. On notera que la guerre du Golfe a été le théâtre d'une intense activité de propagande (les militaires ont tenté d'accréditer l'idée d'une guerre propre, « chirurgicale ») et de désinformation (la photo d'un cormoran englué dans une marée noire « provoquée » par les Irakiens, alors que cet oiseau ne vit pas dans cette région, est encore dans toutes les mémoires). Pour davantage de détails, lire Béatrice Fleury-Vilatte (sous la direction de), *Les Médias et la guerre du Golfe*, Nancy, Presses universitaires de Nancy, 1992.
3. Dominique Wolton, *Wargame*, *ibidem*, p. 199.
4. Jean-Marie Charon et Arnaud Mercier (sous la direction de), *Armes de communication massive. Informations de guerre en Irak: 1991-2003*, Paris, CNRS éditions, 2004. Pour une synthèse sur le rôle

télévision arabophone *Al Jazera* qui a contrebalancé l'information des médias occidentaux et qui a joué un rôle important dans la perception du conflit au sein du monde arabe; ensuite, une intrusion inattendue des nouvelles technologies (appareils photos numériques, webcams, Internet) dans la représentation de la guerre. Ces dernières ont notamment permis de diffuser en avril-mai 2004 des photos de torture dans une prison de Bagdad contrôlée par l'armée américaine et de mettre à mal le contrôle de l'information exercé par les autorités de Washington. Les barrières informationnelles ont semblé s'effondrer sous les coups de boutoir des usagers ordinaires des caméras numériques et du Web.

Ces illustrations des dérives de l'information-spectacle (événements de Roumanie et guerre du Golfe) permettent de prendre conscience que la désinformation est aussi, dans certaines circonstances, le propre des médias eux-mêmes et qu'en imputer systématiquement la responsabilité aux hommes politiques, aux militaires, aux chefs d'entreprises et aux *lobbies* en tout genre est quelque peu réducteur. Les événements liés à la guerre du Kosovo (1999) ont cependant montré que les procédures de manipulation ont de beaux jours devant elles. Durant ce conflit, le régime serbe du président Milosevic a déployé l'arsenal traditionnel de la propagande, mais les forces alliées de l'OTAN ont elles aussi tenté d'imposer un contrôle sur l'information militaire et de ne rien dire d'essentiel à la presse en pratiquant une certaine forme de désinformation. Les journalistes occidentaux sur place ont toutefois essayé d'apporter un autre éclairage, souvent éloigné des discours officiels, en faisant appel aux témoignages oraux des réfugiés[1].

La question que l'on peut dès lors légitimement se poser est de savoir si la surabondance des informations dont nous sommes les destinataires ne favorise pas, d'une certaine manière, la désinformation.

Telle est, en tout cas, la thèse soutenue, il y a quelque temps déjà, par un écrivain journaliste, Jean-François Revel[2]: on ne traite plus suffisamment, selon lui, l'information en fonction de l'exactitude des faits, mais de l'effet qu'il faut produire auprès du public. Nous souffririons à l'heure actuelle d'une surinformation dans les sociétés démocratiques, mais aussi et surtout d'une rareté inquiétante des informations exactes et vérifiées. Et l'auteur de citer de nombreux exemples tirés du *New York Times*, du *Spiegel*, de la *BBC*, du *Monde* et de bien d'autres supports d'information, qui témoignent d'une confusion entre fonction d'information et fonction d'opinion.

La solution pour éviter ce type de situation réside donc dans le devoir d'impartialité, de compétence et le sens de responsabilité des journalistes: « c'est sur le seul ter-

des médias dans les conflits internationaux, se reporter à notre ouvrage, Rémy Rieffel, *Que sont les médias? Pratiques, identités, influences*, *op. cit.*, chapitre 3.

1. Voir les *Cahiers de médiologie*, n° 8, 1999, « Croyances en guerre. L'effet Kosovo », ainsi que Paul Virilio, *Stratégie de la déception*, Paris, Galilée, 1999.
2. Jean-François Revel, *La Connaissance inutile*, Paris, (1re édition 1988), Hachette, coll. « Pluriel », 1990.

rain du professionnalisme et d'un contrôle de qualité du service social de l'information que pourrait se légitimer… la prétention d'assumer la mission de contre-pouvoir[1] ». En d'autres termes, les médias libres et indépendants ne se laissent pas seulement enrôler par les experts en désinformation des pays autoritaires, mais se trompent parfois eux-mêmes en raison de la recherche exclusive du « coup médiatique » ou d'une certaine propension à la superficialité. C'est parce que l'information est de plus en plus considérée comme une marchandise et non comme une valeur que les risques de dérive sont réels[2].

III. La rumeur et les médias

Parmi les nombreuses manifestations de désinformation, on isolera ici le cas de la rumeur parce que son étude a donné lieu à des travaux en sociologie et en psychologie dignes d'intérêt depuis un certain nombre d'années. Ce n'est pas tant la rumeur en tant que telle, « le plus vieux média du monde », pour reprendre l'expression de Jean-Noël Kapferer[3], qui sera au cœur de notre réflexion, que la relation qui s'instaure entre la propagation de certaines rumeurs et leur médiatisation.

Quel rôle les médias jouent-ils aujourd'hui dans la naissance, la diffusion et la disparition des rumeurs ? Telle sera l'interrogation centrale de notre approche qui dépassera d'ailleurs le strict cadre de la désinformation dans la mesure où certaines rumeurs circulant dans nos sociétés ne sont pas nécessairement fausses ou sans fondement. Si elles participent souvent d'une entreprise de désinformation, elles sont aussi le plus souvent une production sociale spontanée, sans dessein, ni stratégie particulière et remplissent dès lors d'autres fonctions bien plus complexes. Qu'elle soit volontaire ou non, la rumeur n'en appartient pas moins à l'étude des relations délicates entre médias, persuasion et manipulation.

Le terme de rumeur, emprunté au latin « *rumor* » apparaît au XIIIe siècle avec le sens de « bruit qui court », qui deviendra rapidement « nouvelles qui se répandent dans le public ou l'opinion ». Les dictionnaires contemporains donnent également comme acception, celle d'un « bruit confus, produit par un grand nombre de personnes ». La définition, à multiples tiroirs, de cette notion met l'accent sur l'idée de nouvelles c'est-à-dire d'information inédite et de diffusion c'est-à-dire de communication à un grand nombre d'individus. Les spécialistes qui ont étudié ce phénomène depuis l'après-guerre, ajoutent souvent que la rumeur est une information non vérifiée. En ce sens, elle peut

1. Jean-François Revel, *ibidem*, p. 343.
2. Pour un inventaire de toutes les formes de manipulation médiatique, se reporter à Andreas Freund, *Journalisme et mésinformation*, Paris, La Pensée sauvage, 1991. Ce dernier préfère parler de « mésinformation » parce qu'il convient également, selon lui, de prendre en compte l'induction en erreur involontaire, innocente, l'erreur par accident.
3. Jean-Noël Kapferer, *Rumeurs. Le plus vieux média du monde*, Paris, Le Seuil, 1987, (rééd. Poche, 2010).

servir à induire en erreur, notamment en temps de guerre ou de crise, certains adversaires (gouvernements, armées, personnalités du monde politique, etc.) : elle fait donc partie de l'arsenal traditionnel des techniques de désinformation.

Mais en temps de paix, le critère de fausseté ou de non-vérification apparaît peu pertinent pour appréhender la rumeur. Comme le fait remarquer Jean-Noël Kapferer, on porte en réalité à son égard une appréciation très subjective (la vérification est indissociable de la confiance que nous portons à la personne qui vérifie) et très fragile (la séparation entre information et rumeur est particulièrement floue). Si certaines rumeurs sont si gênantes, explique-t-il, c'est précisément parce qu'elles sont crues et qu'elles se révèlent quelquefois vraies. Autrement dit, ce qui caractérise le contenu d'une rumeur, c'est sa source non officielle. La rumeur sera dès lors définie comme « l'émergence et la circulation dans le corps social d'informations soit non encore confirmées publiquement par les sources officielles, soit démenties par celles-ci[1] ». Elle est, qu'on le veuille ou non, un rapport à l'autorité puisqu'elle lui conteste le statut de seule personne habilitée à parler : c'est un véritable contre-pouvoir.

La rumeur présente en outre quatre traits caractéristiques[2] :

- L'*implication* : le sujet transmetteur se sent plus ou moins concerné par le message véhiculé. Il va sans dire que plus on est impliqué, plus on adhérera à la rumeur.
- L'*attribution* : la rumeur est un discours rapporté. Elle n'est pas issue d'un témoignage direct, mais est le témoignage d'un témoignage : on l'attribue à quelqu'un, censé être garant de son authenticité.
- L'*instabilité* : en se diffusant, son contenu se modifie par réduction, accentuation, rajouts, omission, généralisation des faits rapportés.
- La *négativité* : elle rapporte majoritairement des événements inquiétants ou dramatiques : agressions, scandales, accidents, menaces, etc.

Sur le plan narratif, la rumeur est plutôt brève ; sur le plan de la véracité, l'énoncé est soit vrai, soit faux ; sur le plan du contenu, la rumeur a tendance à prendre comme sujet une personnalité ou un produit connu et identifié ; sur le plan de la diffusion, elle se transmet de manière localisée dans une population fortement impliquée et se propage à grande vitesse. Enfin, sa durée de vie est généralement éphémère[3]. La rumeur est par conséquent un phénomène défini par sa *source* (non officielle), son *processus* (diffusion en chaîne) et son *contenu* (un fait d'actualité) dont le cycle de vie correspond généralement à ce que Françoise Remaux appelle joliment le « stade larvaire », le « stade nymphal » et le « stade d'éclosion », à l'image de la métamorphose progressive de certains insectes[4].

1. Jean-Noël Kapferer, *Rumeurs. Le plus vieux média du monde*, *op. cit.*, p. 25.
2. Selon Michel-Louis Rouquette, *Les Rumeurs*, Paris, PUF, 1975.
3. Pour toutes ces caractéristiques, voir Jean-Bruno Renard, *Rumeurs et légendes urbaines*, Paris, PUF, « Que sais-je? », n° 3445, 1999, notamment p. 52-56.
4. Françoise Remaux, *La Veuve noire. Messages et transmission de la rumeur*, Paris, Méridiens-Klincksieck, 1996. Du même auteur, voir *La Rumeur : mensonge et transmission*, Paris, Armand Colin, 1998.

Après avoir succinctement délimité les contours du phénomène, il faut à présent comprendre concrètement selon quelles modalités les rumeurs se développent, et cerner le poids des médias dans cette forme singulière de communication persuasive. Aux rumeurs de village ou de quartier qui circulaient autrefois de bouche à oreille ou à l'aide de lettres anonymes, ont en effet succédé des rumeurs nationales ou internationales portées par les médias traditionnels et les médias numériques qui changent sans aucun doute la donne. Ce qu'on se raconte au sein d'un groupe social et ce que disent les médias constituent désormais les deux facettes d'un même phénomène puisque la voix du groupe et le discours des médias s'interpénètrent, se mélangent et se fécondent mutuellement.

Deux processus sont à l'œuvre dans la rumeur selon Jules Gritti qui a été l'un des premiers sociologues en France à étudier attentivement les relations entre les rumeurs et la presse écrite aujourd'hui[1] : d'une part, l'*identification*, autrement dit le processus psychologique par lequel un individu assimile un aspect, un attribut de l'autre et se transforme totalement ou partiellement sur le modèle de celui-ci ; d'autre part, la *projection*, autrement dit l'opération par laquelle un individu expulse de soi et localise dans l'autre, des qualités et des sentiments qu'il refuse en lui. La rumeur nous permet d'expulser nos malaises de manière fantasmatique. Edgar Morin l'avait déjà souligné[2] : elle est la cristallisation de certaines envies ou de certaines peurs, elle touche les replis les plus primitifs de l'imaginaire social et favorise une sorte de libération cathartique de nos angoisses. En ce sens, elle est un phénomène à la fois archaïque et moderne.

En partant de ces deux principes, on peut construire une représentation schématique de la rumeur[3] en établissant un axe vertical (la projection) et un axe horizontal (l'identification) qui met au jour quatre classes de rumeurs dont la presse se fait très souvent l'écho :

- Celle où se combinent, à des degrés divers l'identification favorable (la tendance à l'imitation) et la projection vers le surpassement : c'est la classe de *l'exaltant*. Certains articles évoquant de belles romances d'amour à la cour d'Espagne ou

1. Jules Gritti, *Elle court, elle court, la rumeur*, Ottawa, Éditions Stanké, 1978.
2. Edgar Morin, *La Rumeur d'Orléans*, Paris, (1re édition 1969), réédition coll. « Points », 1982.
3. On obtient, selon Jules Gritti, le schéma suivant :

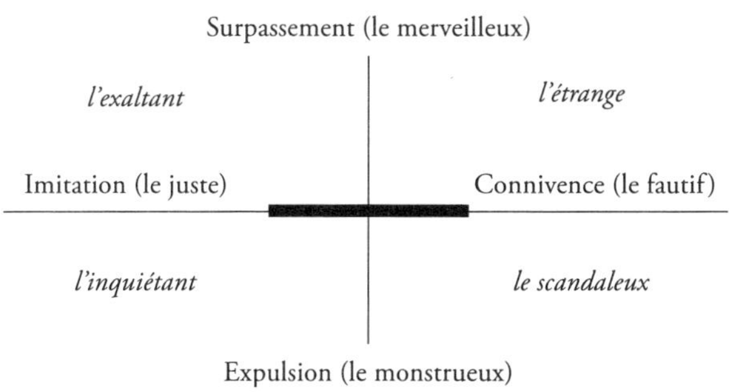

d'Angleterre ou encore certains magazines pour adolescents contant les émois sentimentaux de quelques vedettes du *show-business* ou de la chanson relèvent de cette catégorie de rumeurs.

- Celle où l'on s'oriente vers l'identification coupable (la connivence) et la projection vers le surpassement : c'est la classe de *l'étrange*. Appartiennent à ce type de rumeurs les articles titrant sur les gains astronomiques réalisés par tel Français jouant au tiercé, ou ceux sur l'étrange suicide de telle personnalité du milieu politico-mondain.
- Celle où l'on glisse insensiblement de l'identification coupable vers la projection en direction du monstrueux : c'est la classe du *scandaleux*. On rangera dans cette catégorie les rumeurs sur l'argent, sur la drogue, sur les mœurs sexuelles de quelques personnalités en vue. Ce voyeurisme plus ou moins malsain offre l'occasion d'expulser nos craintes et de désigner des boucs émissaires.
- Celle où la projection-expulsion pousse également à l'imitation : c'est la classe de *l'inquiétant*. Les rumeurs sur les amours tragiques de telle ou telle star de cinéma, sur la maladie grave du président de la République, sur des accords secrets entre deux partis politiques supposés ennemis, font partie de cette dernière classe de rumeurs.

Dans nos sociétés modernes où le développement des technologies de l'information et de la communication pourrait laisser croire à la disparition progressive de ces récits magiques et imaginaires, on s'aperçoit, qu'au contraire, les médias peuvent, dans certains cas, contribuer *à les faire naître, à leur donner de l'ampleur*. S'apparentant, par certains côtés, aux faits divers, les rumeurs rejoignent ainsi la catégorie des « pseudo-événements » et témoignent de la permanence de thématiques fondamentales, souterraines, à travers le temps et les cultures : ce sont des « mythes flottants » pour reprendre l'expression d'Edgar Morin, qui touchent au plus profond de notre identité sociale. Les médias, dans cette perspective sont bel et bien des vecteurs d'une certaine mythologie au sens où Roland Barthes parlait du mythe comme système de communication et de la presse comme véhicule de ces messages stéréotypés[1].

Non seulement les médias signent parfois l'acte de naissance des rumeurs, mais ils contribuent aussi à les *accréditer*, c'est-à-dire à leur donner une crédibilité supplémentaire puisque ce qui est annoncé dans la presse, à la télévision ou les réseaux sociaux, acquiert rapidement un statut de vérité. De nombreux exemples illustrent cette situation : on peut citer le tract de Villejuif sur les additifs alimentaires dont certains étaient présentés comme des substances cancérigènes, qui circula pendant une dizaine d'années en France (1976-1986) et qui fut relayé par certains journaux. Ou encore les rumeurs

1. Roland Barthes, *Mythologies*, Paris, Le Seuil, (1re édition 1957), réédition coll. « Points », 1970.

autour de l'affaire Grégory qui donnèrent lieu à une exploitation médiatique intense et conduisirent d'ailleurs certains journalistes à se comporter comme de véritables manipulateurs de l'information, mettant en scène de pseudo-révélations[1].

Les médias servent simultanément d'*accélérateurs* puisqu'ils accroissent la vitesse de propagation des rumeurs par le biais de certains articles ou de certaines lettres confidentielles, diffusées dans un cercle très restreint. Rumeurs boursières ou financières, rumeurs politiques, sont des exemples types de cette influence indéniable des moyens de communication qui jouent dès lors le rôle de caisse de résonance.

Création et amplification, accréditation et accélération des rumeurs, en raison notamment de l'importance du public touché (des centaines de milliers ou des millions de personnes) et de la rapidité de transmission des nouvelles, vont toutes dans le sens d'une augmentation de l'écho rencontré par les rumeurs dans notre société. Internet constitue bien évidemment un vecteur essentiel de propagation des rumeurs aujourd'hui et accentue ces effets d'amplification et de déformation de certaines informations. Ce qu'on appelle en effet le « *buzz* » participe d'une certaine manière de ce phénomène en favorisant la diffusion de rumeurs sur la vie privée de stars du petit et du grand écran, de personnalités du monde artistique, sportif ou politique. L'instantanéité de l'information sur le Web, l'ampleur de sa diffusion, l'absence d'identification de certains émetteurs, la puissance des réseaux sociaux, sont autant de facteurs qui démultiplient la diffusion des rumeurs (le décès supposé de certains « *people* », la prétendue séparation de couples célèbres, mais aussi les rumeurs les plus folles sur l'origine des attentats du 11 septembre 2001 aux États-Unis, etc.) qui deviennent aussi, pour certaines d'entre elles, de plus en plus des rumeurs visuelles[2]. Ainsi que le souligne le sociologue Gérald Bronner[3], Internet peut être assimilé à une sorte d'incubateur de rumeurs, de colporteur de croyances irrationnelles, qui donne une visibilité accrue à certaines représentations tronquées ou fausses de la réalité. Ce phénomène résulte notamment du fait que sur le Web, les informations ne sont plus seulement filtrées par des spécialistes (journalistes ou experts), mais produites et diffusées par une multitude d'internautes (ce qu'il appelle « des oligopoles cognitifs ») qui assènent leur point de vue et leurs opinions personnelles comme des vérités et qui réussissent ainsi à plus ou moins imposer leurs croyances. Se

1. On trouvera de nombreux exemples de rumeurs et de leurs mécanismes de propagation dans l'ouvrage de Véronique Campion-Vincent et Jean-Bruno Renard, *De source sûre. Nouvelles rumeurs d'aujourd'hui*, Paris, Payot, 2002.
2. Pascal Froissart constate, par exemple, l'émergence sur Internet d'une nouvelle catégorie de rumeurs, « les images rumorales » (ou rumeurs visuelles) et décèle même dans « les bouffées d'audience » et « les buzz », une forme de créativité, d'expressivité, qui favoriserait le lien social. Voir Pascal Froissart « Les images rumorales. Une nouvelle imagerie populaire sur Internet », *Médiamorphoses*, n° 5, 2002, p. 27-35 et « Buzz, bouffées d'audience et rumeur sur Internet », *Médiamorphoses*, n° 21, 2007, p. 81-87.
3. Gérald Bronner, *La démocratie des crédules*, Paris, PUF, 2013.

créée donc un déséquilibre entre d'un côté, un petit nombre de faits et de connaissances validés et vérifiés et de l'autre côté, une masse foisonnante d'informations sans contrôle et sans régulation. Les réseaux sociaux, en ce sens, sont le paradis des rumeurs.

Les médias peuvent toutefois agir en sens inverse et participer soit à la *contre-offensive*, soit servir d'instrument de démenti et éventuellement de *disparition* des rumeurs.

La rumeur d'Orléans telle qu'elle a été étudiée par Edgar Morin[1] renvoie au premier cas de figure. Rappelons-en la teneur : une rumeur accusant des commerçants, juifs, qui tenaient des magasins de vêtements féminins, de faire disparaître des jeunes filles dans un trafic de traite des Blanches, se propagea à Orléans en 1969 en partant, semble-t-il des classes de jeunes filles des collèges religieux et des lycées de la ville. Très vite, les parents s'indignèrent et la peur du rapt féminin se combina à un discours désignant les juifs comme boucs émissaires.

La presse quotidienne régionale relata les événements, mais s'attaqua également à la rumeur en la traitant d'odieuse calomnie, faisant ainsi prendre conscience à la population qu'il était honteux et dangereux de colporter une rumeur sur laquelle pesait le soupçon d'antisémitisme. Cette contre-attaque s'avéra efficace puisque peu à peu la rumeur se désagrégea d'autant que la presse parisienne emboîta le pas aux quotidiens locaux et que de nombreux syndicats ou associations manifestèrent leur réprobation. Une réaction rapide des médias dans un contexte localisé a donc réussi à mettre fin à une rumeur.

La rumeur concernant la maladie d'Isabelle Adjani constitue une illustration probante du second cas de figure. Une rumeur selon laquelle l'actrice était hospitalisée et mourante circula en 1986 dans les salles de rédaction parisiennes et ouvrit la voie aux plus folles spéculations à son sujet. Pour faire cesser cette spirale infernale, Isabelle Adjani vint en personne au journal télévisé de 20 heures à *TF1* (le 18 janvier 1987) démentir et annoncer son intention de poursuivre en justice les coupables. En frappant ainsi un grand coup avec l'aide du petit écran, en dramatisant son intervention, l'actrice bénéficia d'une couverture médiatique exceptionnelle dans la presse et dans les autres médias.

Analysant l'effet de cette intervention sur un échantillon représentatif de Français, Jean-Noël Kapferer[2] montre que cette tactique fut payante : la contre-attaque permit de faire crever l'abcès et de convaincre une bonne part de ceux qui étaient auparavant indécis (seule une minorité de personnes continua à croire à la rumeur). Cet exemple de campagne médiatique offensive prouve qu'un simple démenti par communiqué est une information trop froide et inefficace. Seule une intervention à chaud, utilisant les grands moyens, est à même de modifier éventuellement les croyances du public.

1. Edgar Morin, *La Rumeur d'Orléans*, *op. cit.*
2. Jean-Noël Kapferer, « Le contrôle des rumeurs. Expériences et réflexions sur le démenti », *Communications*, n° 52, 1990, p. 99-118.

Le combat contre la désinformation, on le voit à travers ces deux exemples, nécessite le soutien des médias eux-mêmes : les individus ou les groupes sociaux paraissent (à eux seuls) impuissants à relever le défi.

Depuis que l'on essaie de saisir les traits spécifiques de la rumeur, on a multiplié les études et les théories sans véritablement parvenir à une définition et à une connaissance totalement satisfaisantes de la rumeur tant le phénomène s'avère complexe et multidimensionnel.

Examinant les différentes conceptions de la rumeur qui ont été proposées, Pascal Foissart[1] constate qu'en fin de compte, trois tendances interprétatives majeures se dégagent. La première, la « rumorographie », consiste à croire que « quelque chose » nous cache la vérité et que la rumeur s'en fait l'écho. On isole ainsi quelques détails (à l'intérieur d'un vaste champ des possibles) pour les besoins de la démonstration : c'est le fantasme de l'exactitude. La deuxième, « la rumorancie », fait croire que la compréhension de la rumeur est aisée, qu'elle est un symptôme à décoder et qu'une explication unique est possible : c'est le fantasme de l'interprétation. La troisième, « la rumorocratie », laisse penser qu'il existe des lieux où le non-sens se réfugie et estime qu'il convient de prendre des mesures prophylactiques pour éradiquer la rumeur : c'est le fantasme du contrôle. À chaque fois, on échoue à appréhender avec pertinence la rumeur, preuve que le discours scientifique sur le sujet, que la « science de la rumeur », sont d'une certaine manière un leurre.

IV. La publicité et les médias

Avec l'étude des relations entre médias et publicité, se trouve posé, d'un point de vue strictement sociologique[2], le problème de l'influence des techniques de persuasion commerciale sur les individus et celui des rapports qu'entretiennent une société et sa publicité[3], à savoir : la publicité a-t-elle besoin de la société pour fonctionner (point de vue technique) ou encore la société a-t-elle besoin de la publicité (point de vue critique) ?

Le premier point de vue qui consiste à se demander comment les publicitaires utilisent les possibilités offertes à leur industrie par la vie sociale conduit à repérer et à classer les différents procédés employés pour la promotion des ventes : tel n'est pas l'objet de notre réflexion dans le cadre de cet ouvrage.

1. Pascal Froissart, *La Rumeur. Histoire et fantasmes*, Paris, Belin, 2002.
2. La publicité a fait couler beaucoup d'encre et donné lieu à une abondante littérature. Son analyse est majoritairement le fait de linguistes et de sémiologues soucieux de décrypter la rhétorique du texte et de l'image publicitaires. Les travaux sociologiques sur la publicité sont, en revanche, moins nombreux, en tout cas en France.
3. Pour une synthèse sur ce point, voir Gérard Lagneau, « Publicité et société », *in* Lucien Sfez (sous la direction de), *Dictionnaire de la communication*, Paris, PUF, 1993, tome 2, p. 1121-1128, ainsi que son livre *La Sociologie de la publicité*, Paris, PUF, coll. « Que sais-je ? », n° 1678, 1993.

Le second point de vue consiste à déterminer les effets de la publicité sur la vie des individus, à vérifier si ceux-ci sont plutôt bénéfiques ou plutôt néfastes. Cette approche, qui sera privilégiée ici, présente l'intérêt de replacer le développement du phénomène publicitaire dans un contexte plus large, celui de l'univers de la consommation et de la persuasion médiatisée, mais offre également un inconvénient, celui de se prêter à des jugements de valeur, rarement étayés par des enquêtes de terrain solides et rigoureuses.

On peut dire, pour aller vite, que l'évaluation de l'impact de la publicité (qui se sert aujourd'hui abondamment de tous les médias disponibles : affichage, presse, radio, cinéma, télévision, Internet), donne lieu à deux prises de position bien tranchées : d'un côté, les professionnels qui vantent ses effets bénéfiques ; de l'autre, les chercheurs et universitaires qui mettent fortement l'accent sur les risques de manipulation. Ces divergences très nettes entre praticiens et observateurs académiques méritent d'être précisées en quelques mots. Les partisans de la publicité considèrent d'abord qu'elle est nécessaire au développement des sociétés modernes, qu'elle favorise la consommation et donc le dynamisme économique d'un pays. Ils affirment en outre que la publicité offre à l'acheteur une information pour établir ses choix tout en jouant sur l'humour et le plaisir : le consommateur est totalement libre de se comporter comme il l'entend.

Les critiques, en revanche, pensent que la publicité crée des besoins artificiels, favorise le gaspillage des énergies, promeut une forme de conformisme social et, à l'aide de techniques de persuasion extrêmement sophistiquées, donne l'illusion aux consommateurs d'agir en toute liberté.

Ce sont en vérité deux conceptions du monde qui s'opposent, deux visions de ce que doit être « la bonne société ». Dans l'optique qui est celle de cet ouvrage, une approche critique de la réalité médiatique, on rendra exclusivement compte de la publicité en tant que « propagande sociologique ».

Les points communs entre *propagande* et *publicité* sont en effet nombreux. Elles procèdent toutes deux d'une conception unilatérale de la communication (du centre vers la périphérie ou du haut vers le bas). Elles essaient toutes deux de convaincre le récepteur en contrôlant d'un bout à l'autre la production et la diffusion du message. Elles utilisent toutes deux les différents médias pour provoquer un certain type de comportement. Elles s'inscrivent toutes deux dans la durée puisque leur activité est continue et constante. Elles se distinguent toutefois par les moyens dont elles disposent (en régime autoritaire, le propagandiste contrôle non seulement les médias, mais aussi le système scolaire, l'appareil politique et peut faire usage de la force) et par leur finalité propre : la propagande a une visée politique (l'adhésion du citoyen) ; la publicité, une visée commerciale (l'adhésion du consommateur).

Le message publicitaire, selon Philippe Breton[1], tente de convaincre le récepteur à trois niveaux : d'abord, il informe dans le but de provoquer un comportement d'achat

1. Philippe Breton, *La Parole manipulée*, *op. cit.*, p. 54 et 55.

ou, dans le cas de la publicité sociale, d'adopter tel type de comportement (mettre sa ceinture au volant, arrêter de fumer, etc.) ; ensuite, il cherche à influencer en séduisant ou en dramatisant, en diffusant une image agréable ou frappante ; enfin, il porte en lui-même l'apologie de la société de consommation, il justifie le système qui le fonde.

La publicité est donc plus qu'une simple technique de séduction consumériste ou de marketing de la vente : elle véhicule des modèles et des normes, elle crée par son omniprésence un langage et un imaginaire universellement partagés. Si sa fonction manifeste est essentiellement d'ordre économique, sa fonction latente est d'ordre culturel : c'est pourquoi, pour reprendre la formule d'André Akoun, elle tend à devenir « la matrice d'un type de sociabilité[1] », un symptôme de la vérité de notre temps. *Publicité, consommation, médias* ont un destin qui a partie liée.

L'avènement de la publicité telle que nous la connaissons aujourd'hui se produit en effet en concordance avec le développement des moyens de communication de masse et de la société de consommation. Née en Amérique du Nord au tournant de ce siècle (du moins sous sa forme moderne), elle contribue, selon le sociologue Stuart Ewen[2], à écouler le surplus de la production et à adapter le comportement de la population à un nouveau mode de vie. Ce dernier considère en effet que les débuts de la publicité aux États-Unis se rattachent à un vaste programme visant à inculquer un certain type d'attitude, à réorienter la culture existante sur le modèle de la communication publicitaire. Au lieu de fabriquer un produit et de le proposer ensuite à la consommation, on peut, grâce à ce moyen de persuasion, susciter un besoin de consommation (parfois même pour un produit inexistant), et repérer le marché potentiel. La publicité acquiert de la sorte une fonction d'intégration sociale : ce fut le cas, aux États-Unis, où il fallut insérer les nouveaux immigrants au mode de vie nord-américain et au système économique dominant. Le succès de la publicité s'explique donc, selon Stuart Ewen, davantage en raison de facteurs socio-économiques que de facteurs purement psychologiques. Elle conditionnerait culturellement et idéologiquement les individus afin que ces derniers adhèrent aux valeurs prônées par la société capitaliste moderne.

L'idée selon laquelle la publicité propose de véritables styles de vie, transmet des valeurs pour l'essentiel conformistes et ne se réduit pas à une technique commerciale, est largement répandue aujourd'hui. De nombreux chercheurs ont défendu ce point de vue. L'un des plus célèbres est sans doute Vance Packard qui, dans son livre, *La Persuasion clandestine*[3], dénonce les méfaits des techniques de persuasion publicitaire et la manipulation des esprits. Inquiet devant les moyens sournois utilisés pour influencer le consommateur aussi bien que l'électeur, il observe que les Américains sont de plus en plus hypnotisés et homogénéisés par les marchands de symboles que sont les publicitaires et les conseillers en relations publiques. Il s'en prend donc vigoureusement à tous ces

1. André Akoun, *Sociologie des communications de masse*, Paris, Hachette, 1998, p. 128.
2. Stuart Ewen, *Consciences sous influence*, Paris, Aubier, 1983.
3. Vance Packard, *La Persuasion clandestine*, Paris, Calmann-Lévy, (1re édition 1958), 1984.

spécialistes de la persuasion et plus particulièrement à tous ceux qui ont développé ce qu'on appelle « la recherche des motivations » dont le représentant le plus connu fut Ernst Dichter[1]. L'ouvrage de Vance Packard marquera d'ailleurs profondément les mouvements de consommateurs dans les pays anglo-saxons.

On retrouve, à travers cette thématique de la manipulation et de l'uniformisation, les critiques émises par l'école de Francfort à propos de la culture de masse dont la publicité est l'une des composantes. Jürgen Habermas, on s'en souvient, en s'interrogeant sur la généalogie de l'espace public[2], a tenté de démontrer que la publicité, originellement représentée par les annonces et les réclames, a progressivement affecté par le biais du marketing, les formes du débat politique et le fonctionnement de nos démocraties. Selon lui, la pénétration de la logique publicitaire dans la sphère publique a favorisé le déclin d'une société faisant appel à l'usage public de la raison au profit d'une société prônant les valeurs de la commercialisation, de la culture de consommation. On est passé d'un modèle où le public discutait la culture à une situation où le public la consomme[3].

Le point de vue le plus radical en la matière est certainement exprimé par Jean Baudrillard qui dépasse les analyses traditionnelles de la publicité en termes de conditionnement des individus par la création artificielle de besoins ou de manipulation des consommateurs à l'aide du mensonge[4]. La publicité, dans son esprit, est vue comme un mécanisme subtil de signes distinctifs. Dans la société de consommation moderne, les individus doivent en effet se différencier les uns des autres en exhibant en quelque sorte des signes porteurs de cette différence : la mode et la publicité illustrent ce phénomène dans lequel les signes s'épuisent dans leur seule fonction d'ostentation[5]. Ce besoin d'ostentation est, il faut le reconnaître, aujourd'hui très présent chez les jeunes qui sont particulièrement sensibles à certaines marques de vêtements et de produits[6].

1. Ernst Dichter fut président de l'Institut de recherche des motivations et l'auteur d'un livre *La Stratégie du désir* (1961) dans lequel il conseille de faire appel à l'inconscient du client pour favoriser l'acte d'achat.
2. Jürgen Habermas, *L'Espace public. Archéologie de la publicité comme dimension constitutive de la société bourgeoise*, *op. cit.*, 1962.
3. Se reporter, sur ce point, au chapitre précédent, IIe partie, sur « Les transformations de l'espace public ».
4. Comme le rappelle Guy Durandin, le mensonge en publicité est de nature offensive puisqu'il consiste à attribuer à un produit plus de qualités qu'il n'en a. Le principe général du mensonge est de manipuler des signes en vue de modifier les opinions et les conduites du destinataire de ce type de messages. Voir Guy Durandin, *Les Mensonges en propagande et en publicité*, Paris, PUF, 1982, p. 27-29 notamment.
5. Jean Baudrillard, *Pour une critique de l'économie politique du signe*, Paris, Gallimard, (1re édition 1972), coll. « Tel », 1976. S'appuyant sur les travaux de Thornstein Veblen sur la consommation ostentatoire (*La Théorie de la classe de loisir 1899*), le sociologue français applique les analyses de ce dernier au cas de la société des années 1970.
6. La dénonciation du poids de la logique des marques a été menée par Naomi Klein dans son livre, *No Logo. La tyrannie des marques*, Arles, Actes Sud, 2001.

À partir du moment où la consommation repose sur une logique d'échanges et de relations, on peut affirmer que la publicité encourage les individus à se poser en s'opposant, à consommer en se distinguant d'autrui. À l'intérieur de ce système « d'échange généralisé des signes », les médias sont des instruments qui participent à sa perpétuation dans la mesure où ils confortent l'idée qu'il est seulement permis de s'approprier les objets, d'en faire usage (et non pas de donner ou de rendre). Jean Baudrillard remet donc fondamentalement en cause le discours du capitalisme avec son idéologie du besoin, de la motivation, de la consommation.

Si la publicité est fille de l'économie industrielle et de la société de marché, elle est aussi fille d'une utilisation particulièrement élaborée de ce qu'on pourrait appeler une psychosociologie de l'information ou encore « une forme d'investissement médiatique ». La promotion publicitaire a en effet exploité les résultats de certaines recherches en psychosociologie tout au long du XXe siècle qui peuvent se résumer à trois étapes successives : la publicité mécaniste, la publicité suggestive et la publicité sociologique[1].

La *publicité mécaniste* est celle qui, partant des théories sur le réflexe conditionné, pratique le « matraquage » intensif du récepteur à l'aide des médias. La répétition des messages doit frapper l'attention et favoriser leur mémorisation. Dans cette optique, le consommateur est passif et malléable. On sait aujourd'hui qu'une telle conception du schéma de la communication est simpliste et réductrice.

La prise en considération des motivations conscientes ou inconscientes des individus a conduit ensuite à l'émergence de la *publicité suggestive*. D'inspiration freudienne, elle considère que l'acte d'achat n'est pas uniquement un acte économique, mais aussi symbolique : il a trait à nos désirs, à nos fantasmes, à nos affects. Pour vendre une voiture avec quelque succès, on imaginera donc une affiche représentant le nouveau modèle de voiture avec à ses côtés une belle femme, afin de déclencher chez le consommateur ses motivations inconscientes. Une telle approche aboutira au schéma classique de communication résumé sous le sigle A.I.D.A. (attention-intérêt-désir-achat).

Ce modèle a cependant montré ses limites et a été supplanté, plus récemment, par la *publicité sociologique*. Celle-ci porte son attention sur l'individu inséré dans des groupes sociaux, dans son environnement social : derrière les demandes du consommateur se dessinent des valeurs, des goûts et des attitudes, variables en fonction du milieu d'appartenance. Les enquêtes « de style de vie », très en vogue dans les années 1980/90, exploitaient ainsi nombre de données individuelles à partir de l'observation de l'évolution des mœurs et des loisirs afin de dresser des portraits psychologiques des consommateurs. Leur scientificité était loin d'être prouvée, mais elles ont indéniablement connu un gros succès.

1. On reprend ici les distinctions proposées par André Akoun, *Sociologie des communications de masse*, *op. cit.*, p. 130-134. Sur ce sujet, voir également Armand Mattelart, *La Publicité*, Paris, La Découverte, coll. « Repères », 1990, p. 60-65.

Les stratégies publicitaires ont encore gagné en sophistication et en précision depuis l'essor d'Internet. Pour capter l'attention des consommateurs, les professionnels en marketing tentent aujourd'hui de connaître les goûts des individus qui achètent des produits en ligne. Ils cherchent à ajuster de manière très fine l'offre et la demande en évaluant leurs modes de navigation sur les sites et en identifiant leurs souhaits. On cible donc les clients potentiels sur le Web en liant publicité et intentions exprimées dans les mots-clés et en scrutant, grâce à des cookies (des témoins de connexion installés sur les sites) leurs habitudes et leurs goûts. Le ciblage et le profilage publicitaires sur le Web sont ainsi devenus des moyens de téléguider en quelque sorte les achats des internautes. À l'aide des recommandations et des commentaires postés sur les sites marchands et les plates-formes en ligne, on réussit en outre à créer des échanges autour de certaines marques, voire un attachement affectif autour de certains produits, qui témoignent de l'efficacité des méthodes mises en oeuvre par les spécialistes en marketing et en publicité[1]. La gratuité apparente des connexions sur le Web dissimule en fait des pratiques très intéressées puisque l'objectif consiste, en connaissant mieux nos désirs, nos centres d'intérêt et nos habitudes d'achat, de pouvoir nous adresser des propositions commerciales ciblées. Cette stimulation constante de la soif de consommation des internautes promeut, selon certains analystes, une forme de capitalisme régressif[2], fondé sur les pulsions primaires des individus.

La promotion publicitaire a, de surcroît, lourdement investi dans les supports médiatiques, en jouant la carte de l'utilisation intensive de l'image. À côté de l'affiche, le spot publicitaire, au cinéma et à la télévision, crée en effet une atmosphère suggestive qui donne son identité au produit et en prolonge le souvenir. Les sémiologues ou autres spécialistes de l'analyse de la rhétorique publicitaire ont largement contribué à mieux comprendre les mécanismes de ce type de publicité. On fera ici simplement remarquer que certaines campagnes publicitaires illustrent parfaitement l'art de la manipulation médiatisée. Deux exemples, l'un ancien, l'autre plus récent, suffiront à faire comprendre le phénomène.

La première illustration renvoie à la technique de l'amalgame cognitif qui consiste, rappelons-le, en l'absence de lien entre le produit proposé et l'image qui lui est associée : elle concerne les cigarettes Malboro lancées dans les années 1950. L'usage du bout de filtre était à l'époque l'apanage des femmes : il fallait donc conquérir un public masculin plutôt réticent à l'égard de ce genre de cigarettes. On a donc imaginé une publicité avec des hommes d'aspect viril (un cow-boy notamment avec un tatouage) et un slogan mettant l'accent sur « le goût masculin » du produit. On a ainsi relié artificiellement la cigarette en question à l'idée de masculinité, de vigueur et de rusticité. Or, comme

1. Voir Kevin Mellet, « Marketing en ligne », *Communications*, n° 88, 2011, p. 103-111 ainsi que, du même auteur, « Aux sources du marketing viral », *Réseaux*, n° 157-158, 2009, p. 267-292.
2. Selon l'expression de Cédric Biagini, *L'emprise numérique. Comment Internet et les nouvelles technologies ont colonisé nos vies*, Montreuil, Éditions l'Échappée, 2012, p. 314.

chacun le sait, il n'y a aucun rapport entre la masculinité d'une part et le goût ou la texture de la cigarette Marlboro d'autre part. Cette image a pourtant survécu aux aléas du temps puisque, aujourd'hui encore, cette publicité est utilisée. L'image proposée par cette dernière est cependant très éloignée de la réalité du produit.

La deuxième illustration a trait aux campagnes très médiatisées de la firme Benetton, spécialisée dans le prêt-à-porter. Il s'agit à chaque fois de créer un choc auprès du public, de distinguer le spot publicitaire de ses concurrents potentiels en réalisant des images suscitant une forte émotion. On associera par exemple le produit à un prêtre et une religieuse qui s'embrassent ou encore à des visages de condamnés à mort ou de malades du sida, afin que l'auditoire mémorise le produit avec le plus d'efficacité possible. La relation entre l'image montrée et le produit lui-même est là encore quasi inexistante, mais l'entreprise de persuasion semble réussie grâce à la provocation érigée en principe de communication.

La philosophe Marie-José Mondzain le souligne à juste titre: « tout producteur d'images qui souhaite obtenir une réponse incontrôlable à une stimulation du désir utilise des images qui maintiennent le spectateur dans une inaptitude symbolique. Telle est la violence du visible aussi longtemps qu'il participe de dispositifs identificatoires et fusionnels [...]. La propagande et la publicité qui s'offrent à la consommation sans écart sont des machines à produire de la violence même lorsqu'elles vendent du bonheur ou de la vertu[1] ».

L'impact de la publicité est-il toutefois aussi assuré que certains veulent bien le dire? Plus généralement, l'efficacité des techniques de persuasion et de manipulation est-elle avérée? Si l'on excepte le cas de la propagande politique en régime autoritaire (mais même dans cette configuration, la résistance existe), il faut bien reconnaître que l'on manque de certitude à cet égard. Comment le citoyen ou le consommateur réagissent-ils exactement vis-à-vis de la propagande politique ou idéologique et de la propagande sociologique? Tous les discours sur la manipulation exercée à l'aide des médias butent en effet sur le problème du comportement effectif du récepteur. Celui-ci n'est pas un être totalement passif: il dispose d'une capacité d'analyse des situations et sait faire preuve, dans certaines circonstances, de recul critique.

Force est de reconnaître en effet, ainsi que le signale Jean-Noël Kapferer[2], qu'entre l'intention d'action et l'action elle-même on observe une rupture. La décision d'action du récepteur tient compte des contingences de chaque situation et n'est donc pas prévisible, encore moins programmable. Selon l'environnement de chacun d'entre nous, le comportement adopté varie. On sait aujourd'hui que « la persuasion par les médias se révèle peu efficace lorsque l'audience est fortement impliquée dans le sujet » (c'est le cas pour les intentions de vote, les campagnes préventives contre l'alcool ou le tabac, etc.) et

1. Marie-José Mondzain, *L'image peut-elle tuer?*, Paris, Bayard, 2002, p. 47.
2. Jean-Noël Kapferer, *Les Chemins de la persuasion. Le mode d'influence des média et de la publicité sur les comportements*, Paris, Dunod, 1985.

qu'au contraire « lorsqu'on aborde des sujets dans lesquels l'audience est peu impliquée, le pouvoir des communications de masse s'accroît[1] » (c'est le cas de certaines publicités pour des produits à implication minimale).

En d'autres termes, les campagnes de persuasion échouent souvent à cause de l'influence de l'environnement et des relations interpersonnelles, comme l'a montré Paul Lazarsfeld[2] et à cause de la capacité de filtrage, de recul et de ruse dont font preuve les récepteurs, comme l'ont indiqué les travaux récents sur la réception[3]. Il y a bien une force d'inertie de la part du citoyen ou du consommateur, un poids des habitudes, une résistance du social, qui entravent parfois le passage à l'acte ou l'adhésion totale.

Le schéma causal unidirectionnel de la communication montre ici encore une fois ses limites : l'efficacité de toute propagande repose sur la convergence de son message avec le contexte dans lequel elle opère. Ce qui, il faut l'avouer, est loin d'être toujours le cas[4]. Il n'en demeure pas moins que certaines tentatives de propagande, de désinformation ou de publicité ont indéniablement atteint leur objectif.

1. Jean-Noël Kapferer, *Les Chemins de la persuasion*, *ibidem*, respectivement p. 339 et 340. On peut, à propos de l'impact de la publicité sur les enfants, consulter Françoise Minot, Sophie Laurent, *Les Enfants et la publicité télévisée*, Paris, La Documentation française, 2002 et Monique Dagnaud, *Enfants, consommation et publicité télévisée*, Paris, La Documentation française, 2003.
2. Se reporter au chapitre 1, « Les médias et la vie politique ».
3. Voir le chapitre 7 sur « Le(s) public(s) des médias ».
4. Face à certaines publicités, les consommateurs ne sont pas toujours dupes : ils ont conscience des stratégies de marketing et acceptent d'une certaine façon la manipulation parce qu'ils prennent un certain plaisir à regarder la publicité. C'est la preuve que publicité et propagande ne se situent pas toujours sur le même plan.

4

LES MÉTAMORPHOSES DE LA CULTURE : DE L'ÈRE MÉDIATIQUE À L'ÈRE NUMÉRIQUE

Avant le développement de l'éducation et des moyens de communication modernes, la production et la diffusion de la culture obéissaient à une logique simple et intangible. Seule une caste de privilégiés (noblesse, grande bourgeoisie) avait accès aux œuvres de l'esprit, fréquentait le milieu des artistes ou des créateurs, et goûtait, avec un fort sentiment de distinction, les plaisirs de la lecture, de la peinture ou de la musique. Les changements politiques, les progrès techniques, les bouleversements économiques du XIXe et du XXe siècles ont radicalement transformé cette situation. Grâce à l'essor de la presse à grand tirage, à l'invention du cinéma, au succès de la radio et de la télévision, à la commercialisation du livre de poche, puis aujourd'hui à l'explosion du multimédia et d'Internet, le grand public, longtemps tenu à l'écart parce qu'il ne disposait ni du capital économique, ni du capital culturel nécessaires, peut désormais se tenir informé de l'actualité la plus récente, découvrir les grandes œuvres du patrimoine artistique, écouter les plus grands représentants de la chanson du moment, etc. Les bienfaits des médias en matière de démocratisation culturelle paraissent incontestables et ne sont plus à démontrer.

Seule ombre au tableau : cette production et cette diffusion à grande échelle des biens culturels n'engendrent-elles pas une certaine uniformisation de la culture et ne maintiennent-elles pas certaines inégalités ? C'est l'une des questions – parmi d'autres – que se sont posée certains chercheurs dès le milieu du XXe siècle en commençant à étudier les effets de l'industrialisation de la culture et des médias sur les individus.

On a en effet essayé de savoir quel est l'impact de la « diffusion médiatique » sur le contenu des œuvres elles-mêmes et sur le récepteur en tant que tel, en soupçonnant d'ailleurs très souvent les médias de provoquer une dénaturation de la culture, de favoriser son affadissement puisqu'ils participent à une réelle industrialisation de cette culture. Le débat, hautement idéologique et polémique, n'a pas fini de faire couler beaucoup d'encre et se prête mal à une analyse distanciée tant il véhicule de passions. Les médias sont-ils sources de conformisme culturel ? N'œuvrent-ils pas en faveur d'une mondialisation de la culture au profit d'un pays dominant, les États-Unis ? La culture n'est-elle pas devenue une « culture médiatique », faite d'une mosaïque d'informations et d'impressions contradictoires ? Ce sont autant de questions sur lesquelles se sont penchés des sociologues, mais également des économistes, des philosophes et des anthropologues et auxquelles il convient de tenter de répondre.

I. L'industrialisation de la culture

A. Industries de la culture et industries de la communication

Avant d'aborder le problème des rapports entre médias et culture, il importe de définir cette dernière notion, qui a donné lieu à une littérature fort abondante[1] et qui se prête à de nombreuses interprétations. On se contentera ici de considérer, en première approximation, *la culture* comme une « totalité complexe faite de normes, d'habitudes, de répertoires d'action et de représentation, acquise par l'homme en tant que membre d'une société[2] ». Le terme s'applique plus précisément à la connaissance des œuvres produites par la littérature, l'art, la musique, le cinéma, etc. qui, comme le souligne la philosophe allemande Hannah Arendt, traversent les siècles, sont l'objet d'un culte désintéressé, ne répondent à aucune utilité fonctionnelle et ne donnent pas lieu à un processus de consommation. Les œuvres d'art, écrit-elle, « sont délibérément écartées des procès de consommation et d'utilisation, et isolées loin de la sphère des nécessités de la vie humaine. Cette mise à distance peut se réaliser par une infinité de voies. Et c'est seulement quand elle est accomplie que la culture, au sens spécifique du terme, vient à l'être[3] ».

Cette définition particulière de la culture qui fait de l'homme un être avant tout sensible à la beauté et à la permanence des objets culturels va évidemment entrer en contradiction, pour ne pas dire en opposition avec le type de culture produite et diffusée par les médias modernes, fortement soumise à une logique industrielle qui privilégie les valeurs de consommation et de rentabilité ou d'utilité. De cette confrontation entre

1. Pour une synthèse sur ce sujet, lire Denys Cuche, *La Notion de culture dans les sciences sociales*, Paris, La Découverte, coll. « Repères », 2010.
2. Jean-Pierre Warnier, *La Mondialisation de la culture*, Paris, La Découverte, coll. « Repères », 1999, p. 13. Nouvelle édition 2008.
3. Hannah Arendt, *La Crise de la culture*, Paris, Gallimard, coll. « Idées », 1972, p. 268.

valeurs culturelles et valeurs d'échange des objets naîtront des débats véhéments, des polémiques sans fin entre nostalgiques de la culture traditionnelle et défenseurs de la culture contemporaine.

Le fait marquant de la culture des XXe et XXIe siècles est en effet qu'elle est devenue une industrie obéissant, comme d'autres biens de consommation, aux lois du marché. Les premiers à avoir mis l'accent sur ce phénomène sont des philosophes allemands, d'inspiration marxiste, réunis sous l'égide de ce qu'on a appelé l'école de Francfort. Deux d'entre eux, Theodor Adorno et Max Horkheimer ont publié en 1947 un ouvrage *La Dialectique de la raison* dans lequel ils abordent notamment la question de « la production industrielle des biens culturels » et forgent le terme « *d'industrie culturelle* » (au singulier).

En raison de la toute-puissance, selon eux, de la rationalité technique, les produits culturels sont soumis à une production en série, standardisée, qui entraîne une uniformité de style et de contenu. L'industrie culturelle confère à « tout un air de ressemblance » (film, radio, magazine), se nourrit de stéréotypes puisque la culture est réduite au simple divertissement et à la consommation éphémère. Ainsi, par exemple, une symphonie de Beethoven est-elle dénaturée et sert-elle de bande sonore dans un grand magasin, tout comme un roman de Tolstoï peut l'être dans un script de film. La recherche du profit, de l'efficacité maximale, fait que l'art est devenu une marchandise puisque tout est « *business* » et que l'on ne s'intéresse à l'homme qu'en tant que client potentiel. On produit donc des « tubes » pour la chanson, des « best-sellers » pour les livres et des « stars » pour le cinéma en éliminant toute originalité et toute forme d'imagination.

L'industrie culturelle est, en définitive, synonyme de manipulation des individus, de fabrication de copies conformes, de goût dominant empruntant son idéal à la publicité : les « mass-média » participent à l'instauration du règne de la camelote, du gadget. Theodor Adorno et Max Horkheimer en concluent que la société moderne entraîne « une dépravation de la culture », voire son déclin, et qu'elle « fait progresser l'incohérence barbare dans les esprits[1] ».

Cette stigmatisation de la reproduction en série des objets culturels qui met en péril la création artistique, et cette dénonciation du rôle néfaste joué par les moyens de communication de masse apparaissent, avec le recul, comme manichéennes et caricaturales. L'inauthenticité et la superficialité que les deux chercheurs imputent aux produits de l'industrie culturelle ne conduisent pas nécessairement à l'aliénation et au conformisme des consommateurs.

Trois arguments, au moins, peuvent être opposés à cette thèse. Premièrement, leur analyse ne repose pas sur des enquêtes de terrain, des observations détaillées du véri-

1. Theodor Adorno et Max Horkheimer, *La Dialectique de la raison*, Paris, Gallimard, traduction française 1974, coll. « Tel », p. 169.

table comportement des individus, des pratiques effectives des récepteurs des médias. Leur grille d'interprétation en reste à un niveau de généralité tel qu'il est difficile d'en saisir la validité scientifique. Deuxièmement, les philosophes de l'école de Francfort sous-estiment la capacité de création et d'imagination des individus vivant en société : l'imaginaire social dépend de multiples facteurs (groupes d'appartenance, valeurs communautaires, etc.) et ne se réduit pas à l'imposition d'une manière de penser. Troisièmement, on ne saurait assimiler la production des objets culturels à leur consommation : la standardisation de la production n'implique pas l'homogénéisation de la consommation. Toutes les études montrent que les pratiques singulières du consommateur sont souvent plus diversifiées qu'on ne le croit et que celui-ci procède à une réappropriation strictement personnelle de ces objets ou de ces messages émis par les supports de communication actuels.

De telles réserves à l'égard de la théorie proposée par les auteurs de *La Dialectique de la raison* n'enlèvent cependant rien à la pertinence d'une analyse en termes d'industrie culturelle. Leur grand mérite, en effet, a été de mettre le doigt sur un phénomène qui n'a cessé de prendre de l'ampleur depuis les années 1940 : la culture est – c'est un fait avéré – de plus en plus dépendante de l'activité industrielle.

C'est la raison pour laquelle le terme *d'industries culturelles* (au pluriel) s'est progressivement imposé durant la seconde moitié du XXe siècle lorsqu'on étudiait les diverses manifestations de la production culturelle. Il désigne à la fois des supports (papier, pellicule, CD Rom, DVD, etc., mais aussi câble, satellite, téléviseur, etc.) et des contenus (discursif, visuel, musical) qui font l'objet d'une production industrielle : les supports, ou *hardware*, sont relativement permanents (du moins leur renouvellement est-il moins rapide) alors que les contenus, ou *software*, se renouvellent sans cesse sur le marché. Les industries culturelles étaient donc appréhendées comme des activités industrielles qui produisaient et commercialisaient des discours, des images, des sons, des arts, selon des techniques de reproduction en série et qui pouvaient se décliner selon trois composantes : les industries de réseaux, les industries de matériels, et les industries de programmes. *Les industries de réseaux* fondées sur l'essor des télécommunications sont constituées par les réseaux d'accès aux banques de données, les réseaux câblés, les satellites de télédiffusion, etc. *Les industries de matériels* sont pour une large part composées des matériels audiovisuels et informatiques (d'enregistrement et de lecture) alors que *les industries de programmes* permettent de produire des programmes culturels et informationnels inédits et de plus en plus interactifs.

Mais avec l'essor récent d'Internet et de ce qu'on a appelé la « convergence numérique » (intégration progressive de l'informatique, de l'audiovisuel et des télécommunications), le paysage a été profondément bouleversé. Les supports de diffusion et de réception de la culture se sont multipliés : téléphones portables, ordinateurs personnels, baladeurs numériques, smartphones, etc. Ils permettent d'avoir un accès immédiat et mobile à des contenus en tous genres (musique, films, journaux, etc.). On considère donc aujourd'hui que les stratégies industrielles tendent à articuler deux types d'industries : les *industries de la culture* et les *industries de la communication*. Par *industries de la culture*, on entend essentiellement les filières de l'audiovisuel, du cinéma, de la presse, de l'édition et de la musique enregistrée auxquelles on ajoute celles plus récentes des jeux vidéo et de l'infomédiation[1] ; par *industries de la communication*, on fait référence aux réseaux de télécommunications, de l'informatique, du Web ainsi qu'aux industries des matériels électroniques grand public.

Les mutations économiques en cours dans le secteur des médias sont en effet fondées sur le poids croissant des stratégies de concentration et de financiarisation (essor de l'actionnariat financier et du mode de contrôle managérial) et d'une certaine façon, sur la marchandisation de la culture. Le renouvellement de l'offre de contenu provient à l'heure actuelle pour une grande part des acteurs les plus puissants du secteur c'est-à-dire souvent des oligopoles dont les ressources propres et la productivité sont fortes. Pour ne prendre que quelques exemples, *Apple* ou *Microsoft* dans le secteur informatique, *Orange* ou *Free* dans la téléphonie, *Google* ou *Yahoo* pour Internet, sont des acteurs-clés de la communication qui imposent peu à peu leur savoir-faire et leur modèle de croissance. Cette restructuration en cours a des conséquences sur les modalités de création, de diffusion et de valorisation des contenus. Ainsi que le souligne Philippe Bouquillion, les principaux acteurs de la communication cherchent tous, y compris les moteurs de recherche, à devenir des agrégateurs de contenus[2]. C'est ainsi que les fabricants de matériel passent des accords d'exclusivité avec des fournisseurs de contenus ; que les opérateurs de télécommunications articulent offres de contenus audiovisuels et cinématographiques avec offres de téléphonie et d'accès à Internet, et que les acteurs du Web offrent des plates-formes d'accès payants à des contenus. Le poids des géants du Web américain (Amazon, Apple, Facebook, Google, Microsoft, etc.) est aujourd'hui déterminant : ces entreprises orientent dorénavant la production et la diffusion des biens culturels dans le monde. Reste évidemment à savoir si l'on assiste à une nouvelle phase de standardisation des contenus ou à l'émergence de véritables contenus originaux. Quoi qu'il en soit, dans la configuration des années 2000-2015, les grands groupes de communication, les opérateurs de téléphonie et les fournisseurs d'accès à Internet, ont redistribué les cartes. Adorno et Horkheimer avaient, en un certain sens, vu juste : la culture est bien aujourd'hui une industrie en plein essor.

1. L'infomédiation renvoie à la recherche sur des moteurs du type Google qui proposent des informations brèves non produites par eux-mêmes et reprises ensuite par des supports professionnels. Voir, à ce propos, Philippe Bouquillion, Bernard Miège et Pierre Moeglin, *L'industrialisation des biens symboliques. Les industries créatives en regard des industries culturelles*, Grenoble, Presses universitaires de Grenoble, 2013.
2. Philippe Bouquillion, *Les Industries de la culture et de la communication*, Grenoble, PUG, 2008, notamment le chapitre 6.

B. La production des biens culturels

Quels sont les traits caractéristiques de ces industries de la culture et de la communication à l'heure actuelle ? Qui détient les grandes entreprises qui produisent les films, les livres, la musique, etc. ? La réponse à ces questions est indispensable si l'on veut pouvoir saisir avec quelque précision leur influence sur le contenu de la culture elle-même et sur les récepteurs en tant que tels. Il faut donc se placer à un double niveau : *économique* d'abord en brossant un tableau rapide des grands changements intervenus ces derniers temps dans la production des biens culturels ; *sociologique* ensuite, en évaluant la consommation culturelle en France et son évolution récente. Dans les deux cas de figure, celui de la production et celui de la consommation, les médias et les nouvelles technologies d'information et de communication jouent un rôle-clé. On ne peut donc pas comprendre les débats autour du rapport entre médias et culture si l'on n'a pas, au préalable, pris conscience de leurs enjeux économiques.

1/ L'économie du numérique

Deux modèles ont longtemps présidé à la production industrialisée de la culture : d'une part le « modèle éditorial » ; d'autre part le « modèle de flot ».

Le « *modèle éditorial* », en d'autres termes l'édition de marchandises culturelles telles que les livres, les CD, les DVD et les films en salles, se définit à partir de plusieurs critères. Il s'agit d'abord, selon Patrice Flichy[1], de produits vendus sur un marché qui oblige les producteurs à étaler les risques grâce à la confection d'un catalogue, d'un stock de produits. La valorisation de ces derniers est ensuite très aléatoire : un livre peut, par exemple, devenir un best-seller ou disparaître en quelques semaines de la devanture d'un libraire sans que l'on puisse prévoir avec certitude son succès ou son échec. Il en va de même pour un CD ou un film de cinéma. D'où, troisième critère lié au précédent : la durée de vie très variable de ces produits. Existence d'un catalogue, valorisation aléatoire, durée de vie plus ou moins éphémère, vente à l'unité à des consommateurs individuels, mais aussi rémunération des intervenants par le système des droits d'auteurs : tels sont les principaux facteurs qui caractérisent le modèle éditorial.

À l'opposé, le « *modèle de flot* », apparu avec le développement dans les années 1920 des stations de radio, se caractérise d'abord par une diffusion de masse, ensuite par l'obsolescence des produits (ils sont consommés au moment de leur diffusion), ensuite par la continuité de la programmation (il est nécessaire de les renouveler en permanence et sans faille). Leur financement, contrairement au cas du « modèle éditorial », peut être

1. Patrice Flichy, *Les Industries de l'imaginaire. Pour une analyse économique des médias*, Grenoble, PUG, 1991.

assuré tantôt par l'État (radio-télévision), tantôt par la publicité. Enfin, les différents intervenants sont plutôt soumis au régime du salariat que du droit d'auteur. Les journaux, la radio et la télévision appartiennent à ce modèle de la culture de flot.

Mais cette opposition a aujourd'hui perdu de sa pertinence dans la mesure où les deux modèles (le stock et le flux) tendent de plus en plus à se rapprocher, voire à se confondre. Pour ne prendre qu'un seul exemple, celui de la télévision, la même fiction (ou le même film) peut à présent être consommée sur plusieurs supports : le téléviseur, l'ordinateur, le smartphone, la tablette, etc. Elle peut également être visionnée à n'importe quel moment de la journée (télévision de rattrapage ou *catch up tv*). La VOD (*video on demand*) est une parfaite illustration de ce changement de diffusion et de consommation : le téléspectateur dispose d'un catalogue dans lequel il puise et choisit son programme qu'il consomme quand bon lui semble. Comme les biens culturels sont dorénavant accessibles sur d'autres supports et consommés à d'autres créneaux horaires (ce qu'on appelle la délinéarisation des programmes), leur durée de vie s'en trouve profondément modifiée. Cette nouvelle donne bouleverse le modèle économique des industries concernées par la convergence numérique.

Les nouveaux acteurs que sont les opérateurs de télécommunications et d'Internet, qui proposent des modèles alternatifs de production, de diffusion et de consommation, recomposent les dispositifs habituels contenu/contenants et déstabilisent le secteur de la musique, du cinéma, de la presse, de la radio, de la télévision voire du livre. L'exemple le plus flagrant de ce phénomène est celui de la musique. Celle-ci était identifiée, il y a peu de temps encore, comme un produit payant à travers l'achat d'un CD. La possibilité de transférer un fichier musical sur un ordinateur, un baladeur, une clé USB, a dissocié le contenu de son support et modifié les pratiques d'achat : le téléchargement est devenu une pratique courante et banale. L'essor plus récent du streaming (Deezer, Spotify, etc.) c'est-à-dire la diffusion en mode continu, n'a fait qu'accentuer l'éclatement des pratiques d'écoute musicale.

L'économie du numérique qui s'est instaurée ces dernières années favorise donc le développement d'une culture dans laquelle les produits de contenu sont de plus en plus dématérialisés (sous forme de fichiers numériques) et qui repose sur le principe de leur diffusion sur des réseaux et des plates-formes en ligne. Ainsi que le souligne François Moreau, cette mise en réseau « est simultanément une menace pour la rentabilisation de la création (par le piratage) et une opportunité pour les œuvres de niche d'accéder plus facilement à leur public[1] ». Certains analystes vantent donc les mérites de ce qu'on dénomme « le marché numérique » qui met aujourd'hui à la disposition du plus grand nombre un éventail extrêmement diversifié de biens culturels. Ces derniers sont en effet accessibles en ligne sans choix éditorial préalable afin que le consommateur puisse sélectionner et choisir à sa guise ce qu'il aime ou ce dont il a envie.

1. François Moreau, « Numérisation, économie numérique et mise en réseau des produits de contenu » in *Culture Web*, (sous la direction de Xavier Greffe et Nathalie Sonnac), Paris, Dalloz, 2008, p. 80.

Nous sommes passés d'un monde de la rareté à un marché sans limite où l'on trouve de tout : aussi bien des succès de librairie (le best-seller) et de cinéma (le hit) que des produits très pointus (la niche) tels que des livres réservés à des érudits ou des enregistrements musicaux peu connus. Cette surabondance de l'offre a en effet favorisé l'émergence de niches de biens culturels très spécialisées, s'adressant à un public particulier. Ce que Chris Anderson a appelé « la Longue Traîne » se résume au principe suivant : c'est dans les petites ventes qu'il y a beaucoup à gagner parce que « un nombre très, très grand (les produits de la traîne) multiplié par un nombre relativement petit (les ventes de chacun d'eux) donne quand même un nombre très, très grand[1] ».

L'économie du numérique[2] a sans contexte bouleversé le paysage médiatique antérieur et encouragé la montée en puissance des fabricants et propriétaires de supports et de tuyaux, des opérateurs de réseaux, des fournisseurs de services et de plates-formes, toujours plus présents dans la diffusion des contenus culturels.

2/ La concentration et la mondialisation

Plusieurs phénomènes concourent aujourd'hui à l'industrialisation de la production culturelle, en particulier la tendance de plus en plus forte à la *concentration* du secteur et l'extension du marché à l'ensemble de la planète, autrement dit la *mondialisation* de ce même secteur.

Les mouvements de concentration ne cessent d'alimenter la chronique des journaux ces dernières années : on ne compte plus les rachats, les rapprochements et les alliances dans le domaine de la presse, de l'audiovisuel, d'Internet, de l'informatique, des télécommunications. Les producteurs de journaux, de programmes, de films, de livres, etc. sont en fait de véritables multinationales qui combinent des métiers jusque-là indépendants et qui se livrent à une concurrence acharnée. Ce sont les pays industrialisés du triangle Amérique du Nord-Europe-Asie qui exercent à l'heure actuelle une hégémonie sur la production des biens culturels et qui gèrent le flux d'échanges dans ce domaine, créant ainsi une inégalité criante entre pays riches et pays pauvres. L'utilisation du terme de « mondialisation » ne doit donc pas faire oublier que la répartition des biens culturels industrialisés n'est pas unifiée : les disparités entre pays subsistent[3]. Quoi qu'il en

1. Chris Anderson, *La longue Traîne. Quand vendre moins, c'est vendre plus*, Paris, Flammarion, coll. « Champs », 2012, p. 85.
2. Pour davantage de détails, voir Nathalie Sonnac et Jean Gabszewicz, *L'industrie des médias à l'ère numérique*, Paris, La Découverte, coll. « Repères », n° 439, 2013 ainsi que Marc Bassoni et Alexandre Joux, *Introduction à l'économie des médias*, Paris, Armand Colin, collection « Cursus », 2014.
3. On parle parfois aussi de « globalisation », mais ce terme évoque davantage « un modèle de gestion de l'entreprise qui, en réponse à la complexité croissante de l'environnement concurrentiel, procède à la création et à la mise en valeur de compétences au niveau planétaire en vue de maximiser ses profits et de consolider ses parts de marché », ainsi que l'affirme Armand Matttelart in *La Mondialisation de la communication*, Paris, PUF, coll. « Que sais-je ? », n° 3181, 2005. Du même auteur, lire *Diversité culturelle et mondialisation*, Paris, La Découverte, coll. « Repères », 2007.

soit, concentration et mondialisation touchent aussi bien les frontières géographiques du secteur que les contours des marchés : elles aboutissent à l'instauration progressive, comme on l'a vu, d'une dynamique de *convergence* entre l'audiovisuel, les télécommunications et l'informatique et à la constitution d'un marché géant, décloisonné, à vocation planétaire.

À preuve la redistribution des cartes à laquelle on assiste depuis quelque temps : les grands groupes de communication jouent sur tous les tableaux et tentent d'obtenir une suprématie incontestée en maîtrisant toutes les formes de production et même de diffusion de la culture. Le paysage actuel est si mouvant qu'il est un peu vain de vouloir établir une hiérarchie : celle-ci se révèle rapidement caduque en raison des fusions et des rachats incessants.

Si l'on examine cependant le seul cas de la France, à partir de quelques phénomènes représentatifs, on observe que d'un point de vue général, le marché des médias est moins concentré que dans d'autres pays et que les chiffres d'affaires des groupes français (si l'on excepte l'un d'entre eux) sont souvent inférieurs à ceux de nos voisins allemands, anglais ou italiens par exemple. Un seul groupe de communication multimédia, le groupe *Lagardère,* est à l'heure actuelle de taille mondiale. Il est organisé en plusieurs filiales : *Lagardère Active* (presse, audiovisuel, numérique), *Lagardère Publishing* (édition) ; *Lagardère Services* (distribution) et *Lagardère Unlimited* (sport et divertissement). La filiale *Lagardère Active* est organisée en plusieurs secteurs qui reflètent ses principales activités : la presse écrite (*Elle, Paris-Match, Télé 7 Jours, Le Journal du Dimanche,* etc.), la radio (*Europe 1, RFM*), la télévision (*Gulli*), le numérique (*Lagardère Digital*), la régie publicitaire (*Lagardère Publicité*). La filiale *Lagardère Publishing*, de son côté, est avec Hachette Livre, le 3e éditeur de livres grand public et d'éducation dans le monde. Quant à la filiale *Lagardère Services*, spécialisé dans la distribution, elle possède notamment les points de vente *Relay*. Le groupe *Lagardère* est le seul grand groupe multimédia français présent dans tous les secteurs : il domine le paysage médiatique hexagonal tout en étant fortement tourné vers l'international. Seul le groupe allemand Bertelsmann, devenu à présent européen (puisque 70 % de son chiffre d'affaires sont réalisés hors d'Allemagne) peut être considéré comme un sérieux concurrent. Tous les autres acteurs du secteur sont de bien moindre envergure[1]. Les alliances économiques et industrielles pèsent toutefois lourdement sur le secteur des médias en France.

La *télévision*, par exemple, a été pendant très longtemps la clé de voûte de l'industrie des programmes audiovisuels. Comme le font remarquer Rémy Le Champion et Benoît Danard[2], La logique marchande l'emporte désormais sur la logique de service public : la télévision à péage, les chaînes thématiques, ont en effet engendré une nouvelle offre

1. Pour une synthèse à ce sujet, se reporter à Jean-Marie Charon, *Les médias en France*, Paris, La Découverte, coll. « Repères », n° 374, 2014.
2. Rémy Le Champion et Benoît Danard, *Les Programmes audiovisuels,* Paris, La Découverte, coll. « Repères », n° 420, 2014.

d'images tout comme la TNT qui a fortement élargi l'éventail des chaînes gratuites proposées au public. Du coup, les chaînes généralistes traditionnelles (*TF1*, *France Télévisions, M6*) ont vu leur audience et leurs recettes publicitaires diminuer au profit de ces nouveaux concurrents. Mais ce sont surtout les technologies numériques qui ont bouleversé l'écosystème télévisuel. Les programmes de stock (fictions, documentaires, etc.) sont désormais menacés par les plates-formes en ligne du type Netflix, Amazon ou quelques autres qui ont fait voler en éclats les frontières nationales du marché. La métamorphose du secteur audiovisuel est telle que les chaînes de télévision sont obligées de réviser profondément leur stratégie.

Du côté du format et du contenu, certaines émissions de jeux, de variétés, mais également de séries et de feuilletons sont souvent des adaptations de formules étrangères ou de simples rediffusions. L'originalité n'est certes pas absente des séries Tv françaises (on pense à « Engrenages », « Braquo », etc.), mais globalement les plus gros succès sont le fait de productions américaines. L'achat par la télévision française de séries ou feuilletons tels que « Les Experts », « Homeland », « Game of Thrones », etc., est évidemment très rentable lorsque ceux-ci engendrent une forte audience, ce qui est souvent le cas.

On retrouve la même logique économique à l'œuvre dans un autre secteur comme celui de *l'édition*. La compétition dans ce domaine se résume aujourd'hui en France à la domination de *Hachette Livre* d'un côté et, à un moindre niveau, d'*Editis* de l'autre. La concentration est donc forte et l'édition de plus en plus aux mains d'industriels et de financiers. Les groupes de dimension moyenne comme *Gallimard* ou *Albin Michel* tirent plus ou moins leur épingle du jeu, mais souffrent malgré tout de cette course au profit et de cette obsession de la rentabilité à tout prix. *Hachette Livre* qui appartient, rappelons-le, au groupe *Lagardère*, contrôle de très nombreuses maisons d'édition telles que Hachette, Calmann-Lévy, Fayard, Grasset, Hatier, Larousse, J.-C. Lattès, Le Livre de Poche, Marabout, Stock et quelques autres encore. *Editis*, racheté en 2008 par le groupe espagnol *Planeta*, contrôle, pour sa part, des éditeurs d'éducation et de référence (Nathan, Bordas, Le Robert, etc.), des éditeurs de littérature générale et de poche (La Découverte, Belfond, Presses de la Cité, Pocket, 10/18, etc.).

Certains décèlent dans cette concentration de l'édition des menaces qui pèsent sur la diversité des livres offerts sur le marché ainsi que sur la créativité du secteur. Comme la logique du marketing devient prédominante, il sera de plus en plus difficile, pour les petites et moyennes maisons d'édition, de résister à cette tendance et de continuer à valoriser les ouvrages à faible rentabilité. Le champ de la grande production pour reprendre une expression déjà ancienne de Pierre Bourdieu[1] qui vise la rentabilité immédiate, recherche les gros tirages d'une durée de vie éphémère, laissera-t-il encore de la place au « champ de production restreinte » qui édite des ouvrages à faible rotation, conçus pour le long terme et pour un public souvent spécialisé ? La question se pose en tout cas

1. Pierre Bourdieu, « La production de la croyance : contribution à une économie des biens symboliques », *Actes de la Recherche en Sciences Sociales*, n° 13, février 1977.

lorsque l'on observe l'amenuisement, par exemple, du secteur des sciences humaines et sociales : les tirages des livres de sociologie, d'économie, d'histoire, de psychanalyse, etc. baissent fortement, les ventes stagnent et le nombre de titres édités diminue. D'où les cris d'alarme lancés par certains éditeurs qui craignent les lendemains qui déchantent et qui tentent tant bien que mal de s'adapter à la nouvelle donne engendrée par l'essor du numérique[1].

On pourrait, dans la même veine, se livrer à une analyse identique pour d'autres secteurs de la production culturelle française. On constate, par exemple, qu'au *cinéma*, l'industrie hollywoodienne domine nettement le marché du film mondial et qu'à l'intérieur de l'hexagone, *TF1* et *Canal* + s'imposent comme les nouvelles « majors », multipliant les accords et les participations pour peser dans l'édition des programmes, face aux productions indépendantes qui peinent souvent à financer leurs projets[2].

Autre cas de figure, celui de *la presse française* qui souffre de maux persistants. Restructurée à la Libération à partir de considérations essentiellement politiques, avec peu de capitaux et avec une faible rentabilité, la presse quotidienne en particulier a été obligée de rester centrée sur son secteur car, faute de capitaux suffisants, elle n'a pu véritablement investir à l'extérieur. Cette situation fait que les groupes de presse français sont dans l'ensemble des structures d'assez petite taille (*groupe Dassault, Ouest France, Le Monde, Amaury, Bayard Presse,* etc.) comparées à celles des autres groupes de presse en Europe. Elle permet à des industriels et à des financiers de racheter aujourd'hui certains journaux : outre Serge Dassault (*Le Figaro*), des dirigeants d'entreprise ou de banques tels que Bernard Arnault (*les Échos*), François Pinault (*Le Point*), Patrick Drahi (*Libération* ; *L'Express*) etc., se sont lancés dans l'aventure, mettant à mal, selon certains observateurs, l'indépendance et le pluralisme de la presse. Les journaux sont de plus en plus considérés comme des marchandises comme les autres, achetés et vendus au gré des stratégies de groupes industriels, sans considération de leur valeur informative (les journaux non rentables sont éliminés). S'ajoute à ces prises de participation de plus en plus fréquente, la présence affirmée de groupes d'origine étrangère tels que l'allemand *Prisma Presse*, l'italien *Mondadori,* le belge *Roularta,* qui occupent une place non négligeable dans la presse magazine notamment[3].

Alors que le secteur de la presse magazine papier en France affronte tant bien que mal le défi du numérique, celui de la presse quotidienne en revanche subit depuis quelques

1. Pour un état des lieux des mutations de l'édition, se reporter à François Rouet, *Le livre. une filière en danger ?*, Paris, La Documentation française, 2013 et pour le cri d'alarme Éric Vigne, *Le Livre et l'Éditeur*, Paris, Klincksieck 2008.
2. Voir Laurent Creton, (sous la direction de), *Le Cinéma à l'épreuve du système télévisuel*, Paris, CNRS éditions, 2002 ainsi que du même auteur, *L'économie du cinéma en 50 fiches*, Paris, Armand Colin, coll. « 128 », 2012.
3. Voir Pierre Albert et Nathalie Sonnac, *La Presse française au défi du numérique*, Paris, La Documentation française, 2014 ; ainsi que Patrick Le Floch et Nathalie Sonnac, *Économie de la presse à l'ère numérique*, Paris, La Découverte, coll. « Repères » n° 283, 2013.

années une crise très sévère. Celle-ci tient à de nombreux facteurs : d'abord à la baisse de l'habitude de lecture des quotidiens, en particulier chez les jeunes ; ensuite à la concurrence de plus en plus sensible des journaux gratuits, mais aussi et surtout d'Internet dont les sites d'information en ligne attirent de nombreux usagers ; enfin à la chute des recettes publicitaires sans oublier l'insuffisance du nombre de kiosques à journaux sur l'ensemble du territoire. Tous ces facteurs provoquent un profond bouleversement du paysage de la presse quotidienne aussi bien nationale que régionale et laissent augurer d'un avenir assez sombre en ce qui la concerne.

Le constat est clair : dans chaque secteur de la production des biens culturels, quelques grands groupes s'accaparent la plus forte part du marché. Il faut se rendre à l'évidence : cette nouvelle forme d'industrialisation semble aujourd'hui irréversible.

II. Vers « une culture de la convergence ? »

La mondialisation de la culture à laquelle nous assistons conduit-elle cependant à l'uniformisation ? Signifie-t-elle que les consommateurs de films, de livres, de CD, de journaux, abordent de manière indifférenciée ces biens culturels ? Faut-il systématiquement s'insurger contre le développement des industries culturelles et déplorer le rôle néfaste joué par les médias dans la production et la diffusion d'une culture au rabais ? Rien n'est moins sûr. D'abord l'uniformisation de l'offre n'est pas totale : il existe, selon les secteurs, une certaine diversité des produits lancés sur le marché (que l'on songe, en France, au choix de périodiques disponibles). Ensuite les travaux sur les pratiques culturelles et sur la réception de la culture montrent qu'il y a un clivage, comme le notait déjà Michel de Certeau[1], entre ce qui se dit et ce qui est vécu, et que « les manières de faire » sont en réalité extrêmement variées.

S'en tenir à une étude de la production sans analyser les usages des produits, c'est rester aveugle à la diversité des pratiques interprétatives, à la créativité et à la résistance du récepteur. Il n'en demeure pas moins que la majorité des écrits consacrés aux rapports entre médias et culture depuis un demi-siècle ont été très critiques : un rappel des différentes thèses en vigueur s'impose donc.

Les moyens de communication dits de masse ont été systématiquement perçus comme des instruments favorisant l'appauvrissement de la culture puisqu'ils diffusent à grande échelle des produits visant à atteindre le plus grand nombre à partir du plus grand dénominateur commun. La thématique privilégiée a donc été, on l'a vu, celle d'une dénaturation et d'une forme de déclin de la culture : société de masse et culture de masse ont été associées dans une même réprobation. Hannah Arendt résume parfaitement le sentiment général : « la société de masse… ne veut pas la culture, mais les

1. Michel de Certeau, *La Culture au pluriel*, Paris, Christian Bourgois éditeur, 1980, p. 238.

loisirs (*entertainment*) et les articles offerts par l'industrie des loisirs sont bel et bien consommés par la société comme tous les autres objets de consommation », et elle ajoutait : « cela ne veut pas dire que la culture se répande dans les masses, mais que la culture se trouve détruite pour engendrer le loisir[1] ».

L'idée communément admise aujourd'hui selon laquelle on assisterait à une sorte de décadence culturelle en raison de l'implantation des industries culturelles, de l'essor de la société de consommation, de l'influence grandissante des médias numériques, nécessite d'être replacée dans le contexte des débats de la seconde moitié du XXe siècle pour en saisir les tenants et les aboutissants. Après avoir ainsi rappelé qui furent les procureurs et quelle fut la teneur de leurs discours, il sera possible de discuter de la pertinence de ces débats en s'appuyant sur les résultats des enquêtes sociologiques à propos des pratiques culturelles effectives des consommateurs.

A. De la culture de masse

Rappelons d'abord, pour relativiser certaines analyses des sociologues, que les premières formes de la culture de masse sont déjà présentes en France durant la seconde moitié du XIXe siècle : journaux populaires à grand tirage, livres à bon marché, images et illustrations en tout genre, succès des cafés concerts et des spectacles de théâtre, sont autant de signes d'une massification du marché de l'imprimé et de l'autonomisation de l'industrie du spectacle. Comme l'a montré l'historien Dominique Kalifa[2], les Français de la Belle Époque (1896-1914) vivaient déjà au rythme des industries culturelles et au temps des masses.

Les travaux de certains philosophes et sociologues s'inscrivent cependant dans une autre perspective. Ainsi, dans la lignée des réflexions d'Adorno et de Horkheimer, mais sous une forme plus nuancée, Edgar Morin proposa-t-il en 1962 dans son livre *L'Esprit du temps*[3] de mettre au jour les mutations culturelles engendrées par la société de consommation. Deux types de culture s'opposent, selon lui : la « culture des cultivés » d'un côté, la « culture de masse » de l'autre.

La « *culture des cultivés* » est celle de l'élite qui défend une acception valorisante, aristocratique, de la culture en louant les mérites des grands créateurs (Picasso, Stravinsky, Joyce, etc.) et qui s'adonne à des plaisirs d'initiés. Elle représente en quelque sorte les œuvres impérissables de l'humanité telles qu'elles sont léguées par la tradition et considère la culture proposée par les médias comme un nouvel opium du peuple ou une mystification délibérée.

1. Hannah Arendt, *La Crise de la culture*, *op. cit.*, respectivement p. 263 et 266.
2. Dominique Kalifa, *La Culture de masse en France,* Tome 1 : *1860-1930*, Paris, La Découverte, coll. « Repères », 2001. Voir également Jean-Pierre Rioux et Jean-François Sirinelli, *La Culture de masse en France* (sous la direction de), Paris, Fayard, 2002.
3. Edgar Morin, *L'Esprit du temps*, Paris, Le Livre de Poche, coll. « Biblio », (1re édition 1962), 1986.

À l'inverse, la « *culture de masse* » peut être décrite à partir d'une série d'oppositions : elle privilégie la quantité à la qualité, la production à la création, le matérialisme à la spiritualité, la marchandise à l'esthétique, la grossièreté à l'élégance. Cette culture de masse véhiculée notamment par les « mass média » est une culture sans racines, sans rites, sans folklore puisque la fête tend à disparaître au profit du spectacle. Elle diffuse d'ailleurs de nouveaux mythes au travers de la presse-magazine qui tire parti de la vie privée des stars de cinéma, des têtes couronnées, des grands sportifs, etc., qu'Edgar Morin dénomme les « nouveaux Olympiens » auxquels les lecteurs s'identifient et sur lesquels ils projettent leurs désirs et leurs frustrations.

La culture de masse présente toutefois une particularité parce qu'une double logique y est à l'œuvre : d'une part la « concentration technobureaucratique » c'est-à-dire la dépersonnalisation de la création, l'organisation rationnelle de la production, et d'autre part « la dynamique de l'invention/création » qui, au contraire, individualise la création, encourage l'originalité. La contradiction entre bureaucratie-invention et standardisation-individualité est le moteur même de la culture de masse : tout dépend du rapport de forces entre ces deux logiques. Autrement dit, contrairement aux apparences, la culture de masse n'est pas homogène, mais fondamentalement ambivalente : elle semble d'un côté œuvrer à la standardisation des produits culturels (livres, disques, films, etc.) et d'un autre côté, véhiculer des mythes (celui du bonheur dans les années 1960, celui de l'angoisse de l'échec dans les années 1990), un imaginaire social, qui ne se réduisent pas à de simples stéréotypes, mais qui reflètent une certaine réalité. Ainsi que le fait observer Éric Macé[1], la culture de masse doit être comprise comme un ensemble d'objets culturels produits par des industries culturelles à destination d'un public qui est par définition hétérogène. La tension entre uniformisation et diversification est en quelque sorte constitutive de la culture de masse et la réception de cette dernière est loin, elle aussi, d'être homogène.

L'explication d'Edgar Morin permet de nuancer, par exemple, les interprétations trop simplistes sur le nivellement par le bas du cinéma contemporain : les films à grand succès sont assurément construits sur le même canevas et avec les mêmes ingrédients (de la violence, du sexe ou de grands sentiments), mais le style de réalisation ou la performance d'un acteur suffisent parfois à faire la différence. Dans l'esprit du sociologue français, la culture de masse s'étend d'ailleurs hors du champ strict des médias et enveloppe, comme il le précisera ultérieurement[2], l'univers de la consommation, celui de

1. Éric Macé, « Sociologie de la culture de masse : avatars du social et vertigo de la méthode », *Cahiers internationaux de sociologie*, vol. CXII, 2002, p. 45-68. ainsi que du même auteur, « Éléments d'une sociologie contemporaine de la culture de masse. À partir d'une relecture de *L'Esprit du temps* d'Edgar Morin », *Hermès*, n° 31, 2001, p. 235-257.
2. Edgar Morin, *L'Esprit du temps*, *op. cit.*, en particulier les textes en appendices qui reprennent des éléments du tome 2, paru en 1976.

l'intérieur domestique et des loisirs. Cette extension souligne, *a contrario*, la crise que subit la « culture des cultivés » de plus en plus contestée dans ses fondements, notamment par les jeunes.

L'analyse de la culture de masse sera poussée à son paroxysme par Herbert Marcuse, proche de l'École de Francfort et adepte d'une interprétation à la fois marxiste et psychanalytique de la réalité sociale. Sans entrer dans le détail, rappelons que le philosophe allemand publia en 1964 un livre, *L'Homme unidimensionnel*, qui sonna la charge contre la société de consommation et contre la culture matérielle de masse. Pratiquant une critique en règle de la technologie qui asservit l'homme plutôt qu'elle ne le libère, il oppose à son tour la « *culture supérieure* » à la « *culture de masse* ». S'il définit également la première comme celle de l'Occident, féodale et bourgeoise réservée à une minorité de privilégiés, il n'en reconnaît pas moins qu'elle possède une « aura » particulière, une forme de transcendance, un côté subversif. Un roman tel que *Madame Bovary* ou certains poèmes de Baudelaire favorisent en effet, selon lui, une transgression magique de la réalité quotidienne et recèlent de ce fait « une promesse de bonheur ». La culture de masse, en revanche, absorbe, affadit, voire élimine les contenus subversifs de l'art, lui fait perdre toute forme de sublimation. Cette « désublimation » est d'ailleurs répressive en ce qu'elle remplace la satisfaction médiatisée en une satisfaction immédiate, en une jouissance vulgaire. Et Marcuse de citer *Phèdre* et *Les Fleurs du Mal* comme incarnation d'un « érotisme authentique » à l'inverse de *Lolita* (de Nabokov) ou d'*Un tramway nommé désir* (de Tennessee Williams) perçus comme reflets d'une sexualité sauvage, obscène[1].

C'est la preuve, selon lui, que la culture de masse ne fonctionne qu'au principe de plaisir, empêche toute distanciation parce qu'elle obéit à la rationalité technologique et commerciale. Aux figures de l'artiste, de la prostituée, de la femme adultère, du grand criminel, du poète maudit ou du fou de la littérature classique, ont succédé celles de la vamp, du beatnik, de la ménagère névrosée, du gangster, de la star ou du grand patron dans la production littéraire contemporaine. Le drugstore moderne qui installe au même rang un roman à l'eau de rose, un ouvrage de philosophie et un roman classique représente pour Marcuse l'exemple-type de la confusion des genres et du nivellement des hiérarchies. On sent chez lui comme une nostalgie de la culture supérieure bien qu'il n'ait de cesse de la dénoncer. Les moyens de communication de masse, une fois de plus, sont incriminés : ils sont les vecteurs dominants de cette culture offerte à la consommation du plus grand nombre selon les normes industrielles de la reproduction en série.

On le voit, les analyses de la culture de masse formulées durant les années 1960 mettent souvent l'accent sur ses aspects négatifs : la vision en est presque toujours dépréciative. Elles reposent sur le raisonnement suivant : 1/ nous sommes entrés dans la

1. Herbert Marcuse, *L'Homme unidimensionnel*, Paris, Le Seuil, coll. « Points », (1re édition 1964), 1968. En particulier le chapitre 3 sur la désublimation répressive.

société de consommation et de production industrielle ; 2/ les médias constituent une forme d'industrie culturelle ; 3/ donc, la culture diffusée par les médias vers le public est une culture industrielle dite de masse, indifférenciée et de médiocre qualité.

Or, ce qu'oublient de préciser toutes ces approches, ce sont les contours de la notion de culture de masse. Que recouvre-t-elle exactement ? S'agit-il d'une expression sociologiquement pertinente ?

Elle s'avère, en réalité, floue et à usages multiples. La démonstration est, dès le départ, faussée, ainsi que l'ont montré, dans un article aujourd'hui quelque peu oublié, Pierre Bourdieu et Jean-Claude Passeron[1], parce que le terme de masse est, par définition, imprécis. Quand on parle de masse, expliquent les deux sociologues, on évoque des individus abstraits, on pratique un amalgame en réunissant des individus particuliers sous une entité générale qui en fait des êtres indistincts, perdant toute particularité. Dès lors, quand on utilise l'expression « société de masse » ou « culture de masse », tout individu qui y est intégré est censé en posséder immédiatement toutes les caractéristiques : en d'autres termes « toute chose qui participe d'un genre possède toutes les propriétés du genre[2] ». On hésite, en outre, entre deux critères : celui de l'ampleur de la diffusion (à partir de quelle « quantité » de téléspectateurs, par exemple, une émission devient-elle une émission de masse ?), et celui de la qualité du contenu (à partir de quels critères, un texte ou une image seront-ils qualifiés de vulgaires ou appartenant à la culture de masse ?).

En fait, il y a mille manières d'écouter et de lire, faisaient observer Pierre Bourdieu et Jean-Claude Passeron : au lieu de réduire l'homme des médias à un « homme sans qualités », il serait plus judicieux d'étudier le comportement réel des téléspectateurs, auditeurs ou lecteurs. En somme, utiliser la notion de « société de masse » ou celle de « culture de masse » ne veut rien dire si on les abstrait des conditions réelles d'existence et si on les considère comme des expressions ayant une signification autonome. Notions fourre-tout, elles participent d'une logique fantasmagorique qui facilite les beaux discours, mais qui ne fait pas avancer d'un pouce la compréhension de ce qui se passe réellement.

Les débats autour de l'apport de la culture de masse n'ont cessé de s'intensifier durant les années 1980 en France et ont pris une tournure particulière avec la publication du livre du philosophe Alain Finkielkraut, *La Défaite de la pensée* (1987) et de quelques autres[3], de même tonalité. À la contestation de la culture de masse des années 1960, succède cette fois le refrain de la décadence et du déclin de la culture. Alain Finkielkraut

1. Pierre Bourdieu et Jean-Claude Passeron, « Sociologues des mythologies et mythologies des sociologues », *Les Temps modernes*, n° 211, décembre 1963, p. 998 à 1021.
2. Pierre Bourdieu et Jean-Claude Passeron, *ibidem*.
3. Alain Finkielkraut, *La Défaite de la pensée*, Paris, Gallimard, 1re édition 1987, coll. « Folio », 1989. On peut associer à ce pamphlet, le livre d'Allan Bloom, *L'Âme désarmée*, Paris, Julliard, 1987, et celui de Marc Fumaroli, *L'État culturel*, Paris, Éd. de Fallois, 1992.

dénonce en effet l'engloutissement de la culture dans le culturel. Le relativisme qui pose que toutes les valeurs sont également légitimes, condamne, selon lui, les œuvres de l'esprit au nivellement et à l'indifférenciation.

La culture est désormais centrée sur la spontanéité, la jouissance et surtout sur le principe de l'équivalence : tout le monde est qualifié de créateur « À condition qu'elle porte la signature d'un grand styliste, une paire de bottes vaut Shakespeare. Et tout à l'avenant : une bande dessinée qui combine une intrigue palpitante avec de belles images vaut un roman de Nabokov ; un slogan publicitaire efficace vaut un poème d'Apollinaire ou de Francis Ponge ; un rythme de rock vaut une mélodie de Duke Ellington ; un beau match de football vaut un ballet de Pina Bausch ; un grand couturier vaut Manet, Picasso, Michel-Ange[1] ». Nous vivons donc la dissolution de la culture dans le tout culturel et l'industrie des loisirs finit par ravaler les œuvres au rang de pacotille. Le confusionnisme ambiant et la société du spectacle que vitupère le philosophe français ne sont pas sans rappeler les propos d'Hannah Arendt, cités précédemment et dont il s'inspire : la culture de masse est à proprement parler devenue un loisir de masse qui se nourrit des objets qualifiés de culturels.

Cette analyse des changements inhérents à la société contemporaine pose en filigrane la question de l'existence d'une « culture médiatique », sorte de succédané de la culture traditionnelle, légitime, élargie à l'ensemble des nouveaux produits audiovisuels, qui engloberait dans le même opprobre, ainsi que le suggérait Jean Baudrillard « mass média, jeux et loisirs[2] ». La culture diffusée par les journaux, la radio, la télévision est, selon lui, non seulement synonyme de déperdition de contenu, mais aussi de perte de repères : tout fait signe, mais plus rien n'a de sens puisque la « culture mass-médiatique » s'apparente à une combinaison d'éléments hétérogènes qui juxtapose sans distinction un journal télévisé, une publicité, un jeu, un clip, etc.

Empreints de nostalgie à l'égard d'une représentation hautaine de la culture, les intellectuels français n'ont pas cessé, on le voit, d'être méfiants vis-à-vis des médias et en particulier de la télévision qui remettait en partie en cause leur magistère. C'est ce qui explique probablement leurs critiques ininterrompues depuis près d'un demi-siècle, dont on trouverait encore une confirmation dans les ouvrages de Régis Debray[3] s'attaquant au monde de l'image, de la « vidéosphère », et plaidant pour la réhabilitation de la culture de l'écrit, de la « graphosphère ». Médias et culture apparaissent antinomiques aux yeux de beaucoup d'analystes dont les explications sont souvent entachées d'une forte dose de subjectivité, pour ne pas dire de partialité.

---

1. Alain Finkielkraut, *La Défaite de la pensée, op. cit.*, p. 152.
2. Jean Baudrillard, *La Société de consommation*, Paris, Gallimard, coll. « Idées », 1970 ; notamment le chapitre « La culture mass-médiatique » dans la 3e partie.
3. Régis Debray, *Cours de médiologie générale*, Paris, Gallimard, 1991, en particulier le chapitre XII, « La loi des trois états ».

B. … à « une culture de la convergence » ?

Ne serait-il pas plus sage de considérer, une fois pour toutes, que les médias ont effectivement transformé la culture telle qu'elle est produite et diffusée dans notre société, et de s'en tenir à une analyse *a priori* neutre de la question, tant qu'on n'a pas sérieusement observé concrètement ses retombées auprès du public lui-même ?

L'analyse la plus perspicace à ce sujet demeure probablement celle d'Abraham Moles, qui dans son livre *La Sociodynamique de la culture* publié en 1967, prenait acte du fait que les mécanismes de création et de diffusion de la culture ont été profondément renouvelés à l'ère des médias[1]. Nous sommes passés, expliquait-il à l'époque, d'une culture cartésienne, ordonnée, humaniste, longtemps dominante, à une « *culture mosaïque* », faite d'assemblages de fragments juxtaposés un peu au hasard. L'homme moderne est bombardé de messages venus de la presse, du cinéma, de la publicité, de la radio, de la télévision, qu'il recueille de manière plus ou moins aléatoire, qu'il assimile par bribes en même temps que ceux qui proviennent de son entourage, du système scolaire, du milieu professionnel. Le consommateur de médias se nourrit dès lors de miettes éparses qu'il assimile plus ou moins efficacement[2].

La culture est dès lors liée à des probabilités d'associations de tous ordres qui existent entre les différents éléments de connaissance et est assimilée à un flux, une dynamique incessante. Elle n'est plus statique comme dans l'ancienne conception, mais évolue au gré des changements technologiques, des modes de diffusion. L'image d'une « culture mosaïque » et celle d'un marché de la culture conçu comme un cycle en constant renouvellement (on y reviendra) paraissent les plus proches de la réalité effective actuelle : elles intègrent simultanément le monde des choses (disques, livres, journaux, télévision, Web etc.) et le monde des idées (arts, sciences, littérature, etc.), se bornent à constater les mutations récentes sans porter de jugement de valeur.

À l'opposé de la notion de « tout culturel » trop connotée, l'expression « culture mosaïque » paraît rendre fidèlement compte du rapport entre médias et culture au XXIe siècle : elle ne préjuge en rien d'une quelconque uniformisation de la pensée ou d'une quelconque déperdition de sens. Mais elle est évidemment datée puisqu'il faut dorénavant intégrer les récentes transformations induites par les nouvelles technologies de communication. Les enquêtes les plus récentes semblent cependant confirmer sa pertinence : la multiplication de supports numériques, la surabondance des informations diffusées, le succès des réseaux sociaux, favorisent des pratiques médiatiques

1. Abraham Moles, *Sociodynamique de la culture*, Paris, Masson, 1967. Les analyses d'Abraham Moles présentent toutefois certaines limites dont il faut être conscient : elles postulent une sorte d'autonomie de la culture par rapport au monde environnant (sous-estimant ainsi le poids des logiques économiques et sociales) et ignorent totalement le contexte de réception des messages.
2. Lire à ce sujet, Denis Muzet, *La Mal info. Enquête sur des consommateurs de médias*, La Tour d'Aigues, éditions de l'Aube, 2006.

faites aujourd'hui de lectures bricolées de l'actualité, de mélange de genres (grâce aux pratiques de « remix »), de partage de textes, de sons et d'images qui donnent naissance à une nouvelle configuration culturelle.

Nous serions en fin de compte en présence, si l'on en croit le chercheur américain Henry Jenkins, de l'émergence d'une « culture de la convergence » qui consiste à « passer d'un contenu propre à un média à un contenu circulant sur de multiples canaux médiatiques, à une interdépendance accrue des systèmes de communication[1] » c'est-à-dire en fait une nouveau paysage médiatique où tout est organisé, non plus depuis le sommet vers la base, mais de la base vers le sommet.

Certains sociologues[2] estiment qu'il convient aujourd'hui de ne plus opposer le vulgaire (le bas) et le cultivé (le haut) et de dépasser ce clivage. Il faut, selon eux, en appeler à une définition plus large de la culture, véritablement anthropologique, c'est-à-dire la concevoir comme une action collective de production de sens, permettant d'articuler des expériences collectives et individuelles à travers la médiation d'objets culturels. Il est donc nécessaire de penser les rapports entre médias et culture en termes de « médiacultures » parce que la séparation entre d'un côté, la culture et de l'autre, les médias, n'a aujourd'hui plus grand sens. En s'inspirant des travaux menés par les représentants des *Cultural Studies*[3] (Richard Hoggart, Stuart Hall, David Morley, etc.), ils prônent un décloisonnement des approches et plaident en faveur d'un abandon de la théorie de la hiérarchie culturelle chère à Pierre Bourdieu. Ils considèrent en effet qu'il n'y a « pas plus d'effets de la culture sur la société que d'effets de la société sur la culture, mais une somme de médiations par lesquelles chaque société (ou chaque ensemble de sociétés en interaction) se configure elle-même à travers ses objets culturels, juridiques, techniques, artistiques ou médiatiques et leurs formes d'appropriation[4] ». L'étude des médiacultures doit donc prendre en compte, en référence à cette conception anthropologique de la culture, les matériaux et les objets les plus divers : la télévision, le Web, les mangas, les *soap operas*, le hip-hop, les cultures gays, lesbiennes, etc. et adopter une vision horizontale (et non plus seulement verticale) des pratiques culturelles.

Celles-ci sont le support d'une exploration des identités et des contours d'un public qui se façonne peu à peu, notamment au contact des médias. De multiples travaux sur les *Cultural Studies* réalisés dans les années 1970/80 en Angleterre par des chercheurs de l'école de Birmingham tels que Phil Cohen, Dick Hebdige et quelques autres, ont ainsi conduit à observer de près les liens entre jeunes, médias et culture et plus particulièrement l'essor des « subcultures », la manière dont les jeunes souvent issus de milieux

1. Henry Jenkins, *La culture de la convergence. Des médias au transmédia*, Paris, Armand Colin, 2013.
2. Éric Maigret et Éric Macé, *Penser les médiacultures*, Paris, Armand Colin, 2005.
3. Armand Mattelart et Erik Neveu, *Introduction aux Cultural Studies*, Paris, La Découverte, coll. « Repères », 2008. Pour davantage de précisions sur ce courant de recherche, se reporter au chapitre 7 « Le(s) public(s) des médias ».
4. Éric Maigret et Éric Macé, *Penser les médiacultures*, *op. cit.*, p. 11.

populaires dominés adoptent des styles de vie imprégnés par une volonté de rupture grâce à la musique, la drogue (punks, rockers, hippies, mods). Peu traduits en France, ces recherches ont fortement inspiré les tenants de l'étude des médiacultures[1].

Depuis quelques années, on voit également se développer en France des études sur le rapport entre genre et médias qui s'inscrivent, elles aussi, dans le sillage des travaux produits par les chercheurs des « Cultural Studies ». Très répandues dans les pays scandinaves et dans le monde anglo-saxon, ces études de plus en nombreuses, manquent encore de légitimité et de reconnaissance dans notre pays. L'objectif est d'analyser la construction médiatique du genre, les différences de représentation des femmes et des hommes dans les médias, ou plus exactement d'y interroger l'articulation du masculin et du féminin. Les travaux portent donc sur les discours d'information, les stéréotypes véhiculés par certaines émissions de télévision (par exemple les représentations du genre dans les fictions télévisées) ou dans certains articles de presse (la mise en débat de la parité dans la presse) ; sur les liens entre humour et sexisme ordinaire dans les émissions de divertissement ; sur le rapport genré dans l'utilisation des nouvelles technologies ; sur la masculinité chez les lecteurs de bandes dessinées, etc.[2]. Comme le souligne Marlène Coulomb-Gully[3], le genre est moins une idéologie ou une discipline qu'une méthodologie qui permet de mettre en avant sa dimension transversale. La perspective dite « intersectionnelle » vise donc à mieux comprendre l'imbrication des rapports sociaux de genre, de race et de classe. Nul doute que ce secteur de recherche en plein essor[4] conduira dans les années à venir à mieux saisir un certain nombre d'enjeux économiques et culturels liés au rapport entre genre et médias.

---

1. Il faudra attendre 2008 pour disposer d'une anthologie de textes sur les « Cultural studies ». Voir Hervé Glévarec, Éric Macé, Éric Maigret, *Cultural Studies, Anthologie*, Paris, Armand Colin, 2008.
2. Pour un état des lieux précis sur le sujet, voir Virginie Julliard et Nelly Quemener, « Le genre dans la communication et les médias : enjeux et perspectives », in *Revue Française des sciences de l'information et de la communication;* n° 4, 2014, « Recherches au féminin en Sciences de l'Information et de la Communication » (en ligne).
3. Marlène Coulomb-Gully, « Inoculer le genre. Le genre et les SHS : une méthodologie traversière » in *Revue Française des sciences de l'information et de la communication*, n° 4, *op. cit.*
4. Voir, par exemple, les dossiers de *Le Temps des Médias*, n° 12, 2009, « La cause des femmes » ; de *Questions de communications* ; n° 15 et n° 16, 2009, « Échanges. Penser le genre en Sciences de l'information et de la communication et au-delà » ; de *Réseaux*, n° 168-169, 2011, « Pratiques culturelles et enfance sous le regard du genre ».

III. Les pratiques culturelles

A. La consommation de la culture à l'ère numérique

Pour saisir l'ampleur de la mutation en cours, il faut évidemment se pencher sur l'étude des pratiques effectives des individus : comment consomment-ils les biens culturels, comment se servent-ils des médias traditionnels et des médias numériques ? Le comportement des Français, en matière culturelle, fait l'objet d'études régulières menées sous l'égide du ministère de la Culture depuis plus de quatre décennies (très exactement depuis 1973), qui permettent de saisir les principales mutations dans ce domaine. Que disent les chiffres à propos de la consommation des biens culturels dans notre pays ? Confirment-ils la thèse de l'uniformisation des pratiques ? Les données statistiques dont on dispose sur la longue durée constituent une mine d'informations en la matière.

S'il fallait résumer d'une formule le changement majeur de ce dernier quart de siècle, on dira que le centre de gravité des pratiques culturelles s'est fortement déplacé vers « le pôle audiovisuel » et tend peu à peu à basculer vers Internet, en particulier chez les jeunes générations[1]. En effet, l'émergence d'une nouvelle offre de programmes par le biais de la télévision, la généralisation de la télécommande et du magnétoscope, l'utilisation de plus en plus importante de la microinformatique, l'augmentation de l'écoute fréquente de « musiques actuelles », les transformations du rapport au livre et à la lecture ; tous ces phénomènes convergent vers la progression des pratiques audiovisuelles domestiques qui se sont diversifiées et qui occupent une part croissante de la vie des Français. La dématérialisation des contenus, l'essor d'Internet, la diffusion massive d'appareils nomades, abolissent par ailleurs les frontières entre images, musiques et textes. Ces nouveaux outils de communication consacrent en quelque sorte « les écrans comme support privilégié de nos rapports à la culture tout en accentuant la porosité entre culture et distraction, entre le monde de l'art et celui du divertissement et de la communication[2] » note Olivier Donnat dans son étude des pratiques culturelles à l'ère du numérique.

C'est là le fait majeur de ces dernières décennies : les consommateurs se sont approprié les instruments de communication. Le monde des médias, au sens large, est devenu un monde familier à la plupart des Français : confirmation est donc donnée de la montée en puissance des technologies de l'information et de la communication (TIC) dans les pratiques de loisirs et de l'émergence d'une culture de l'écran qui met à mal la culture de l'imprimé. À l'ère numérique, les modes d'articulation entre télévision, ordinateur, livres et sorties culturelles sont de plus en plus diversifiés. L'accès des Français à la

1. Olivier Donnat, *Les Pratiques culturelles des Français à l'ère numérique*, Paris, La Documentation française, Paris, 2009. Pour les jeunes, voir l'étude de Sylvie Octobre, *Deux pouces et des neurones. Les cultures juvéniles de l'ère médiatique à l'ère numérique*, Paris, Ministère de la Culture et de la Communication, 2014.
2. Olivier Donnat, *ibidem*, p. 210.

culture et aux médias s'inscrit dorénavant dans cinq types de configuration : aux deux extrêmes des modes de comportement, on trouve ceux qui privilégient fortement la télévision (26 %) et ceux qui, négligeant la télévision, cumulent les autres modes d'accès disponibles (livre, ordinateur, sorties culturelles) (23 %). Les trois autres attitudes possibles se répartissent entre ceux qui utilisent majoritairement les écrans (17 %), ceux qui adoptent une position équilibrée tout en mettant l'accent sur l'imprimé (16 %) et enfin ceux qui n'éprouvent guère d'appétence pour la lecture et les médias (18 %).

Il faut toutefois souligner que les pratiques de consommation culturelle demeurent en France très liées au statut social et à l'héritage culturel des individus. La participation régulière et diversifiée à la vie culturelle dépend en effet beaucoup du niveau de diplôme, du montant des revenus ainsi que de l'offre culturelle existante. Ce constat confirme, sur ce point du moins, les observations réalisées, il y a plus d'un quart de siècle, par Pierre Bourdieu sur l'importance du phénomène de distinction sociale et sur l'existence de fortes inégalités d'accès à l'art et à la culture[1] : la loi du cumul n'a pas disparu. En effet, aux yeux de certains analystes tels que Philippe Coulangeon, les clivages sociaux perdurent et la hiérarchie des pratiques et des préférences joue toujours un rôle clé dans la compréhension des changements en cours (les classes supérieures continuent à avoir un accès privilégié à la culture)[2]. S'inspirant des analyses développées par Pierre Bourdieu qui raisonnait en termes de légitimité culturelle et qui mettait fortement l'accent sur l'inégale distribution des compétences en matière culturelle, il insiste sur le fait qu'en dépit d'une forte progression des pratiques culturelles ces dernières années, on constate non pas une réelle atténuation, mais plutôt une recomposition des lois de la distinction.

Mais le changement le plus intéressant à observer, est, parmi les variables explicatives des comportements culturels, le poids croissant de l'âge ou plus exactement du facteur générationnel. Si l'on en croit en effet Olivier Donnat, on assiste, depuis quelques temps, à la cohabitation de quatre générations aux pratiques plus ou moins différenciées. Les individus nés avant la Deuxième Guerre mondiale restent globalement à l'écart de la révolution numérique et cultivent un rapport privilégié à l'imprimé. La génération suivante, celle du « Baby boom », a profité du développement des industries culturelles et du succès de la culture juvénile centrée sur la musique. La génération de ceux qui sont nés durant les années 1970-1980 a, quant à elle, largement tiré profit de la création des radios et télévisions privées, du multi-équipement et de la culture numérique. Enfin, les plus jeunes c'est-à-dire les moins de trente ans, baignent dans la culture numérique, sont parmi les plus gros utilisateurs d'Internet et écoutent énormément de musique.

1. Pierre Bourdieu, *La Distinction. Critique sociale du jugement*, Paris, Minuit, 1979. Voir Olivier Donnat, « La stratification sociale des pratiques culturelles et son évolution. 1973-1997 », *Revue française de sociologie*, vol. XL-I, 1999.
2. Sur ce point, lire Philippe Coulangeon, *Sociologie des pratiques culturelles*, Paris, La Découverte, coll. « Repères », n° 418, 2010.

De nouveaux comportements en matière de goûts culturels semblent peu à peu se mettre en place. On note en effet l'émergence progressive de pratiques culturelles inattendues qui mélangent les genres, qui combinent les goûts légitimes (dans la hiérarchie des valeurs culturelles) et les goûts illégitimes. En ré-exploitant certaines données du ministère de la Culture et en procédant à de nombreux entretiens qualitatifs avec des Français de toute origine, Bernard Lahire[1] a ainsi pu montrer que les conduites de consommation sont à l'heure actuelle beaucoup moins rigides qu'autrefois, qu'elles font davantage preuve d'éclectisme et que ce qu'il appelle « les profils dissonants » (les comportements non homogènes du point de vue du degré de légitimité des préférences et des pratiques culturelles) sont de plus en plus fréquents. En d'autres termes, la palette des modes de consommation culturelle s'est élargie, l'hybridation des pratiques s'est intensifiée. On peut, pour reprendre un exemple de cette enquête, lorsqu'on est ouvrier à la retraite, aimer la musette et l'opéra de Verdi, écouter les disques de Georges Guétary et de Jacques Brel, lire Chateaubriand et Georges Simenon, se délecter de livres d'histoires vécues sur la guerre et de *L'Assommoir* de Zola, regarder à la télévision « Questions pour un champion » et les matchs de football, adorer l'émission *Thalassa* et les retransmissions de patinage artistique. Quel que soit le milieu social, la dissonance culturelle semble aujourd'hui relativement fréquente[2]. Les individus ne sont donc pas totalement enfermés dans les limites de leur condition sociale : ils sont capables (jusqu'à un certain point toutefois) de mêler le cultivé et le populaire, le distingué et le vulgaire, le sérieux et le divertissant.

À un autre niveau, on assiste également à l'émergence de nouvelles cultures juvéniles ou plus exactement d'univers culturels très différenciés, plus clivés, semble-t-il, aujourd'hui que dans les années 1980/90. En passant de ce que Sylvie Octobre[3] appelle « la génération médiatique » à « la génération numérique », on se rend en effet compte qu'il existe à l'heure actuelle chez les 15-29 ans, pas moins de sept univers culturels (qu'il serait trop long de détailler ici). Mentionnons simplement que les variables de l'âge, du sexe et de diplôme créent une fois de plus de nettes distinctions dans les pratiques. Il y a, par exemple, peu de points communs entre deux univers bien distincts : d'une part, « l'univers du centrage domestique » ; d'autre part, « l'univers de l'engagement culturel ». Le premier rassemble majoritairement des jeunes femmes (25-29 ans) de milieux populaires, issues de parents peu diplômés, qui concentrent leurs loisirs dans l'espace domestique et qui consomment beaucoup la télévision, n'utilisent guère Internet, lisent peu de livres et sortent peu. Le second regroupe des jeunes (surtout des

1. Bernard Lahire, *La Culture des individus. Dissonances culturelles et distinction de soi*, Paris, La Découverte, 2004.
2. Bernard Lahire, *op. cit.*, p. 203-205.
3. Sylvie Octobre, *Deux pouces et des neurones. Les cultures juvéniles de l'ère médiatique à l'ère numérique*, *op. cit.*, Chapitre III « Fragmentation et différenciation des cultures juvéniles » ainsi que Monique Dagnaud, *Génération Y. Les jeunes et les réseaux sociaux, de la dérision à la subversion*, Paris, Les Presses de Sciences Po, 2013.

femmes), en cours de formation supérieure et issus de milieux supérieurs diplômés, souvent parisiens, qui s'impliquent dans des pratiques artistiques en amateur, font un usage intensif de la vidéo et d'Internet, écoutent de la musique très diversifiée, regardent beaucoup de films sur leur ordinateur, lisent nombre de journaux et de livres, vont au cinéma et aux spectacles. La fragmentation des univers culturels des jeunes est donc très visible.

B. De nouvelles pratiques culturelles

À défaut de pouvoir entrer dans le détail des modifications des pratiques culturelles au cours des années 1990/2000[1], on se contentera ici de rappeler quelques tendances fortes. *Les pratiques culturelles* ont fortement évolué. On notait, selon l'étude du ministère de la Culture et de la Communication publiée en 2009, une utilisation plus régulière de la télévision, une banalisation progressive des ordinateurs et d'Internet, un usage important des baladeurs, des téléphones portables, qui étaient autant d'indicateurs parmi d'autres, des changements en cours. On observait également une consommation de plus en plus massive des jeux vidéo, une intensification de l'écoute de la musique, une fréquentation accrue des salles de cinéma, une pratique assez courante de la vidéo à domicile, une assistance aux concerts de rock en hausse, etc. Ces tendances se sont affirmées ces derniers temps en raison de l'essor de Web et des réseaux sociaux. Elles méritent d'être explicitées car elles sont à l'origine d'une forme de révolution culturelle portée par les technologies numériques.

Internet a donné naissance, comme on l'a vu[2], à une culture relationnelle fondée sur l'expression subjective de nos sentiments et sur une véritable mise en scène des différentes facettes de notre personnalité (notre identité numérique). Les cloisons entre sociabilité réelle et sociabilité virtuelle semblent en tout cas beaucoup plus poreuses qu'auparavant. Ce changement encourage l'émergence d'une logique à la fois individualiste et coopérative. Individualiste en ce sens que le désir d'autonomie et de singularisation des individus s'en trouve exacerbé ; coopérative en ce sens que le partage et les échanges en ligne sont devenus monnaie courante.

Les plates-formes numériques servent dorénavant de sites de partage de contenus : YouTube ou Dailymotion (vidéo et musique) Flickr (photographie) Myspace (musique), etc. sont ainsi devenues pour nombre d'internautes des outils incontournables. Grâce aux contenus produits par les internautes eux-mêmes (*User Generated Content*, UGC, contenus générés par les utilisateurs), la copie, le partage et l'échange sont encouragés

1. Consulter sur ce point, outre l'ouvrage d'Olivier Donnat, *Les Pratiques culturelles de Français à l'ère du numérique*, *op. cit.*, l'article de Philippe Coulangeon, « Le poids de la télévision dans les loisirs. Évolution de 1986 à 1998 » *in* Oliver Donnat (sous la direction de), *Regards croisés sur les pratiques culturelles*, Paris, La Documentation française, 2003, p. 283-301.
2. Se reporter au chapitre 2 « Les médias, l'opinion publique et l'espace public » du présent ouvrage, en particulier à l'analyse « des acteurs et des arènes ».

puisque leur reproduction et leur diffusion y sont gratuites. L'exemple emblématique de cette culture du partage est représenté par l'encyclopédie en ligne Wikipédia (fondée en 2001) qui a rendu désuètes les encyclopédies « papier » traditionnelles. Elle est l'incarnation même de ce système coopératif et délibératif en ligne puisque tout un chacun peut, s'il le souhaite, rédiger une notice et collaborer à la confection d'un savoir en constante évolution. La mutualisation des procédures de surveillance et de sanction tout comme l'écriture participative, font de Wikipédia un exemple réussi de vulgarisation des connaissances et de ce qu'on appelle la culture « wiki ».

La culture est donc aujourd'hui accessible à tous (Jeremy Rifkin parle d'une « culture de l'accès[1] ») et se diffuse de plus en plus sans les intermédiaires habituels, spécialistes ou experts patentés. Elle favorise par conséquent la montée en puissance des amateurs qui investissent le Web. Comme le fait observer Patrice Flichy, ce sacre de l'amateur[2] s'insère dans le mouvement général de l'individualisme contemporain, participe à l'élargissement des connaissances et des savoirs et illustre d'une certaine manière la démocratisation des compétences. Le profane guidé par sa passion et sa curiosité se sent autorisé à bricoler des montages sonores ou visuels, à réécrire ou inventer certains textes et à les faire connaître au plus grand nombre par le biais d'Internet. Les communautés de fans[3] aujourd'hui très visibles sur le Web incarnent parfaitement cette tendance à l'innovation ascendante. Elles rassemblent des passionnés qui connaissent sur le bout des doigts l'univers artistique de tel chanteur ou tel acteur, qui commentent sur les réseaux sociaux tel film ou telle série télévisée (*Matrix*, *Star Wars*, *Mad Men*, etc.) et qui procèdent à un travail continu d'interprétations ou de réinterprétations. Elles servent également de relais d'informations et de vecteurs de notoriété, contribuent à faire émerger de nouveaux talents grâce au nombre d'écoutes ou de vidéos vues (par exemple le groupe *Arcade Fire* promu par des blogs musicaux).

On assiste donc à un foisonnement créatif[4] qui prend de multiples aspects. La pratique musicale[5], par exemple, est bouleversée par les contenus autoproduits qui brouillent les frontières entre production, édition et distribution de la musique. Celle-ci se diffuse désormais grâce au numérique sur le mode du nomadisme et est de plus en plus l'objet de pratiques de remix et d'hybridation des genres. Mais contrairement à certaines idées reçues, les plates-formes musicales ne permettent pas de véritablement court-circuiter les intermédiaires de la construction d'une notoriété nationale (maisons de disques et médias traditionnels). Elles ne démocratisent pas autant qu'on pourrait le croire, les

1. Jeremy Rifkin, *L'âge de l'accès. La nouvelle culture du capitalisme*, Paris, La Découverte, Poche, 2005.
2. Patrice Flichy, *Le Sacre de l'amateur*, Paris, Le Seuil, coll. « La République des idées », 2010.
3. Voir *Réseaux*, n° 153, 2009, « Passionnés, fans et amateurs » ainsi que Philippe Le Guern, *Les cultes médiatiques. Culture fan et œuvres cultes*, Rennes, Presses universitaires de Rennes, 2002.
4. Pour davantage de détails sur ce sujet, se reporter à notre ouvrage, Rémy Rieffel, *Révolution numérique, révolution culturelle ?*, *op. cit.*, Chapitre IV « Une culture coopérative et évolutive : un foisonnement créatif ».
5. *Réseaux*, n° 172, 2012, « Musique et technologies numériques ».

audiences en ligne: la distribution de la consommation en ligne demeure en effet inégalitaire parce la notoriété des artistes sur Facebook et Twitter reste en fin de compte très concentrée (6 % des artistes sur Facebook et 10 % d'entre eux sur Twitter cumulent 90 % de l'audience totale sur chacune de ces plates-formes)[1].

Dans le même ordre d'idées, la pratique de la photographie et de la vidéo s'en trouve également modifiée. Le site de partage de photos Flickr propose par exemple un large éventail de possibilités. Il encourage, chez les utilisateurs intensifs, la constitution de groupes thématiques, offre des espaces de discussion où l'on peut échanger autour de questions d'ordre technique, donner des conseils et des avis, s'entraider, etc. Les fonctionnalités interactives de Flickr concourent parfois à une transformation des esthétiques amateurs[2]. De même, les plates-formes de visionnage de vidéos telles que YouTube permettent de faire connaître un film, de tester un clip, de populariser des séquences de séries télévisées et de donner une visibilité aux pratiques créatrices de vidéastes amateurs.

On pourrait multiplier les exemples (l'usage des jeux vidéo et des communautés en ligne[3] ; l'élaboration de nouvelles formes d'écriture de romans en ligne[4] ; l'intégration des images et des textes médiatiques dans les pratiques artistiques ou le développement du Net art)[5] qui témoignent de l'effervescence créatrice provoquée par l'essor des nouvelles technologies de communication. On s'attardera rapidement sur un autre changement souvent sujet à polémique: celui des modalités de lecture aujourd'hui.

Contrairement aux sombres prévisions des Cassandre, la progression des pratiques numériques n'a pas totalement sonné le glas de la lecture: le rapport à l'écrit a certes été transformé, mais ne s'est pas brutalement effondré. En réalité, ce qui a changé, c'est le fait que le taux de forts lecteurs a baissé, que la proportion de faibles lecteurs et non lecteurs augmente et que la lecture est dorénavant une activité banalisée à côté de nouvelles activités de loisirs: elle a perdu sa force de fascination et son pouvoir distinctif chez les jeunes, davantage sensibles aux médias numériques. Le danger d'une diminution de la part de l'écrit par rapport à la part de l'audiovisuel dans les pratiques culturelles existe bel et bien: mais rien ne prouve, pour l'instant, que la lecture soit totalement discréditée.

---

1. Sur ce sujet, voir Jean-Samuel Beuscart, « Sociabilité en ligne, notoriété virtuelle et carrière artistique. Les usages de MySpace par les musiciens autoproduits », *Réseaux*, n° 152, 2008, p. 139-168 ainsi que « De la visibilité à l'attention: les musiciens sur Internet », *Réseaux*, n° 175, 2012, p. 21-42.
2. Jean-Samuel Beuscart, Dominique Cardon, Nicolas Pissard et Christophe Prieur, « Pourquoi partager mes photos de vacances avec des inconnus? Les usages de Flickr », *Réseaux,* n° 154, 2009, p. 91-129.
3. Nicolas Auray et Fanny Georges, « Les productions audiovisuelles des joueurs de jeux vidéo: entre formation professionnelle et apprentissages esthétiques autodidactes », *Réseaux*, n° 175, 2012, p. 145-173 ainsi que le dossier « Les formes ludiques du numérique. Marchés et pratiques du jeu vidéo », *Réseaux*, n° 173-174, 2012.
4. Valérie Beaudouin, « Trajectoires et réseau des écrivains sur le Web: construction de la notoriété et du marché », *Réseaux,* n° 175, 2012, p. 107-144.
5. Jean-Paul Fourmentraux, *Art et Internet; Les nouvelles figures de la création*, Paris, CNRS éditions, 2010.

La psychosociologue Claire Bélisle considère ainsi qu'Internet a modifié, en matière de lecture, notre rapport au temps, nos capacités d'attention et notre plaisir de lire[1]. Le temps de lecture s'est accéléré, ce qui a favorisé le développement de différents types de lecture : lire pour réfléchir, lire pour s'informer ou se renseigner, lire pour se distraire. La familiarité avec les sites et les hyperliens a également eu des effets importants sur notre attention. Les internautes ne se focalisent plus sur un seul objet, mais naviguent sur le Web en ouvrant de multiples fenêtres, vont sur divers écrans, adoptent des comportements multitâches et font preuve de poly-attention. Savoir lire devient de plus en plus une compétence technologique que les jeunes maîtrisent bien plus facilement que certains adultes. Alors que pour le papier, le plaisir de lire est associé à des romans, des récits, il se vit chez les jeunes à travers des blogs, des « chats », des tweets et des sites Web. La lecture devient en quelque sorte immersive, sollicite d'autres dimensions affectives et culturelles qui ébranlent les modèles traditionnels de la lecture. Peut-être lirons-nous, à l'avenir, davantage à l'aide d'écrans que de supports papier et le texte électronique supplantera-t-il l'édition traditionnelle ? Les spécialistes tablent davantage pour le moment sur la coexistence des différents supports que sur la disparition progressive de l'écrit.

L'accès aux grandes œuvres de l'art et de l'esprit dont Hannah Arendt craignait qu'il ne fût définitivement dévalué et perverti par le monde des loisirs, se trouve en réalité, grâce aux médias numériques, élargi et ne passe plus systématiquement par la fréquentation d'un équipement culturel traditionnel (salle de cinéma, théâtre, salle de concert, musée), n'est plus cantonné à un espace et à un moment précis. Le jeu est plus ouvert qu'auparavant puisque le profil des publics s'intéressant à l'art et à la culture est plus diversifié qu'auparavant. Les tendances lourdes (caractère cumulatif des pratiques culturelles, inégalités sociales persistantes) n'ont cependant pas été profondément modifiées.

1. Claire Bélisle, « Du papier à l'écran : lire se transforme » in Claire Bélisle (sous la direction de), *Lire dans un monde numérique*, Villeurbanne, Presses de l'Enssib, 2011, p. 111-162.

5

LES PROFESSIONNELS DES MÉDIAS

L'étude sociologique des différents milieux professionnels de la presse et de l'audiovisuel n'a guère retenu l'attention des chercheurs avant les années 1980 en France. Très curieusement, la connaissance de ceux qui produisent, mettent en forme l'information (les journalistes), de ceux qui réalisent les émissions de télévision (les techniciens, les réalisateurs), de ceux qui présentent les émissions de radio ou de télévision (les animateurs) est demeurée, pendant de nombreuses années, très imprécise et lacunaire. Il a fallu attendre la montée en puissance des journalistes et des animateurs de l'audiovisuel pour que l'on commence à se pencher sur les pratiques des professionnels, sur leurs conceptions du métier et sur leurs parcours.

Des enquêtes de terrain ont depuis lors été conduites pour mieux appréhender leur comportement, les idées qui les animent et ainsi évaluer leur rôle au sein de diverses entreprises médiatiques. Le retard est aujourd'hui partiellement comblé, notamment à propos du milieu journalistique qui a fait l'objet de nombreux travaux ces dernières années : c'est la raison pour laquelle on y consacrera la majeure partie de ce chapitre. Quant aux autres métiers, leur connaissance demeure parcellaire : ce sont surtout les animateurs de télévision et les scénaristes de télévision ou de cinéma qui ont été étudiés et dans une moindre mesure, les dirigeants de chaînes et les réalisateurs[1].

Les professionnels des médias sont des acteurs de premier plan dont l'influence réelle outrepasse souvent la simple fonction de médiateur entre les médias et le public (les journalistes) ou de fabricant des messages diffusés (les producteurs, les réalisateurs). On l'a déjà observé, les journalistes en particulier sont aujourd'hui considérés comme des professionnels capables d'orienter le débat public et d'influer sur la vie politique. En outre, la médiatisation de quelques grandes figures du métier conduit à les assimiler à

1. L'accent sera mis, ici, sur le cas français : il va de soi que l'on pourrait facilement élargir l'étude à d'autres pays, notamment en ce qui concerne la sociologie des journalistes.

des vedettes à l'égal des stars de cinéma. Il en est de même pour certains animateurs et quelques patrons de chaîne. Cette minorité d'hommes et de femmes, à forte notoriété, ne doit pas cependant faire oublier la grande masse des anonymes que le grand public ignore, mais que le sociologue se doit d'étudier parce que leur travail conditionne le bon fonctionnement des journaux, des radios et des télévisions ou des sites en ligne.

Il est, en fait, assez malaisé d'évaluer avec précision le nombre exact de professionnels travaillant dans le domaine des médias et de la communication. On estime à environ 700 000 le nombre de personnes employées dans ce secteur (source Dares). Si ce chiffre est numériquement assez faible, il est en revanche symboliquement très important : le milieu professionnel des médias exerce sur les esprits une fascination certaine, entretenue par les médias eux-mêmes qui ne cessent de promouvoir leurs représentants les plus patentés à longueur d'articles dans les journaux ou d'interviews dans l'audiovisuel. Raison supplémentaire pour tenter de faire la part des choses et de mieux décrypter ce monde d'ombre et de lumière[1].

I. Les journalistes

A. Une identité sociale floue

On s'accorde généralement pour désigner Théophraste Renaudot comme le premier journaliste au sens moderne du terme. Fondateur en 1631 de *La Gazette*, il lança en quelque sorte le mouvement de la presse d'information en recueillant les nouvelles venues de la Cour, de Paris et de l'étranger, et en luttant contre les faux bruits par la quête de la vérité (les premiers journalistes salariés apparaissent véritablement en France au cours du XVIIIe siècle). Le terme lui-même de journaliste (qui remplace celui de « gazetier ») date de 1684[2]. Mais c'est la Révolution française et la reconnaissance du principe de la

1. On n'étudiera pas ici les professionnels de la communication (directeurs de communication, publicitaires, ou conseillers en communication) qui se servent des médias pour exercer leur activité, mais qui ne sont pas à proprement parler des professionnels des médias. La finalité de ces métiers est différente : ils sont au service d'un pouvoir (économique, politique) et mettent en œuvre des stratégies de persuasion fondées sur d'autres logiques.
2. C'est Pierre Bayle qui invente le terme : le journaliste est alors défini comme « l'auteur du journal », le « nouvelliste de la République des Lettres ». À la veille de la Révolution, le terme a presque remplacé celui de « gazetier ». Voir Gilles Feyel, *La Presse en France des origines à 1944. Histoire politique et matérielle*, Paris, Ellipses, 1999, p. 30 et 31.

liberté d'expression et d'opinion affirmée par la Déclaration des droits de l'Homme et du Citoyen (26 août 1789) qui posent véritablement les bases de cette profession aux multiples visages[1].

Depuis lors, elle n'a cessé d'œuvrer en faveur de la reconnaissance sociale : c'est probablement l'entre-deux-guerres qui constitue à cet égard la période la plus féconde et la plus dense en la matière. Elle est notamment marquée par la création en 1918 du premier syndicat de journalistes (le SNJ ou Syndicat national des journalistes), et en 1935 par l'élaboration de la loi sur le statut du « *journaliste professionnel* ». Les dispositions de la loi du 29 mars 1935 sont aujourd'hui codifiées, notamment à l'article L 761-2 C du Code du travail, qui stipule que « le journaliste professionnel est celui qui a pour occupation principale, régulière et rétribuée l'exercice de sa profession dans une ou plusieurs publications quotidiennes ou périodiques, ou dans une ou plusieurs agences de presse, et qui en tire le principal de ses ressources ». La loi du 29 juillet 1982 sur la communication audiovisuelle (modifiée par la loi du 21 juin 2004) précise que « les journalistes exerçant leur profession dans une ou plusieurs entreprises de communication au public par voie électronique ont la qualité de journaliste au même titre que leurs confrères de la presse écrite » : les journalistes travaillant en radio, à la télévision ou sur Internet sont donc également pris en compte.

Cette définition officielle du journaliste pose problème et témoigne de l'imprécision des contours de cette profession depuis l'origine. Comme le fait remarquer le juriste Emmanuel Derieux, rien n'est dit de ce en quoi consiste cette profession puisque la jurisprudence a simplement rajouté qu'il s'agit d'un travail intellectuel, avec effort créatif, en rapport avec l'actualité[2]. La définition est purement tautologique (le journaliste est celui qui exerce la profession de journaliste) et ne fait référence à aucun savoir ou savoir-faire particulier sanctionné par une formation ou par un diplôme ; à aucune compétence reconnue et contrôlée par des pairs : elle se contente de mentionner comme critère principal l'exercice du métier.

Cet unique dénominateur commun, pour le moins vague, explique en partie les raisons pour lesquelles le milieu journalistique français n'est pas un monde structuré, mais un *univers fluide, aux modes de gestion flous* : ainsi que l'a montré Denis Ruellan[3], la fermeture territoriale s'avère plus symbolique que réelle, plus imaginée qu'effective. L'accent mis, selon lui, par les journalistes eux-mêmes sur leur indépendance, sur les principes déontologiques qui les animent n'est souvent qu'un paravent qui masque la véritable réalité du marché qui évolue au gré de la conjoncture politique et économique.

---

1. Pour une histoire du journalisme, se reporter à Christian Delporte, *Histoire du journalisme et des journalistes en France*, Paris, PUF, « Que sais-je ? », n° 2926, 1995, et du même auteur, *Les Journalistes en France, 1880-1950. Naissance et construction d'une profession*, Paris, Le Seuil, 1999.
2. Emmanuel Derieux, *Le droit des médias*, Paris, Dalloz, 2013.
3. Denis Ruellan, *Le Professionnalisme du flou*, Grenoble, PUG, 2007. Du même auteur, *Les « pros » du journalisme*, Rennes, Presses universitaires de Rennes, 1997 et *Nous, journalistes. Déontologie et identité*, Grenoble, PUG, 2011.

Seule la Commission de la Carte d'Identité des Journalistes Professionnels (CCIJP), instituée en 1936, est aujourd'hui habilitée à délivrer une carte professionnelle qui, comme le souligne Michel Mathien, « est devenue, au fil des ans, le *signe* majeur, *quasi* unique de la reconnaissance professionnelle[1] ». Cette commission paritaire, composée pour moitié de représentants d'éditeurs, pour moitié de représentants de syndicats, ne dispose cependant d'aucun pouvoir de sanction des membres de la profession.

Définition tautologique et absence de fermeture[2] concourent à rendre l'identité sociale de cette profession floue. Le *Dictionnaire des professions*, dans son édition de 1880, notait déjà : « ce qui constitue une profession, c'est qu'on s'y prépare et que, cette préparation terminée, on l'embrasse, suivant l'expression usitée, avec l'intention et la presque certitude, sauf événement inattendu, de l'exercer toute sa vie… On est ingénieur même quand on est sans place ; on est médecin, avocat, même si l'on n'a pas de clients. Mais on n'est journaliste que quand on écrit dans un journal ; on le devient et on cesse de l'être du jour au lendemain. Pas d'apprentissage, ni de diplôme, ni de certificat… Le journalisme n'est pas une profession au sens habituel du mot ».

On pourrait ajouter aujourd'hui : « le journalisme n'est pas une profession au sens sociologique du mot » du moins si on le compare aux professions libérales telles que celles de médecin ou d'avocat qui se définissent par l'existence d'un savoir reconnu, d'un cursus d'études déterminé, d'un contrôle des pairs et d'une déontologie contraignante.

En revanche, il s'en approche si on retient les propositions d'Everett Hughes qui insiste sur le mandat social qui est le sien (informer le public) et sur les secrets d'initiés dont il est porteur[3]. En fait, le journalisme dont les contours sont incertains recouvre une pluralité d'activités et de situations qui n'ont jamais réussi à constituer un groupe homogène et unifié. Mêlant autonomie de pensée (d'où son caractère « libéral ») et contraintes du salariat, la profession demeure irrémédiablement ouverte et le restera puisque « les démocraties libérales ne reconnaissent jamais aux journalistes l'exclusivité de la liberté de parole », pour reprendre le constat de Francis Balle[4]. Leur professionnalisation sera donc toujours inachevée d'autant que le « flâneur salarié » est un être profondément individualiste.

Indice supplémentaire de cet état de fait : les journalistes ont toujours cherché des *modèles à l'extérieur de leur profession* : ainsi, par exemple, au cours de la deuxième moitié du XIXe siècle, le journalisme a souvent été, soit un refuge (pour un écrivain en mal de notoriété), soit un tremplin (pour obtenir des sinécures) ; en aucun cas une situation

1. Michel Mathien, *Les Journalistes*, Paris, PUF, « Que sais-je ? », n° 2976, 1995, p. 21.
2. Rappelons que l'on entre dans la profession aujourd'hui de trois manières : soit en se formant « sur le tas », c'est-à-dire par des stages sur le terrain sans aucune formation préalable ; soit par un cursus universitaire (très varié quant à la discipline suivie) et des stages ; soit par le passage dans l'une des quatorze écoles actuellement reconnues par la profession.
3. Everett Hughes, *Le Regard sociologique*, (textes présentés par Jean-Michel Chapoulie), Paris, Éditions de l'EHESS, 1996, chapitre 5 « Licence et mandat ».
4. Francis Balle, *Et si la presse n'existait pas…*, Paris, Jean-Claude Lattès, 1987, p. 101.

professionnelle noble et estimée. Que l'on songe à l'image du milieu telle qu'elle transparaît dans *Les Illusions perdues* de Balzac ou dans *Bel-Ami* de Maupassant : vénalité, cynisme, arrivisme, sont le lot commun du milieu et de ses protagonistes. Le modèle le plus prestigieux est donc celui de l'écrivain, de l'homme de lettres qui fascine tout « plumitif », et que celui-ci rêve d'imiter. On n'oubliera pas tous les journalistes qui, n'hésitant pas à sauter le pas, se sont lancés dans une carrière politique. Dès le départ, le journalisme a partie liée avec la littérature et la politique. Les choses ont-elles, somme toute, tellement changé depuis ? Rien n'est moins sûr.

D'autres modèles retiendront l'attention des journalistes au cours du XXe siècle. Celui de l'expert, disposant d'une compétence technique reconnue à l'instar du médecin ou d'autres membres des professions libérales ; ou celui de l'intellectuel, éclairant l'opinion par ses prises de position. Nul doute que la figure de l'écrivain et celle de l'intellectuel continuent à influencer aujourd'hui encore certains représentants de la profession. À preuve, le nombre de journalistes entamant en même temps une carrière d'auteur à succès et de directeur de journaux qui, à l'image d'un Jean Daniel (ancien directeur du *Nouvel Observateur*), d'un Jean-François Kahn (ancien directeur de *Marianne*), se définissent volontiers comme des journalistes intellectuels. Fascination d'ailleurs réciproque puisque des écrivains et des intellectuels de renom se sont lancés dans le journalisme : François Mauriac, Albert Camus, Jean-Paul Sartre, en constituent quelques exemples fameux.

Lorgnant tout au long de son histoire sur des modèles périphériques, la profession de journaliste ne se laisse par conséquent enfermer ni dans une définition toute faite, ni dans un espace social circonscrit. Dès lors, la formule souvent citée à son propos : « le journalisme mène à tout à condition d'en sortir » n'est-elle pas le reflet, non dénué de fondement, de cette ouverture vers l'extérieur, de cette porosité des frontières qui la caractérisent ?

Définition imprécise de la profession, absence de frontière clairement délimitée, professionnalisation inachevée, fascination pour des modèles extérieurs, sont autant d'indicateurs d'une identité sociale floue qui constitue, à n'en pas douter, l'un des traits caractéristique du journalisme hexagonal[1]. On ne sera donc pas surpris de constater qu'aujourd'hui encore, l'image des journalistes est brouillée aussi bien à l'extérieur qu'à l'intérieur de la profession elle-même.

En effet, l'identité sociale est toujours le résultat d'une construction ininterrompue, d'une espèce de négociation entre d'un côté « l'identité réelle » c'est-à-dire l'intériorisation de ce que l'on souhaite être, et de l'autre « l'identité virtuelle », celle qui est attribuée par autrui. La transaction qui s'instaure entre l'identité réelle (pour soi) et l'identité virtuelle (pour autrui) est le principe moteur de la formation d'une identité sociale

1. Voir, à ce sujet, Michel Mathien et Rémy Rieffel (sous la direction de), *L'Identité professionnelle des journalistes*, Strasbourg, Alphacom/Cuej, 1995.

donnée. Dans le cas des journalistes, l'image qu'ils donnent d'eux-mêmes et l'image que leur accole le public ne coïncident guère : cette discordance accentue sans conteste le caractère indécis de leur identité sociale. Plusieurs illustrations peuvent en être données.

Plaçons-nous d'abord du côté de « *l'image pour autrui* », autrement dit des représentations du journalisme que se forge le public. Celles-ci reposent d'abord sur une imagerie d'Épinal du métier, une « mythologie[1] » du journaliste vu à travers la figure du grand reporter, aventurier des temps modernes (à l'image de Tintin dans la bande dessinée), ou celle de l'éditorialiste portant des jugements autorisés sur l'actualité. Cette image stéréotypée du journaliste ne correspond guère, on s'en doute, à la réalité beaucoup plus prosaïque du métier. Ces représentations s'appuient ensuite sur la logique du vedettariat médiatique impulsée par la personnalisation de l'information à la télévision et relayée par les magazines spécialisés. La notoriété dont jouissent quelques grands présentateurs des journaux télévisés et autres journalistes du petit écran, laisse évidemment dans l'ombre la masse des anonymes. Elles prennent enfin la forme d'un mouvement de défiance à son égard. Tous les sondages, publiés régulièrement depuis près d'une trentaine d'années sur l'image des journalistes en France, montrent en effet que leur crédibilité est très fragile. L'un des points clés est celui de leur indépendance à l'égard du pouvoir politique et du pouvoir de l'argent : de manière quasi constante, autour de 60 % des Français doutent de leur autonomie à leur égard. Cette opinion majoritaire remet fortement en cause l'image de la profession au sein de la société française[2]. De telles données, mythologie du métier, vedettariat médiatique, problème de crédibilité prouvent, s'il en était besoin, que « l'image pour autrui » des journalistes est fondamentalement ambivalente, à la fois idéalisée et distanciée.

Portons-nous à présent du côté de « *l'image pour soi* », autrement dit des représentations que les journalistes donnent d'eux-mêmes. Ce qui frappe, c'est d'abord l'ambiguïté de leur statut qui fait partie, selon eux, de l'originalité de leur métier. Partagés entre l'observation des règles organisationnelles de l'entreprise qui les emploie et le respect des normes professionnelles qui mettent l'accent sur l'indépendance de pensée et d'expression, ils ont le sentiment d'une double affiliation : d'appartenir à l'entreprise et d'être membres d'une profession.

La dualité se retrouve également dans leur conception du métier. Les enquêtes réalisées sur le milieu démontrent qu'ils oscillent dans leurs propos, entre l'image du technicien et l'image de l'artiste. Le technicien, parce qu'ils développent une rhétorique professionnelle fondée sur l'acquisition d'une compétence, d'un savoir et d'un savoir-faire. Ils se conçoivent comme des individus aptes à vulgariser : le professionnel type est décrit comme un pédagogue, une courroie de transmission et éventuellement un commentateur de l'actualité. L'artiste, parce qu'ils ne se reconnaissent pas uniquement dans

1. Voir Jacques Le Bohec, *Les Mythes professionnels des journalistes*, Paris, L'Harmattan, 2000.
2. Sur les malentendus entre les journalistes et le public, lire Jean-Marie Charon, *Les Journalistes et leur public : le grand malentendu*, Paris, Vuibert, 2007.

l'image du technicien, mais aussi dans celle du saltimbanque (opposé au géomètre), du dilettante curieux de tout, avide de sensations inédites, défricheur de terres nouvelles, misant sur le flair et l'intuition. Cette représentation du métier déteint enfin sur la perception qui est la leur, du milieu journalistique lui-même. Ils ont conscience d'évoluer dans un secteur très concurrentiel, fort peu homogène, à l'individualisme très marqué. La solidarité et l'esprit de corps affichés par le milieu à l'extérieur ne sont souvent qu'une apparence trompeuse. « L'image pour soi » des journalistes apparaît au final comme celle d'un milieu partagé entre plusieurs représentations antagonistes, de plus en plus hétérogène et morcelé.

Point n'est besoin de longue démonstration pour s'apercevoir que « l'image pour autrui » et « l'image pour soi » ne se recouvrent guère. Le décalage entre la perception du public et celle des professionnels des médias est tel que l'écart qui les sépare semble difficile à combler. Il confirme, en tout état de cause, que si la reconnaissance des journalistes par les pouvoirs publics en tant que corps professionnel est avérée (dispositions de la loi intégrées au Code du travail, existence d'une Convention collective nationale), leur reconnaissance par la société en tant que profession à part entière demeure en suspens.

Faute de critères objectifs et universels, le journaliste est « celui qui se qualifie comme tel et à qui la société reconnaît le droit d'attribuer ce label[1] ». La permanence d'une identité sociale floue n'est-elle pas en fin de compte le signe, tantôt d'une réelle assise professionnelle (le flou est en quelque sorte productif), tantôt d'une certaine faiblesse de sa légitimité culturelle (le flou génère des représentations erronées) ?

B. La morphologie de la population

Le milieu journalistique ne souffre pas seulement d'une indistinction originelle, mais aussi d'un manque d'unité du strict point de vue de son profil sociodémographique : c'est une « famille éclatée ». Sa croissance n'en a pas moins été, au cours de la seconde moitié du XXe siècle, remarquable : 9 990 journalistes en 1965, 11 943 en 1970, 16 619 en 1980, 26 614 en 1990, 33 314 en 2000, 37 007 en 2010, mais plus que 36 317 en 2014. La population journalistique française a quasiment été multipliée par deux au cours des années 1980-2000, mais la crise économique est passée par là et depuis quelques années, les effectifs n'augmentent plus guère : ils ont même tendance à diminuer[2].

1. Selon la formule de Francis Balle, *Médias et sociétés*, Paris, Montchrestien, 9e édition, 1999.
2. La croissance s'était déjà ralentie un peu avant 2000 : elle était de 32,2 % entre 1981 et 1990, elle n'était plus que de 18,8 % entre 1990 et 1999. Voir Rémy Rieffel, « La profession de journaliste entre 1950 et 2000 », *Hermès*, n° 35, 2003, p. 49-60.

Précisons toutefois que ces chiffres ne prennent en compte que les titulaires de la carte professionnelle : tous ceux qui exercent ce métier sans en être détenteurs n'apparaissent pas dans les statistiques officielles. Il faut donc procéder à une lecture « en creux » des données qui vont suivre en ayant conscience qu'elles ignorent le poids des correspondants locaux, des pigistes sans carte, de certains collaborateurs ponctuels des journaux, des nombreux stagiaires aspirants-journalistes, etc. qui contribuent eux aussi à la production de l'information.

On dispose, pour l'exemple français, de plusieurs études précises, la première réalisée à partir d'un échantillon représentatif de journalistes en 1990, la deuxième à partir de la totalité de la population journalistique au 31 décembre 1999 (titulaires de la carte « 1999 ») et la troisième à partir des titulaires de la carte 2012[1]. Dans les trois cas de figure, les chercheurs ont pu travailler à partir des dossiers de la Commission de la Carte d'Identité des Journalistes Professionnels. Que constate-t-on, lorsqu'on observe l'évolution récente de la profession[2] ?

Longtemps misogyne, réservée très majoritairement aux hommes, la profession *se féminise* progressivement. Les femmes représentaient en 1990 une peu plus de 33 % de la population journalistique ; en 1999, près de 40 % (39,6 % exactement) ; en 2012, elles en constituaient 45,4 %. De plus en plus de jeunes femmes souhaitent entrer dans le métier et accèdent à des qualifications réservées jusque-là aux hommes comme celle, par exemple, de grand reporter à la télévision, ou occupent parfois une fonction hiérarchique élevée comme celle de chef de service. Même si leur situation professionnelle[3] n'est pas encore l'équivalent, comme on le verra, de celle des hommes, le mouvement est fortement amorcé : les femmes sont depuis 2004, majoritaires à l'entrée dans la profession.

Deuxième caractéristique : après avoir fortement rajeuni, *la profession a tendance à vieillir*. En 2012, la tranche d'âge la plus fréquente est celle des 36/45 ans alors qu'en 1999 elle se situait à 31/40 ans. Les femmes sont globalement plus jeunes que les hommes : la

1. La première étude a été réalisée par l'Institut français de presse (Paris II), *Les Journalistes français en 1990 : radiographie d'une profession*, Paris, La Documentation française, 1992. La deuxième a été menée par l'IFP (Paris II) et le CRAP (IEP Rennes). Elle a donné lieu à deux publications distinctes : d'une part, Valérie Devillard, Marie-Françoise Lafosse, Christine Leteinturier, Rémy Rieffel, *Les Journalistes français à l'aube de l'an 2000. Profils et parcours*, Paris, Éditions Panthéon-Assas, 2001 ; d'autre part, CRAP/DDM, *Devenir journalistes. Sociologie de l'entrée sur le marché du travail*, Paris, La Documentation française, 2001. La troisième a été effectuée sous la direction de Christine Leteinturier (IFP) et publiée sous le titre *Les journalistes français et leur environnement : 1990-2012. Le cas de la presse d'information générale et politique*, Paris, Éditions Panthéon-Assas, 2014.
2. Les données qui suivent sont tirées de l'étude de Christine Leteinturier (sous la direction de) *Les journalistes français et leur environnement : 1990-2012, op. cit.* En complément, on peut également se reporter aux enquêtes menées par l'Observatoire des métiers de la presse qui publie régulièrement des études statistiques sur les journalistes encartés.
3. Pour une étude qui questionne la dimension de genre du journalisme, voir Béatrice Damian, Cégolène Frisque, Eugénie Saitta (sous la direction de) ; *Le journalisme au féminin. Assignations, inventions, stratégies*, Rennes, Presses Universitaires de Rennes, 2010.

répartition par sexe montre que la proportion d'hommes est plus importante à partir de 41 ans, alors qu'en dessous de ce seuil, les femmes sont plus nombreuses, notamment dans la tranche d'âge des 26/40 ans.

Troisième caractéristique : contrairement à une idée longtemps répandue, les journalistes sont *de plus en plus diplômés*. Beaucoup d'entre eux ont acquis un niveau universitaire élevé et suivi des cursus en information/communication, en lettres et arts, en droit ou sciences politiques, en sciences humaines et sociales. Les nouveaux entrants dans la profession ont souvent un diplôme de niveau Bac +3, Bac +4, voire Bac +5. Ceux qui ne possèdent pas le Bac sont de plus en plus minoritaires dans la profession. Preuve supplémentaire de l'élévation du niveau général, le nombre de diplômés des écoles professionnelles reconnues augmente régulièrement : ces derniers représentaient 9,8 % de l'échantillon de 1990, 12 % de la population des journalistes en 1999 et 16,4 % en 2012[1]. Cette évolution accrédite l'idée selon laquelle les professionnels des médias disposent aujourd'hui d'une meilleure maîtrise de leurs sujets qu'auparavant, sont capables d'argumenter plus efficacement leurs propos face à leurs interlocuteurs (du monde politique, économique, etc.), et de développer un savoir indigène qui peut parfois mettre à mal celui de certains experts.

Quatrième trait saillant : *la part des « précaires »*, c'est-à-dire travaillant en CDD ou « pigistes » (journalistes indépendants, rémunérés en fonction du nombre et du volume de leurs contributions), a eu tendance à croître durant les années 1990-2015. Elle était de près de 14,8 % en 1990, elle se situait à 18,6 % en 1999 et à 21,8 % en 2012. Cette augmentation des journalistes au statut professionnel fragile illustre les transformations du marché du travail de plus en plus soumis aux aléas de la crise économique. « Cette armée de supplétifs et d'auxiliaires[2] » travaille souvent dans des conditions difficiles et représente une main-d'œuvre à bon marché. L'augmentation de leur nombre tient aussi à la recherche de rentabilité et d'efficacité maximales promue par les responsables des médias qui ont mis au point une gestion managériale de leur entreprise. Les conséquences en sont tout aussi évidentes : fragilité de l'emploi, malléabilité individuelle, inégalités salariales, etc. Le taux de chômage dans la profession, officiellement déclaré, ne confirme toutefois pas cette tendance lourde : il se situe, selon la Commission de la Carte, autour de 4,5 %[3].

1. La part des journalistes issus d'une école de journalisme (reconnues et non reconnues) a tendance à fortement augmenter lorsqu'on observe les seuls nouveaux entrants dans la profession. Elle était de 33,3 % en 1990, de 47,9 % en 1998 et de 60 % en 2008
2. Alain Accardo *et alii*, *Journalistes précaires*, Bordeaux, Le Mascaret, 1998, p. 19. Pour une étude détaillée de la précarisation des journalistes, lire Cégolène Frisque « Multiplication des statuts précaires et (dé)structuration de l'espace professionnel », in *Sur le journalisme*, vol. 2, n° 2, 2013, p. 78-93. http://surlejournalisme.com
3. Ce chiffre est à prendre avec précaution parce que certains journalistes hésitent à déclarer qu'ils sont au chômage et parce que la Commission de la Carte les classe dans la catégorie des pigistes dès lors qu'ils fournissent un volume de piges significatif.

Cinquième point fort : le nombre des *journalistes « cadres »* autrement dit ceux qui exercent des responsabilités rédactionnelles, de gestion (les chefs de service, les directeurs de rédaction, d'antenne, etc.) ou qui jouissent d'une autonomie rédactionnelle forte (les éditorialistes, les grands reporters) est élevé. Dans certains médias, en effet, les « chefs » sont très nombreux tout simplement en raison de l'existence de strates successives de nomination et de la pratique de mises au placard dorées (notamment dans l'audiovisuel public). Quoi qu'il en soit, les femmes occupent plus fréquemment une position de « base » que de « cadre » : l'inégalité, en ce domaine, persiste même si l'écart se réduit peu à peu.

Sixième caractéristique : la distribution des journalistes français par *grandes catégories de médias* évolue depuis quelques années en raison notamment de l'augmentation du nombre de chaînes de télévision et de l'essor du Web. En 1990, le premier secteur d'emploi était constitué par la presse écrite (près de 75 %), suivi de la télévision (9,5 %), des agences (7,8 %) et de la radio (7,5 %). En 1999, l'ordre de préséance avait peu changé, mais les emplois à la télévision occupaient une place plus importante en raison de la création de nouvelles chaînes thématiques notamment. En 2012, la presse écrite arrive toujours nettement en tête, mais a tendance à diminuer (63,8 %), suivie de la télévision (16,2 %), puis de la radio, des agences et du Web. C'est la presse magazine qui embauche le plus de journalistes (en particulier la presse spécialisée grand public), loin devant la presse quotidienne : la France, rappelons-le, est l'un des pays où la presse périodique est la plus développée[1]. Ajoutons que, globalement, les femmes demeurent proportionnellement plus nombreuses en presse écrite et que les hommes le restent, quant à eux, en télévision.

Septième particularité : les journalistes français se concentrent, à une assez forte majorité, dans *la région parisienne*. En effet, pas loin de 59 % des journalistes résidant en France sont installés en Ile-de-France et un peu plus de 41 % en régions (notamment en Rhône-Alpes, en Provence/Alpes/Côte d'Azur). Cette concentration autour de Paris s'explique bien évidemment par la localisation du siège des grandes rédactions à audience nationale dans la capitale et dans sa proche banlieue. Elle témoigne, à plus d'un titre, d'une originalité typiquement hexagonale : à l'inverse de l'Allemagne ou même des États-Unis, les journalistes français vivent dans un espace géographique très circonscrit, sont très proches de la plupart des centres de décision politique, économique et culturel. Cette proximité favorise sans aucun doute les liens entre l'élite journalistique et l'élite dirigeante française tels que nous avons pu les observer à travers leurs réseaux de sociabilité très étroits et encourage le mimétisme dont ils font preuve[2].

1. Voir Pierre Albert et Nathalie Sonnac, *La Presse française au défi du numérique*, *op. cit.*, 2014, notamment le chapitre sur les périodiques non quotidiens p. 153-167.
2. Rémy Rieffel, *L'Élite des journalistes*, Paris, PUF, 1984.

Dernière caractéristique : *la rémunération* des journalistes est très variable selon les statuts[1]. Entre 2003 et 2013, le revenu médian d'un journaliste a augmenté pour les CDI, est resté stable pour les pigistes et a nettement diminué pour les CDD. Il est passé, pour les salariés en CDI, de 3 294 euros à 3 448 euros ; pour les pigistes, de 1 951 euros à 1 959 euros et pour les salariés en CDD, de 2 302 euros à 2 000 euros. On constate donc des disparités fortes à l'intérieur du milieu : la plus frappante est l'inégalité de revenus non négligeable entre journalistes femmes et journalistes hommes. Le déclassement salarial des femmes s'explique par un certain nombre de facteurs : les femmes journalistes sont, dans l'ensemble, plus jeunes et donc moins avancées dans la carrière ; elles sont plus souvent pigistes que les hommes et un certain nombre d'entre elles travaillent à temps partiel. On ne sera pas surpris de constater également une forte disparité de revenus entre journalistes salariés et journalistes pigistes : ces derniers gagnent parfois péniblement entre 700 à 1 000 euros par mois et éprouvent de grosses difficultés pour exercer leur métier dans des conditions favorables. Il ne faut donc pas se laisser induire en erreur par les salaires mirobolants de quelques vedettes du petit écran ou de quelques grands patrons de presse : ces derniers ne constituent qu'une petite frange, certes à forte visibilité, mais peu représentative de la profession.

Le bilan de cette description du profil sociologique des journalistes en France[2] est donc clair : le milieu recouvre une grande diversité de situations personnelles, une forte disparité de statuts et de conditions de travail. La variété des univers journalistiques témoigne une fois de plus de l'hétérogénéité du milieu, du contraste existant entre les différentes formes d'exercice du métier dont il s'agit à présent de saisir l'exacte mesure en plongeant dans l'univers des pratiques professionnelles.

C. Les pratiques professionnelles

Il ne suffit pas de décrire les propriétés sociales des journalistes pour saisir les spécificités de cette profession : l'étude des modalités concrètes de travail, des méthodes de sélection et de production de l'information s'impose également. En ce domaine, l'approche sociologique se situe à plusieurs niveaux : celui d'abord de la « *sphère subjective* » des journalistes, c'est-à-dire la connaissance de leurs motivations, de leur perception de rôle ; celui ensuite de la « *sphère productive* » proprement dite, c'est-à-dire l'étude des conditions de travail et des routines professionnelles qui président à la fabrication de l'information ; celui enfin de ce qu'on pourrait appeler la « *sphère extérieure* », c'est-

1. On s'appuie ici sur les données fournies par l'Observatoire des métiers de la presse, *Les journalistes détenteurs de la carte de journaliste professionnel en 2013*.
2. Ce bilan demeure, malgré tout, incomplet, dans la mesure où l'on ne dispose pas de données fiables sur les origines sociales des journalistes. Un certain nombre d'enquêtes ponctuelles laissent néanmoins supposer qu'ils sont majoritairement issus d'un milieu social favorisé (père cadre supérieur, membre d'une profession libérale, davantage qu'employé, agriculteur ou ouvrier).

à-dire l'analyse des relations des journalistes avec leurs sources (en amont) et avec leur public (en aval). Le deuxième niveau d'analyse a sans aucun doute produit le plus grand nombre de travaux à l'heure actuelle parce qu'il apparaît comme le nœud de toute compréhension du processus de construction de l'information et parce qu'il renvoie à une tradition de recherche amplement développée à l'étranger, en particulier aux États-Unis. On se bornera donc ici à recenser les principaux résultats des études françaises sur le sujet en mentionnant au passage quelques acquis des recherches anglo-saxonnes.

1/ La « sphère subjective »

Elle part du principe que la façon dont ces derniers se perçoivent est un élément important de leur comportement professionnel qui rejaillit à des degrés divers sur le contenu de l'information produite et diffusée. On s'attache donc à saisir, d'un côté, les attentes et les motivations des journalistes ; de l'autre, leur perception de rôle, voire leurs valeurs partagées, les principes déontologiques allégués, les normes professionnelles en vigueur, ce que les Anglo-Saxons appellent « *standards of reporting practice* ». Ces dimensions particulières du comportement des professionnels des médias n'ont d'intérêt et de sens que si elles sont resituées dans le contexte précis dans lequel ils évoluent sous peine de tomber dans une forme de psychologisme réducteur. Le risque d'un tel écueil explique probablement les raisons pour lesquelles la sociologie des journalistes s'est peu intéressée en France à ce phénomène contrairement, par exemple, à l'Allemagne où ce courant de recherche est développé.

On a vu, à propos de l'identité floue du milieu, quelle était l'image que les journalistes donnaient d'eux-mêmes (« image pour soi ») : partagés entre la figure du technicien et celle de l'artiste, entre la référence à la collectivité professionnelle et à l'entreprise qui les emploie, ils n'en promeuvent pas moins une conception du journaliste comme médiateur, courroie de transmission, plutôt qu'interprète de la réalité.

On a ainsi pu montrer dans les années 1990 que cette conception du métier les distingue assez nettement de leurs confrères étrangers[1]. Reprenant une distinction classique proposée par deux chercheurs américains David Weaver et Cleveland Wilhoit, entre les valeurs d'antagonisme (se poser en adversaire des pouvoirs), de diffusion (donner rapidement des informations et privilégier celles qui intéressent la majorité du public), d'interprétation (analyser et interpréter les questions difficiles), l'auteur de

1. Analyn McMane, « Vers un profil du journalisme "occidental" », *Réseaux*, n° 51, 1992, p. 67-74, et du même auteur « L'indépendance et le journaliste. Comparaison France/États-Unis », *Médiaspouvoirs*, n° 26, avril/juin 1992.

cette enquête comparative notait que les journalistes français de la presse écrite mettent davantage l'accent sur les valeurs de diffusion que leurs homologues américains et qu'ils soutiennent moins que ces derniers les valeurs d'interprétation[1].

Il est d'ailleurs très difficile de discerner le principe d'unification autour duquel, en France, la profession se retrouve. On est allé jusqu'à dire que ni les connaissances acquises, ni la maîtrise des moyens techniques, ni les principes déontologiques ne permettent de définir leur identité, et que seul leur rapport au terrain constitue une valeur partagée par les journalistes français. En tout état de cause, il existe bel et bien des différences culturelles liées au contexte, au pays dans lequel on exerce le métier, qui expliquent certaines disparités de conception de rôles. On a ainsi pu montrer que les journalistes allemands, par exemple, se conçoivent comme des « missionnaires », des professionnels très souvent engagés et partisans, tandis que les journalistes anglais se perçoivent plutôt comme des « détectives », des chasseurs d'information, désireux de pratiquer le reportage neutre et objectif.

Les chercheurs américains sont particulièrement sensibles à cette approche comparative à propos de la « sphère subjective », et procèdent volontiers à l'élaboration de grilles d'analyse très minutieuses avec une batterie de questions qui évaluent le degré de satisfaction au travail, l'éthique professionnelle, la conception du métier, etc.[2]. Bien que non dénué d'intérêt puisqu'il s'agit de comprendre ce que les pratiques professionnelles doivent aux perceptions subjectives du rôle, ce type d'étude où l'on pose les mêmes questions à des journalistes de culture dissemblable, demeure cependant trop indifférent aux variations contextuelles (certaines questions n'ont guère de sens dans certains pays et ne sont pas transposables telles quelles).

Leur mérite est toutefois d'avoir mis en lumière l'influence des critères personnels dans le travail de sélection de l'information : élément qu'avait déjà pointé un pionnier en la matière, David White, dans une étude classique publiée en 1950 sur ce qu'il dénommait le « *gate-keeper* », c'est-à-dire le sélectionneur d'informations. Observant le travail d'un rédacteur de dépêches d'un journal du Midwest qui lit les dépêches d'agences, les re-rédige éventuellement ou les rejette, il s'était demandé quels étaient les critères de ses choix. En examinant minutieusement les dépêches retenues et celles qui étaient jetées au panier, David White s'était rendu compte que la part de subjectivité était forte et sou-

1. Nous avions déjà pu observer cette tendance à combattre l'image du journaliste comme « commentateur » et « interprète » dans notre étude sur l'élite des journalistes. Beaucoup d'entre eux considéraient que l'hypertrophie du commentaire est une tare qu'il faut combattre. Voir Rémy Rieffel, *L'Élite des journalistes*, *op. cit.*, p. 180 et 181. Aux États-Unis, Herbert Ganz, étudiant les journalistes de *Newsweek*, du *Time*, des chaînes de télévision *CBS* et *NBC*, explique pour sa part que certaines valeurs prônées par ces derniers renvoyaient à l'idéal du chien de garde et à une longue tradition de méfiance des journalistes américains à l'égard du pouvoir. Voir Herbert Ganz, *Deciding what's news*, 1re édition 1979, New York, Vintage Books, 1980, en particulier les chapitres 2 et 6.
2. On en trouvera une illustration dans un ouvrage collectif qui procède à une comparaison internationale très étendue (33 pays) *in* David Weaver, Lars Willnat, *The Global Journalist in the 21st Century*. London, Routledge, 2012.

vent décisive. Le journaliste agit en fonction de ses conceptions personnelles à propos de ce qui fait la qualité et l'intérêt d'une nouvelle : « la sélection des nouvelles est en réalité subjective ne reposant que sur des jugements de valeur, fondés sur les propres expériences, attitudes et attentes du sélectionneur[1] » concluait-il. Depuis lors, de nombreuses recherches ont toutefois relativisé la part de subjectivité dans l'activité journalistique et insisté sur le poids de plus en plus important des règles et formats d'écriture, notamment dans les agences ou les radios et télévisions d'information en continu. Derrière les jugements personnels, il y a également une logique organisationnelle et éditoriale qui conditionne fortement le travail des journalistes.

2/ La « sphère productive »

Elle se situe à la croisée de la sociologie des médias et de la sociologie du travail. Elle consiste à comprendre comment se nouent les relations de travail au sein de l'entreprise de presse ou de l'entreprise audiovisuelle, à saisir la marge de manœuvre dont dispose chaque journaliste par rapport à l'organisation interne et par rapport aux contraintes externes (pressions des annonceurs, influence des sources d'information, etc.), à évaluer le poids de la concurrence et au final à appréhender les effets des routines professionnelles sur la confection de l'information. C'est une approche qui a nourri un important courant de recherche anglo-saxon[2], et qui a suscité un certain nombre de travaux en France.

Deux tendances s'affrontent au sein d'une entreprise médiatique, selon Jeremy Tunstall[3] : celle incarnée d'une part, par les « *gatherers* », ceux qui collectent l'infor-

1. David White, « The "gate-keeper" le sélectionneur : étude sur la sélection des nouvelles », reproduit *in* Francis Balle et Jean-Gustave Padioleau, *Sociologie de l'information*, Paris, Larousse, 1973, p. 204. Dix-sept ans plus tard, un autre chercheur américain, Paul B. Snider, a renouvelé cette étude avec le même journaliste et a constaté de légères modifications dans le choix des nouvelles. Voir Paul B. Snider, « Nouvelle visite au sélectionneur : version 1966 de l'étude de cas de 1949 », reproduit *in* Francis Balle et Jean-Gustave Padioleau, *op. cit.*
2. Pour ne citer que les plus importants (outre celui de Herbert Ganz déjà mentionné) : Gay Tuchman, *Making News. A Study in the Construction of Reality*, New York, The Free Press, 1978, Mark Fishman, *Manufacturing the News*, Austin, University of Texas Press, 1980. Ce courant de recherche considère qu'il convient d'étudier les organisations et non pas les individus en tant que tels, pour comprendre la production des nouvelles : cette dernière est une construction sociale de la réalité et non pas une donnée brute. On essaie de saisir comment les efforts des journalistes sont « contraints » par les routines organisationnelles et professionnelles. Les études anglo-saxonnes qui mettent l'accent sur la production des nouvelles comportent deux autres courants de recherche qui ne seront ici que mentionnés : l'approche en termes « d'économie politique des nouvelles » qui relie le processus de fabrication de l'information à la structure économique de la société et « l'approche culturaliste » qui insiste sur le poids du système symbolique, de la culture, dans l'écriture journalistique. Pour de plus amples informations sur ces trois types d'approche (« organisation sociale », « économie politique », « culturaliste »), lire Michael Schudson, « The sociology of news productions revisited » *in* James Curran and Michael Gurevitch, *Mass Media and Society*, Edward Arnold, 1992, p. 141-159.
3. Jeremy Tunstall, *Journalists at Work*, London, Constable, 1971.

mation, et celle représentée d'autre part par les « *processors* », ceux qui transforment et présentent l'information. Les premiers sont essentiellement tournés vers l'extérieur, vers les sources et sont engagés dans un processus non routinier, c'est-à-dire une tâche peu monotone et souvent imprévisible comme la vérification de l'authenticité des nouvelles, leur sélection et leur commentaire. Reporters, rédacteurs, enquêteurs, éditorialistes appartiennent à cette catégorie de journalistes même si une partie de leur travail s'exerce dans la rédaction (*desk*). Les seconds sont davantage soumis à un processus routinier, une tâche quelque peu répétitive puisqu'ils doivent mettre en forme l'information, réécrire les articles et sont tournés vers l'audience (mise en page, confection de la « une », présentation du journal télévisé). Secrétaires de rédaction, chefs d'édition, présentateurs appartiennent à cette catégorie.

La distinction entre les deux types de pratique mérite d'être soulignée : on constate en effet que le déséquilibre entre journalistes dits « debouts » et journalistes dits « assis » s'accroît de plus en plus au profit des journalistes demeurant dans la rédaction, travaillant au moyen du téléphone et d'Internet, utilisant majoritairement les dépêches sur écrans d'ordinateur, les alertes sur leur smartphone, les échanges sur Twitter et les réseaux sociaux[1]. L'essor des outils numériques encourage en effet cette sédentarité des journalistes de plus en plus dépendants de la logique de l'information en continu et en direct.

L'étude sociologique de la *sphère productive*, se partage, en France du moins, en trois courants de pensée et de recherche.

a) L'approche organisationnelle

L'étude comparative du fonctionnement de la rédaction du *Monde* et du *Washington Post* conduite il y a une trentaine d'années par Jean-Gustave Padioleau[2] s'inscrit dans cette approche qui s'inspire de la sociologie des organisations et de l'analyse stratégique[3]. Elle a permis de mettre au jour l'importance de deux logiques à l'œuvre dans toute entreprise médiatique : d'un côté ce qu'il dénomme la « rationalité utilitaire, instrumentale » ; de l'autre la « rationalité normative ». L'entreprise est en effet d'abord une organisation qui, pour atteindre les buts qu'elle se fixe, procède à la division du travail, à la distribution des tâches et à la répartition de l'autorité. Elle vise l'efficacité, la maximisation de l'audience, la recherche de revenus publicitaires. Il faut donc penser l'articulation entre les journalistes et l'entreprise en se fondant sur une analyse des ressources mobilisables par chacun, des capacités stratégiques des différents acteurs, des

1. Voir « Journalisme et réseaux socionumériques », *Sur le Journalisme*, vol. 4, n° 1, 2015, en particulier Josiane Jouët et Rémy Rieffel, « La sociabilité des journalistes sur Twitter : entre performativité, ambivalence et multidimensionnalité », p. 18-33. http://surlejournalisme.com
2. Jean-Gustave Padioleau, *Le Monde et le Washington Post*, Paris, PUF, 1985.
3. Voir les travaux sur la sociologie des organisations et de l'analyse stratégique réalisés par Michel Crozier et Erhard Friedberg.

rapports de pouvoir dont l'origine est à la fois organisationnelle et culturelle. L'entreprise est ensuite une institution qui se donne des missions, qui défend souvent des valeurs, des principes, brigue l'honneur, non seulement d'informer, mais de participer au bon fonctionnement de la démocratie. Tiraillée entre ces deux rationalités, entre contraintes et autonomie, elle s'adapte tant bien que mal à son environnement et maintient une ligne d'action, fruit d'ajustements successifs. On peut de la sorte étudier la confrontation entre les objectifs commerciaux et les visées intellectuelles d'un journal du type *Le Monde* ou *France-Soir*, mais aussi d'une station de radio ou d'une chaîne de télévision. Rares sont cependant les recherches publiées en France à partir de cette approche organisationnelle et institutionnelle des médias[1].

b) L'approche compréhensive

Une autre manière de saisir *la sphère productive* consiste à pratiquer une « *sociologie compréhensive* » du travail journalistique à l'instar de Cyril Lemieux qui a étudié les journalistes du *Monde*, la rédaction de *Sud-Ouest*, les coulisses d'une émission politique à la télévision sur *France 2*[2]. Rattachant son analyse au processus de démocratisation et à celui d'extension du capitalisme dans le monde moderne, il considère que le journalisme doit être compris à partir de ces deux processus et d'un modèle de description sur lequel on puisse fonder une critique interne (et non pas externe) du travail journalistique. S'intéresser aux mondes vécus par les individus, décrypter de l'intérieur les situations réelles, reconstituer les raisons et les intentions d'agir des journalistes : tels sont les buts poursuivis par ce type d'approche qui s'intéresse davantage aux valeurs défendues par les individus qu'à leurs intérêts. Le modèle général de l'action proposé repose sur les travaux menés en France par Luc Boltanski et Laurent Thevenot[3], qui insistent notamment sur la « grammaire » mise en œuvre par les individus c'est-à-dire l'ensemble des règles à suivre pour agir d'une façon suffisamment correcte aux yeux des autres partenaires.

On tentera donc de proposer des critiques constructives du milieu journalistique en faisant appel au sens de « la justice » des journalistes puisque ces derniers n'ignorent pas que de nombreuses contraintes contradictoires pèsent sur eux. On essayera également de préciser quelles sont les forces qui limitent les possibilités qu'ont les professionnels des médias de respecter la « grammaire publique », avec le dessein de modifier éventuellement les pratiques existantes puisque les journalistes sont souvent accusés de tromperie, de voyeurisme, de superficialité, voire de collusion. Cette sociologie « compréhensive »

---

1. Ces recherches s'intègrent également, dans une certaine mesure, dans l'approche systémique telle qu'elle a été proposée par Michel Mathien, *Les Journalistes et le système médiatique*, Paris, Hachette, 1992. Du même auteur, voir *Les Journalistes. Histoire, pratiques et enjeux*, Paris, Ellipses, 2007.
2. Cyril Lemieux, *Mauvaise presse. Une sociologie compréhensive du travail journalistique et de ses critiques*, Paris, Métailié, 2000 ainsi que Cyril Lemieux (sous la direction de), *La subjectivité journalistique*, Paris, éditions de l'EHESS, 2010.
3. Voir Luc Boltanski et Laurent Thévenot, *De la justification. Les économies de la grandeur*, Paris, Gallimard, 1991.

souhaite par conséquent contribuer, non seulement à mieux connaître les modalités de travail des journalistes, mais aussi à changer leur regard et leurs manières de faire à propos de l'actualité.

c) L'approche objectiviste et relationnelle

Les deux précédentes approches (organisationnelle et compréhensive) ne satisfont guère les partisans d'une autre posture sociologique, celle que l'on pourrait appeler « *objectiviste* » ou « *relationnelle* » de la réalité sociale et qui a produit sans nul doute le plus grand nombre de travaux sur le journalisme ces dernières années en France. S'appuyant sur les travaux de Pierre Bourdieu, les sociologues appartenant à cette mouvance considèrent qu'il convient de penser la profession en termes de « champ journalistique », autrement dit comme un milieu autonome qui a ses lois propres et qui est défini par sa position dans la société. Pour prendre un exemple, comprendre ce qui se passe à *TF1*, c'est prendre en compte tout ce que cette chaîne de télévision doit au fait qu'elle est située « dans un univers de relations objectives entre les différentes chaînes de télévision qui sont en concurrence, mais une concurrence définie dans sa forme, de façon invisible, par des rapports de forces non perçus qui peuvent être saisis, à travers des indicateurs tels que les parts de marché, le poids auprès des annonceurs, le capital collectif de journalistes prestigieux, etc.[1] ».

Les singularités du champ journalistique renvoient donc aux liens d'interdépendance entre ce champ et les autres mondes sociaux (champ politique, champ économique, champ culturel…) aux rapports de force qui s'y instaurent, et qui sont aujourd'hui fondés, en grande partie, sur le succès de la logique commerciale, de la loi du marché (concurrence effrénée, recherche du « scoop », primauté donnée à l'émotion, etc.). Toute une série de mécanismes font que l'on aboutit à une information, à la télévision en particulier, homogène et conformiste : la lutte est arbitrée par l'audimat. Cette « sociologie relationnelle » invite à cartographier le champ et ses différents sous-champs[2], à penser le milieu professionnel comme un espace structuré par un système d'oppositions (entre les titres établis et les outsiders, entre les médias situés du côté du pôle commercial et les médias situés du côté du pôle intellectuel, entre les services nobles et les services moins nobles, etc.) et à constamment lier l'évolution du champ journalistique à celle des autres champs sociaux. Elle invite à saisir les principes de hiérarchisation et les tensions qui parcourent le milieu journalistique. Elle fait ainsi apparaître la perte d'autonomie des rédactions face aux services gestionnaires, la montée en puissance ces dernières années des « *soft news* » et des informations de services, l'émergence progressive d'un journalisme dit de marché (ou de communication) qui privilégie la recherche de la rentabilité.

1. Pierre Bourdieu, *Sur la télévision*, Paris, Liber Éditions, 1996, p. 45.
2. Voir à ce sujet, Erik Neveu, *Sociologie du journalisme*, Paris, La Découverte, coll. « Repères » n° 313, 2013 ainsi que Dominique Marchetti, « Les sous-champs spécialisés du journalisme », *Réseaux*, n° 111, 2002, p. 21-55.

On trouvera dans les travaux de Patrick Champagne, d'Erik Neveu, d'Alain Accardo, de Dominique Marchetti et de nombreux autres chercheurs[1], des illustrations de cette approche.

L'étude des pratiques professionnelles sous l'angle d'une approche *organisationnelle*, *compréhensive* ou *relationnelle* ne saurait toutefois se limiter à l'observation de l'activité journalistique de *desk* ou de terrain. Ainsi que le suggère Erik Neveu, la compréhension de la production de l'information passe aussi par l'analyse des formes de l'écriture journalistique[2] qui est un discours sur le réel ayant ses propres caractéristiques. Celles-ci sont en effet très variables d'un média à l'autre et imposent des contraintes particulières aux journalistes. La mise en récit des événements dépend en effet de nombreux facteurs : du type de support auquel collaborent les journalistes, du rythme de publication et du rapport au temps, des modes d'adresse au lecteur (ou auditeur ou téléspectateur), des formes narratives privilégiées, du profil du public, etc.

Il convient donc à chaque fois de saisir le système de rubricage (qui est un outil de perception de la réalité), les particularités de la rhétorique journalistique (une volonté d'expertise critique ou de subjectivité), les stratégies d'énonciation (narration, description, argumentation, etc.), l'ampleur du lexique employé, les tics de langage, etc. qui forgent d'une certaine manière ce que les sémiologues appellent « l'identité discursive[3] » d'un journal, d'une station de radio, d'une chaîne de télévision ou d'un site en ligne. Chaque média a sa propre personnalité, sa tonalité immédiatement repérable par l'utilisateur, sa marque distinctive par rapport aux concurrents. Et les journalistes doivent, s'ils veulent être efficaces, intérioriser ces normes d'écriture ou du moins s'y adapter.

---

1. Entre autres, Patrick Champagne, « La construction médiatique des malaises sociaux », *Actes de la Recherche en Sciences Sociales*, n° 90, 1991, p. 64-75 ; Alain Accardo *et alii*, *Journalistes précaires, Journalistes au quotidien*, Marseille, éditions Agone, 2007 ; Sandrine Lévêque, *Les Journalistes sociaux. Histoire et sociologie d'une spécialité journalistique*, Rennes, Presses universitaires de Rennes, 2000 ; Nicolas Kaciaf, *Les Pages « Politique ». Histoire du journalisme politique dans la presse française (1945-2006)*, Rennes, Presses universitaires de Rennes, 2013 ; etc. ; qu'on pourra compléter, en comparaison, par une étude américaine, celle de Michael Schudson, *The Power of News*, Harvard University, 1995.
2. Erik Neveu, *Sociologie du journalisme*, *op. cit.*, notamment le chapitre IV (« L'écriture journalistique »).
3. Sur cette question, voir Jean-Pierre Esquenazi, *L'Écriture de l'actualité. Pour une sociologie du discours médiatique*, Grenoble, Presses universitaires de Grenoble, 2002 ainsi que Colette Brin, Jean Charron et Jean de Bonville, (sous la direction de), *Nature et transformation du journalisme*, Laval, Presses de l'université de Laval, 2004, en particulier le chapitre 5 (« Typologie historique des pratiques journalistiques »).

3/ La « sphère extérieure »

Il s'agit d'observer les relations des journalistes avec leurs sources et avec le public[1].

Le premier point, celui du *rapport avec les sources d'information* (en amont), a été longtemps négligé jusqu'à présent en France. Trop longtemps centrée sur le travail des professionnels eux-mêmes, la sociologie empirique du journalisme est restée prisonnière d'une forme de « médiacentrisme » et a oublié de prendre en considération la manière dont certains *lobbies* (classe politique, entreprises, associations et syndicats, etc.) font pression sur les journalistes pour faire passer de l'information. Il faut donc analyser en détail, comme le rappelle Philip Schlesinger[2] les stratégies utilisées par les sources en direction des médias et se placer du point de vue d'une approche externe au milieu. Voir comment l'information est façonnée par les sources, déterminer comment celles-ci se mobilisent et quelles sont les ressources dont elles disposent pour le faire, sont autant de perspectives indispensables pour saisir les mécanismes d'interdépendance entre sources et journalistes.

L'application de ces principes commence à être mise en œuvre en France : on dispose de quelques études des relations entre élus et localiers ou entre magistrats/avocats et journalistes, mais aussi entre communicants et journalistes. Jean-Baptiste Legavre s'est ainsi récemment penché sur les liens qui se tissent entre les spécialistes de la communication et les professionnels des médias en les caractérisant comme des rapports d'associés-rivaux et a également analysé les pratiques informelles, en particulier celle du « off » entre hommes politiques et journalistes, en insistant sur les modalités complexes de ce jeu interactionnel[3]. Un chercheur canadien, Jean Charron a, pour sa part, réalisé une enquête fouillée sur les rapports entre les journalistes de la presse parlementaire et les autorités politiques au Québec[4]. S'appuyant sur la sociologie des organisations et l'approche stratégique de Michel Crozier et Erhard Friedberg, il montre que les journalistes ne sont pas de simples courroies de transmission, qu'ils ne se contentent pas de véhiculer des significations définies par d'autres et qu'ils ne sont pas forcément dépendants des sources.

Bien au contraire, les relations entre journalistes et sources doivent être conçues comme une négociation dans laquelle chacun dispose de certaines ressources et exerce effectivement une influence sur l'autre. Dans le cas observé, les hommes politiques

1. Bien que les liens des journalistes et des rédactions avec les annonceurs fassent aussi partie de cette « sphère extérieure », ils ne seront pas envisagés ici puisqu'ils sont souvent intégrés dans les analyses de la « sphère organisationnelle ».
2. Philip Schlesinger « Repenser la sociologie du journalisme », *Réseaux*, n° 51, 1992, p. 75-98.
3. Jean-Baptiste Legavre, « Entre conflit et coopération. Les journalistes et les communicants comme associés-rivaux », *Communication et Langages*, n° 167, article cité ainsi que « *Off the record*. Nouvelles approches » in Jean-Baptiste Legavre (sous la direction de), *L'informel pour informer. Les journalistes et leurs sources*, L'Harmattan – éditions Pepper, 2014, p. 57 à 80.
4. Jean Charron, *La Production de l'actualité*, Québec, Boréal, 1994.

cherchent à maintenir et à accroître la dépendance des journalistes à leur égard alors que ces derniers tentent de se dégager de l'emprise des sources politiques officielles pour sauvegarder une certaine autonomie. L'interdépendance des acteurs est fondée tantôt sur les stratégies de coopération (plutôt majoritaires), tantôt sur des conflits et ne se réduit pas à la domination de l'une des parties sur l'autre. La réalité démontre, selon Jean Charron, « qu'il serait hasardeux de déclarer un groupe vainqueur au détriment de l'autre[1] ».

Le deuxième point, celui des *rapports des journalistes avec le public* (en aval), fait l'objet, semble-t-il d'un certain consensus. Les différentes enquêtes menées durant les années 1980-2000 sur le milieu journalistique suggéraient que les résultats de sondages et d'audience ne permettent pas aux journalistes d'avoir une claire conscience des attentes des gens auxquels ils s'adressent. De manière générale, ils préfèrent d'ailleurs s'appuyer sur l'opinion de leurs pairs et sur des normes professionnelles que sur une quelconque représentation des attentes précises du lectorat ou de l'audience. Herbert Ganz avait déjà montré en 1979 dans son étude des journalistes américains que les professionnels des *networks* ne souhaitaient pas vraiment acquérir davantage de connaissances sur ce sujet. Constat confirmé dans notre propre étude de l'élite des journalistes en 1984 : le courrier des lecteurs et les enquêtes statistiques ne sont qu'un appoint, pas un dogme ; un moyen, pas une fin en soi. Le public, en outre, est considéré comme un auxiliaire de légitimité : les journalistes sont parfois plus sensibles à l'approbation de leurs confrères, de leurs supérieurs hiérarchiques ou des sources d'information qu'ils fréquentent. Même son de cloche chez Jean Charron en 1994 : la crédibilité des journalistes repose prioritairement sur ceux qui sont habilités à la leur accorder c'est-à-dire, une fois encore, les collègues de travail, les personnalités avec lesquelles ils sont en contact permanent qui constituent pour eux le public immédiat. En dépit des rationalisations et des discours officiels, les journalistes ont eu, pendant très longtemps, un rapport plutôt distancié avec le public[2].

Mais aujourd'hui, en raison de la démultiplication du travail journalistique qui les conduit à devenir peu à peu des professionnels « multitâches » (*via* le papier, le son, la vidéo et le Web), ils sont susceptibles de toucher de plus en plus de publics différents. Ces publics, comme le soulignent Pascal Dauvin et Jean-Baptiste Legavre[3], peuvent être incarnés, imaginés et mobilisés de multiples façons. Le succès d'Internet a en tout cas contraint les journalistes à prendre davantage en compte les réactions, les critiques et

1. Jean Charron, *ibidem*, p. 369.
2. À l'exception, bien sûr, des journalistes localiers, proches du terrain et de certaines vedettes du petit écran dont la reconnaissance repose, pour beaucoup, sur l'opinion du public à leur égard. Philip Schlesinger, étudiant les rapports entre les journalistes de la *BBC* avec leur public, arrive au même constat : le public reste une abstraction et c'est le journaliste qui est son propre public. Voir Philip Schlesinger, « Le chaînon manquant. Le "professionnalisme" et le public » *in* Paul Beaud, Patrice Flichy *et alii*, *Sociologie de la communication*, *op. cit.*, p. 689-713.
3. Selon la distinction proposée par Pascal Dauvin et Jean-Baptiste Legavre (sous la direction de), *Les Publics des journalistes*, Paris, La Dispute, 2007.

les suggestions du public. Les possibilités offertes par les nouvelles technologies incitent en effet les lecteurs, auditeurs, téléspectateurs et internautes à intervenir spontanément sur les forums de discussion, à commenter l'actualité, à créer des blogs, à échanger des vidéos, etc., qui concurrencent le travail des journalistes et qui remettent parfois en cause leur fonction. Ce qu'on appelle désormais « le journalisme citoyen » ou « le journalisme participatif » change profondément la donne puisque le public devient à la fois témoin, acteur et commentateur de l'actualité. Les journalistes sont donc de plus en plus dans une posture de dialogue avec le public[1], ou alors se servent de certaines propositions de ce dernier pour enrichir leurs « papiers » (après sélection et validation) comme c'est le cas de sites d'information en ligne (*pure players*) du type *Rue 89*, *Mediapart* ou *Atlantico*. De nouveaux logiciels d'analyse de l'audience permettent même aux rédactions des sites en ligne de connaître en temps réel le nombre exact d'internautes qui ont lu tel ou tel article et pendant combien de temps. Les journalistes ont donc la possibilité d'évaluer l'impact de leur « papier » sur leurs lecteurs et, le cas échéant, de retravailler l'article ou lui donner un titre plus accrocheur pour le faire remonter dans les classements sur les moteurs de recherche. Ce journalisme de la demande et non plus de l'offre, risque alors de transformer profondément les conditions de production de l'information. Internet semble toutefois peu contribuer à la création de contenus vraiment originaux et davantage favoriser le recyclage, à différents niveaux, d'une même information souvent issue des médias traditionnels[2].

Quel bilan peut-on, à présent, tirer des différents niveaux d'analyse distingués (pour schématiser, les rapports des journalistes à la règle, aux sources, aux pairs, au public et au produit) ? Quelles sont les principales caractéristiques des pratiques professionnelles des journalistes français qui se dégagent de tous ces travaux accumulés depuis une trentaine d'années ? On en retiendra essentiellement trois.

On assiste premièrement à une sorte de reconfiguration professionnelle, à *une diversification des modes d'exercice du métier*, dues aux bouleversements technologiques bien évidemment, mais surtout aux disparités grandissantes de trajectoires, aux incertitudes liées aux conceptions différentes du métier, à la disparition progressive d'un modèle commun de référence. Dans chacun de ces univers émerge une palette de métiers très variée qui nécessitent de plus en plus d'être polyvalent et multi-supports puisqu'un même journaliste peut désormais travailler simultanément pour un journal papier, un site en ligne, faire du montage vidéo, réaliser une interview radio, etc. Quoi de commun entre un secrétaire de rédaction d'un hebdomadaire régional et un présentateur du journal de 20 heures ? Entre un grand reporter de radio et un spécialiste de la presse

1. Aurélie Aubert, *La Société civile et ses médias. Quand le public prend la parole*, Paris, éditions Le bord de l'eau/INA, 2009.
2. Franck Rebillard, « Du traitement de l'information à son retraitement », *Réseaux*, n° 137, 2006, p. 31-68.

agricole ? Peu de choses, à vrai dire ; ils sont certes censés exercer le même métier, mais leur conception de rôle, leur activité quotidienne, leurs conditions de travail ne sont guère comparables.

L'hétérogénéité de la profession éclate de plus en plus au grand jour et conduit à penser qu'il n'existe plus une forme de journalisme, mais *des journalismes* avec une pluralité de types de pratiques. D'où aussi le sentiment d'une coupure accrue entre une élite de la profession (éditorialistes, présentateurs, rédacteurs en chef...) et une majorité de journalistes travaillant, qui dans un média traditionnel, qui dans une télévision câblée, qui sur un site Internet, etc.

Deuxième élément à souligner : la persistance de *l'étroitesse des réseaux de sociabilité.* Nous avions montré, à propos de l'élite journalistique, combien les journalistes français sont proches du personnel dirigeant : ils ont souvent suivi le même type d'études (Sciences Po), ont partagé des expériences communes, fréquentent les mêmes endroits (conférences de presse, restaurants, clubs, etc.), ont les mêmes loisirs et le même mode de vie. Et nous en avions conclu que ces similitudes favorisent une certaine conformité, pour ne pas dire un certain conformisme de leur part : « ni complaisants, ni véhéments, ils confortent l'ordre établi sans vraiment vouloir l'encourager[1] ». Malgré le succès rencontré par le journalisme d'investigation ces dernières années (en rapport avec les secteurs de la politique, de la police et de la justice), et l'accent mis sur des enquêtes souvent décapantes, les liens entre les journalistes et le monde politique en particulier demeurent très serrés. Que ce soit au niveau national où se concentrent, on l'a dit, les grands dirigeants et les hauts fonctionnaires, ou que ce soit à l'échelon local ou régional, les journalistes français éprouvent bien des difficultés à trouver le juste équilibre entre connivence et dénonciation, entre autocensure et diffamation.

Les réseaux d'interdépendance dans lesquels se développe le travail sont tellement imbriqués que leur marge de manœuvre est réduite. Le diagnostic élaboré autrefois par un journaliste du *Monde*, Pierre Viansson-Ponté, reste toujours d'actualité. L'homme politique et le journaliste, écrivait-il, « mènent à peu près la même vie... tous deux parlent le même langage convenu, fait de clins d'œil et d'allusions... tous deux fréquentent souvent les mêmes lieux aux mêmes heures... ont les mêmes interlocuteurs, lisent les mêmes journaux et les mêmes livres, sont invités volontiers ensemble par les mêmes hôtes, font les mêmes voyages[2] ». Ce mimétisme entre les deux univers se retrouve d'ailleurs au sein du milieu journalistique lui-même : les grands médias se lisent et se copient sans discontinuer. Leurs relations sont donc fondées simultanément sur le principe de la concurrence et de la complicité, à l'image de la logique d'associés-rivaux qui caractérise les liens entre journalistes et hommes politiques.

1. Rémy Rieffel, *L'Élite des journalistes*, *op. cit.*, p. 213.
2. Pierre Viansson-Ponté, *Lettre ouverte aux hommes politiques*, Paris, Albin Michel, 1976, p. 20-21.

Dernier phénomène frappant: la *remise en cause d'une certaine forme d'écriture.* L'analyse des conventions d'écriture, on l'a dit, fait désormais partie intégrante de l'observation des pratiques journalistiques. On a pu affirmer, à juste titre, que les journalistes français ont privilégié dès l'origine le commentaire alors que les journalistes anglo-saxons étaient davantage portés vers les faits ; que les premiers utilisaient un style d'écriture enjolivé, adoptaient un ton très subjectif, tandis que les seconds recherchaient la rigueur et la précision. Ce clivage n'est peut-être plus tout à fait de mise à l'heure actuelle parce que beaucoup de journaux dans notre pays se font fort de séparer le commentaire des faits. « La rhétorique de l'objectivité », c'est-à-dire celle qui repose sur le postulat d'un rapport de vérité entre le réel et le discours journalistique s'est considérablement étendue et s'est accompagnée de l'essor d'une « rhétorique de l'expertise critique » qui n'a plus rien à voir avec l'expression d'opinions personnelles puisqu'elle vise à mettre en perspective les faits à l'aide d'une argumentation logique et d'une compétence technique[1]. On constate par ailleurs depuis quelque temps l'essor d'un côté, d'un journalisme de données (*data journalism*) qui met à la disposition du public des données statistiques pour mieux comprendre certains enjeux liés à l'actualité et de l'autre, d'un journalisme de vérification (*fact-checking*) qui évalue la véracité des déclarations de certaines personnalités du monde politique ou économique. L'évolution récente des modes d'écriture et de présentation de l'information vise notamment à redonner de la crédibilité aux médias et aux journalistes qui y travaillent.

Cette mise en forme particulière de l'écriture journalistique est toutefois compromise par d'autres changements. Les journalistes de télévision notamment sont de plus en plus tiraillés entre la nécessité de faire de l'audience et donc de jouer sur le spectaculaire, l'émotionnel et l'obligation de décrypter avec distanciation les événements. Se crée ainsi une espèce d'hybridation des genres qui provoque une crise de l'expertise critique au profit d'une logique commerciale et au détriment parfois de l'aspect purement cognitif du travail journalistique. Ce reformatage de l'écriture touche d'ailleurs la presse écrite elle-même, contrainte de séduire son lectorat en jouant à la fois de la rigueur et du sensationnel (titres accrocheurs, hiérarchisation de l'information différente, logique promotionnelle)[2]. Comme le soulignent Jean Charron et Jean de Bonville[3], le régime

1. Les deux types de rhétorique ont été distingués par Jean-Gustave Padioleau *in* « Systèmes d'interaction et rhétoriques journalistiques », *Sociologie du travail,* n° 3, 1976, p. 265-282.
2. Pour une illustration de l'influence de la logique promotionnelle sur les choix rédactionnels et sur les modes d'écriture dans le cas de la critique du spectacle vivant (théâtre, musique, danse), voir Marie-Françoise Lafosse et Rémy Rieffel, « L'évolution du journalisme "culturel". L'exemple de la place et du traitement du spectacle vivant dans la presse écrite française en 1986 et 1996 » *in* Rémy Rieffel et Thierry Watine, *Les Mutations du journalisme en France et au Québec*, Paris, Éditions Panthéon-Assas, 2002, p. 291-314.
3. Jean Charron et Jean de Bonville, « Le journalisme et le marché : de la concurrence à l'hyperconcurrence » *in* Colette Brin, Jean Charron et Jean de Bonville, *Nature et transformation du journalisme, op. cit.* p. 309. Voir également Roselyne Ringoot et Jean-Michel Utard (sous la direction de), *Les genres journalistiques. Savoirs et savoir-faire*, Paris, L'Harmattan, 2009.

d'hyperconcurrence actuel oblige les médias à pratiquer le métissage des discours : ils ne se distinguent plus vraiment par ce dont ils parlent (le contenu), mais par la manière dont ils en parlent (l'énonciation). D'où l'essor de ce qu'ils dénomment « un journalisme de communication » et non plus « un journalisme d'information ».

D. Les défis de la profession

Pour clore ce tour d'horizon du milieu journalistique, on brossera en quelques mots un rapide tableau des défis que doit relever la profession dans les prochaines années. Ceux-ci sont principalement au nombre de six : les pressions politiques, le poids de la logique économique et financière ; les pièges de la communication ; la séduction de la technique ; l'enjeu déontologique et la question de la formation des journalistes.

Rappelons d'abord que sous la Ve République, l'interventionnisme des hommes au pouvoir a souvent été une donnée de fait et que *les pressions politiques* ont constitué pour la profession un défi d'importance. Fréquemment considérés comme de simples faire-valoir, les journalistes (notamment dans l'audiovisuel public) ont éprouvé, à certaines périodes, bien des difficultés pour prendre de la distance par rapport au discours officiel. La situation s'est, semble-t-il, améliorée, en particulier à la télévision, à partir des années 1980 parce que les journalistes ont su gagner en légitimité et pu davantage affirmer leur indépendance. Les tentatives d'influence, les pressions exercées par les hommes politiques, sont aujourd'hui loin d'avoir disparu, mais elles se heurtent cependant à une forte résistance de la part des journalistes de plus en plus méfiants à l'égard des procédures de manipulation politique[1] et de nomination de certains responsables de l'audiovisuel public. La vigilance continue de s'imposer à tous les professionnels des médias s'ils veulent préserver leur liberté de pensée et de parole.

Le *défi économique et financier* est, quant à lui, aujourd'hui particulièrement redoutable. On a déjà eu l'occasion de le souligner : la prise de pouvoir des managers au sein des journaux et des entreprises de l'audiovisuel, accompagnée de l'essor des télévisions privées, a entraîné l'affirmation conquérante de la logique commerciale face à celle de l'information. Les yeux rivés sur les courbes d'audience ou sur les chiffres de vente, les chefs d'entreprises médiatiques ne jurent plus que par la rationalisation des méthodes de diffusion (pour la presse), ou par l'efficacité de la programmation (en télévision). L'influence du marketing sur le travail journalistique, la dictature de l'audimat, les impératifs publicitaires, sont autant d'indicateurs préoccupants d'interférences possibles entre mercantilisme et travail rédactionnel. Le poids de ce qu'on dénomme le

1. Cette situation ne préjuge en rien de la permanence de liens très étroits entre les deux mondes comme on vient de le voir avec les réseaux de sociabilité. Pour une analyse des rapports entre journalisme et pouvoir politique, se reporter à Erik Neveu, « Quatre configurations du journalisme politique » *in* Rémy Rieffel et Thierry Watine (sous la direction de), *ibidem*, p. 251-276.

managérialisme est devenu prépondérant : il s'agit de gérer le plus efficacement possible l'organisation des rédactions, d'imposer un raisonnement en termes de coûts/avantages, quitte à sacrifier certaines enquêtes ou certains sujets sur l'autel de la rentabilité.

Le contexte actuel est donc celui de l'emprise croissante d'une conception de l'information reposant sur l'idée que celle-ci est une marchandise comme les autres. Les journalistes sont dès lors contraints de sauvegarder leur autonomie aussi bien à l'intérieur des rédactions (face aux services commerciaux) que vis-à-vis de l'extérieur (face aux pressions des annonceurs). Les risques d'autocensure (lorsqu'un annonceur important menace de supprimer une publicité en raison d'un article jugé défavorable à son égard), ou de publireportage (publicité rédactionnelle) ne sont donc pas négligeables. De surcroît, les manœuvres de rachats d'entreprises, les mouvements de concentration, d'internationalisation de l'information, ne plaident pas en faveur de l'indépendance rédactionnelle. La montée de la logique du marché et de l'argent se répercute enfin, comme on l'a vu, sur l'écriture journalistique elle-même de plus en plus axée sur le divertissement, le spectacle ou « l'infotainement ».

Le troisième défi concerne l'essor de *la communication*, souvent opposée à l'information. Ce sont les entreprises qui, les premières, ont essayé de maîtriser leur image en créant des services ou des directions de la communication qui inondent les journalistes de dossiers de presse, de brochures sur papier glacé extrêmement séduisantes. Elles ont été relayées par les institutions, les administrations, les ministères et toutes sortes d'organismes qui cherchent à amadouer les professionnels des médias en leur mâchant en quelque sorte le travail. De solliciteurs et de questionneurs, les journalistes sont devenus les destinataires d'un flux ininterrompu d'informations préformatées (dossiers de presse, communiqués, courriels, etc.) qui les dispensent souvent de procéder eux-mêmes à des enquêtes et à des recoupements.

La communication est au service d'un pouvoir, elle vante les mérites d'une entreprise, d'une personnalité ou d'une institution tandis que l'information est hiérarchie, sélection et évaluation de faits. Comme le rappelle opportunément Daniel Bougnoux, « la communication se donne alors que l'information se mérite, s'arrache ou se vend[1] ». Le risque est donc, pour les journalistes, de confondre les deux niveaux et de se laisser happer par le savoir-faire des professionnels de la communication qui leur apportent en outre quelques gratifications matérielles supplémentaires : organisation d'événements créés par l'entreprise, animation de séminaires ou de déjeuners-débats grassement rémunérés (« les ménages »), commande d'articles pour le journal interne, etc. Les exemples fourmillent de cette confusion des genres où les journalistes ont tout à perdre s'ils veulent rester crédibles : on ne peut en même temps être au service de la

1. Daniel Bougnoux, *La Communication contre l'information*, Paris, Hachette, 1995, p. 94.

liberté d'informer et servir les pouvoirs établis. Le journalisme « institutionnel » n'est certes pas un travers propre aux journalistes français, mais il prend incontestablement de l'ampleur dans notre pays.

Le quatrième défi a trait aux potentialités extraordinaires de la *technique* aujourd'hui. Utilisant un matériel de plus en plus sophistiqué, pouvant déployer leur antenne parabolique aux quatre coins de la planète et intervenir immédiatement à l'antenne, les reporters semblent abolir ou du moins raccourcir les distances, et accélérer le temps : la toute-puissance du direct n'est plus à démontrer. Le règne de la vitesse risque évidemment de provoquer des dérapages, d'encourager la diffusion d'informations non vérifiées en raison d'un manque de recul et d'une trop grande précipitation. Bien maîtrisée, la technique moderne constitue en revanche un formidable outil de travail qui renforce l'activité professionnelle des journalistes.

Le développement des médias numériques, l'utilisation intensive du Web et des réseaux sociaux, représentent un autre aspect du défi technologique. Là encore, ces innovations sont à double facette : d'un côté, elles permettent aux journalistes d'avoir accès à une énorme quantité d'informations en temps réel, de multiplier les ressources disponibles (dépêches, flux RSS, Twitter, chaînes d'information en continu, etc.), quitte à être soumis à une surabondance informationnelle ; de l'autre, elles risquent de les conduire à la polycompétence technique et rédactionnelle, à devenir des professionnels multitâches[1] (ils devront de plus en plus souvent mettre en forme eux-mêmes l'information), et par la même occasion de réduire les possibilités de distanciation (le flux continu d'informations ne laisse guère le temps à la réflexion). On le devine, la multiplication des sites de toute nature nécessite un contrôle systématique de la part des journalistes qui se voient concurrencés, dans leur travail, par toute personne diffusant sur le réseau des informations plus ou moins fiables. L'interactivité avec le public (en particulier des internautes) est aujourd'hui devenue une obligation pour tous les journalistes. Sans doute l'écriture journalistique elle-même sera-t-elle, à terme, modifiée par le journalisme en ligne[2] qui s'inscrit dans un nouveau rythme de production de l'information. L'innovation technique a par conséquent des incidences sur l'organisation du travail et sur les pratiques professionnelles : l'adaptation à ce nouveau contexte que certains observateurs interprètent comme une forme d'invention continuelle[3], s'impose.

Ces différentes considérations sur l'influence de la logique commerciale, des stratégies de communication et des innovations techniques conduisent tout naturellement à poser le problème de *la déontologie professionnelle*. La littérature sur le sujet est fort abon-

1. Rémy Rieffel, « Vers un journalisme mobile et polyvalent ? », *Quaderni*, n° 44, 2001, p. 153-169 ainsi que Rémy Rieffel « L'évolution des pratiques journalistiques » in Rémy Le Champion, *Journalisme 2.0*, Paris, La documentation française, 2012, p. 31-38.
2. Lire à ce sujet, Amandine Degand et Benoît Grévisse (sous la direction de), *Journalisme en ligne. Pratiques et recherches*, Bruxelles, De Boeck, 2012.
3. Roselyne Ringoot et Jean-Michel Utard (sous la direction de), *Le Journalisme en invention. Nouvelles pratiques, nouveaux acteurs*, Rennes, PUR, 2005.

dante et le débat, souvent passionné : impossible de le résumer ici en quelques lignes[1]. On se contentera donc d'insister sur deux points qui semblent décisifs : d'une part, les modalités de l'autorégulation du milieu ; d'autre part, les missions du journalisme.

En raison des pressions de plus en plus fortes des sources d'information, des dérapages récents, du développement du publi-reportage ou de l'information-spectacle, de la confusion entre information et communication ou entre réalité et fiction et de bien d'autres phénomènes encore, il convient de fixer des cadres et des règles. La profession, en France, refuse l'instauration d'un ordre ou d'une instance de contrôle extérieur, ne reconnaît comme autorité que la collectivité des pairs et même, le plus souvent, que le sens de la responsabilité individuelle de chaque journaliste. Le défi est donc de savoir s'il faut rendre plus contraignante la Charte de 1918 ; d'encourager la création de chartes internes à chaque entreprise ou à chaque secteur ; d'initier la constitution de sociétés de rédacteurs ; de favoriser la reconnaissance de médiateurs (ou d'ombudsmen) ; de faire intervenir davantage le public, de créer un Conseil de presse, etc. Face à l'impuissance chronique de la profession en la matière, des initiatives récentes ont été prises pour tenter de faire avancer les choses (Assises internationales du journalisme, Association de préfiguration d'un conseil de presse, Observatoire de la déontologie de l'information etc.) : le mouvement d'autorégulation s'amorce peu à peu.

L'autre problème concerne la réflexion autour de la responsabilité sociale et de l'utilité sociale des journalistes. La responsabilité sociale consiste à donner du sens aux événements et à s'interroger sur la manière dont le journaliste peut aider les citoyens à mieux comprendre les problèmes contemporains, à s'orienter dans le dédale de l'actualité. L'utilité sociale renvoie à l'idée que le journaliste peut servir directement les intérêts concrets des citoyens, produire des changements tangibles au sein de la société (ce que les Américains appellent le « *public journalism* ») et donc être un acteur de la société. En définitive, il s'agit de savoir comment renouveler les relations des journalistes avec le public et de mieux définir leur rôle dans nos démocraties. Entre la figure du « journaliste flâneur » et celle du « journaliste en lutte », faut-il, comme nous y invite Géraldine Muhlmann et pour reprendre sa formule, promouvoir « un journalisme comme "rassemblement conflictuel" de la communauté démocratique[2] » ?

Enfin ultime défi : celui de *la formation des journalistes* et de la définition de leur compétence. Les interrogations se multiplient en effet sur le contenu d'une formation journalistique digne de ce nom à l'ère du multimédia et de la mondialisation de l'information. Faut-il intensifier la formation initiale, et dans ce cas, redéfinir le rôle des écoles conventionnées, reconnaître davantage les cursus en information et communication des

1. On renverra à Daniel Cornu, *Journalisme et vérité. L'éthique de l'information au défi du changement médiatique*, Genève, Labor et Fides, 2009 ainsi que, du même auteur à, *Tous connectés ! Internet et les nouvelles frontières de l'info*, Genève, Labor et Fides, 2013 qu'on complétera par Jean-Luc Martin-Lagardette, *L'Information responsable*, Paris, éditions Charles Léopold Mayer, 2006.
2. Géraldine Muhlmann, *Du journalisme en démocratie*, Paris, Payot, 2004.

universités ? Convient-il de soutenir la formation permanente pour que les journalistes déjà sur le terrain puissent plus facilement se recycler avec le soutien de leur employeur ? Plus fondamentalement, le constat d'une certaine inadaptation des connaissances requises et la perpétuation des mêmes méthodes de travail semblent indiquer que la profession cherche ses repères dans ce domaine et éprouve quelques difficultés à se mettre d'accord sur les contours d'un « bagage minimum commun ». À partir du moment où la profession ne se reconnaît que dans son rapport au terrain (à défaut de connaissances communes, d'une déontologie unanimement reconnue et appliquée), il paraît malaisé de progresser en la matière. La profession semble se défausser du problème alors que les enquêtes sur sa crédibilité prouvent qu'il est urgent de réagir : le public réclame des journalistes rigoureux et compétents.

II. Les professionnels de l'audiovisuel

Face à l'écrasante prééminence des recherches sur les journalistes, les études sur les autres professionnels des médias s'avèrent beaucoup plus réduites. Seuls ceux qui exercent leur activité dans l'audiovisuel et en particulier à la télévision[1] ont, pour l'instant, fait l'objet de quelques enquêtes sociologiques. Celles-ci commencent d'ailleurs à dater : elles ont été réalisées, pour la majorité d'entre elles, durant les années 1990 et n'ont guère été renouvelées depuis lors. Le manque de travaux récents sur ces professionnels pose en tout cas problème lorsqu'on veut comprendre les conditions de travail dans les chaînes de télévision. Des professions très variées concourent en fait à la confection des programmes : les *réalisateurs* de télévision qui sont souvent spécialisés par genres (la fiction, le documentaire, le direct) ; les *producteurs* qui apportent l'idée de l'émission, en supervisent la fabrication, en trouvent le financement ; les *animateurs* dont le rôle essentiel est d'attirer le public en présentant l'émission, sans oublier les nombreux techniciens[2] et cameramen sur les plateaux.

Si l'on en croit Dominique Mehl[3], les professionnels du petit écran partagent un certain nombre de références et de valeurs communes par-delà leur diversité : la plus évidente étant celle qui consiste à toujours appréhender le média dans son rapport au public (c'est la réception qui donne du sens à l'émission que l'on construit), de mettre l'accent sur la démonstration, sur les émotions au moyen de l'image et du direct (ou du « faux direct »).

1. Si l'on excepte quelques rares travaux sur les professionnels de la radio (producteurs d'émissions notamment) et sur la manière dont se construisent certaines émissions.
2. Sur les cameramen et les monteurs, voir Jacques Siracusa, *Le JT, machine à décrire. Sociologie du travail des reporters à la télévision*, Bruxelles, De Boeck/INA, 2001.
3. Dominique Mehl, « Décideurs et professionnels : les fractures », *Sociologie du travail*, n° 4, 1993, p. 389-407.

À partir de ce socle commun, se dessine une ligne de partage assez nette entre ceux qui privilégient ce qu'elle appelle « *la télévision messagère* », et ceux qui sont partisans de « *la télévision relationnelle* ». La première promeut le contenu, le sens, accorde la priorité à l'offre : le public est absent ou discret, il se trouve dans la position d'un spectateur respectueux de ce qui lui est proposé. L'animateur de l'émission, pour sa part, n'est qu'un simple intermédiaire, un « passeur de parole ». La seconde conçoit les programmes dans le but de susciter l'adhésion affective du public, son attachement à la chaîne et à ses présentateurs : elle est donc animée par la demande et définit les émissions en fonction des goûts et des attentes des téléspectateurs. Dans la télévision relationnelle, le public est intégré à l'émission, présent sur le plateau et l'animateur y occupe une place centrale. Pour reprendre la formule de Dominique Mehl, la « télévision messagère » se veut une fenêtre sur le monde alors que la « télévision relationnelle » tend à la société un miroir[1]. Nul doute qu'aujourd'hui, c'est la seconde tendance qui l'a emporté.

Les différents professionnels de la télévision se distinguent par conséquent selon le modèle qu'ils mettent en œuvre. Les réalisateurs, par exemple, sont majoritairement tournés vers une télévision du message (respect des œuvres et des auteurs, importance de la pédagogie, de la réflexion, etc.), notamment la génération des années 1960 et 1970. Les producteurs sont davantage partagés et se répartissent en trois groupes. Les anciennes maisons de production issues de l'ORTF font partie des promoteurs de la « télévision messagère » ; les maisons plus récentes, apparues avec les télévisions privées, adhèrent au discours industriel, importent des formules américaines et prônent le modèle relationnel ; les petits artisans enfin, souvent producteurs de documentaires, se retrouvent du côté de la télévision messagère. Les animateurs quant à eux, sont, on s'en doute, très proches de tout ce qui est contact avec le public et adeptes du modèle relationnel.

Ces diverses sensibilités, souvent liées à l'histoire du petit écran, démontrent qu'il existe des cultures professionnelles propres à ce milieu hétérogène, qui conditionnent les manières de travailler et de concevoir le rapport au public. Mais avant de préciser les contours de ces multiples professions, il n'est pas inutile de s'attarder un instant sur leurs supérieurs hiérarchiques, en d'autres termes sur les décideurs.

A. Les dirigeants de chaîne

L'élite dirigeante de la télévision française a été peu étudiée : on ne dispose à son sujet que d'une seule enquête, réalisée par Monique Dagnaud et Dominique Mehl dans les années 1980. Elle est donc partiellement obsolète, mais permet néanmoins d'entrevoir quelques grandes tendances de l'évolution du milieu puisqu'elle a été partiellement

1. Dominique Mehl, *La Fenêtre et le Miroir*, Paris, Payot, 1992.

actualisée en 1993[1]. Le groupe des décideurs se divise en trois segments qui, semble-t-il, ne partagent pas les mêmes valeurs et dont le pouvoir est inégal : l'élite professionnelle, l'élite managériale, et l'élite politico-administrative.

L'élite professionnelle est composée d'anciens réalisateurs, producteurs, mais aussi de journalistes, sortis du rang et qui supervisent un aspect des programmes : le divertissement, la fiction, le sport, etc. Ils opèrent un premier filtre en évaluant les scénarios, en discutant avec les auteurs et les producteurs. En tant que responsables d'unités de programmes, ils sont en symbiose avec les cultures professionnelles du milieu : certains d'entre eux penchent vers le message (responsables de documentaires ou de magazines), d'autres vers le relationnel (responsables de variétés, de divertissement). Ces « saltimbanques » concourent donc à la fabrication du produit télévisuel, se situent du côté artistique, intellectuel, et s'opposent aux « géomètres » que sont les spécialistes de la gestion administrative ou du management. Relativement mis à l'écart du pôle dirigeant dans les années 1980, certains d'entre eux se sont néanmoins fait une place au soleil dans les années 1990.

L'élite managériale, en effet, est essentiellement constituée du président de chaîne, du directeur général, du directeur des programmes, qui décident de la diffusion ou non des émissions et surtout de la programmation. Cette dernière fonction est aujourd'hui primordiale puisque l'identité d'une chaîne de télévision est pensée par rapport à ses concurrentes, et que la valeur d'une émission est tributaire de son succès comparé à celui des émissions qui lui font face sur le même créneau horaire. La culture de la programmation emprunte beaucoup au marketing et aux stratégies de communication. L'état-major dirigeant, longtemps formé de hauts fonctionnaires, nommés à l'ombre du pouvoir politique, s'est ouvert aux cadres du privé à partir des années 1980, à l'instar de *TF1* (Patrick Le Lay, puis Nonce Paolini) : il ne partage donc guère les valeurs de l'élite professionnelle, à quelques rares exceptions puisqu'il ne jure que par la logique entrepreneuriale.

L'élite politico-administrative enfin, est composée de personnalités provenant pour l'essentiel de la haute administration publique : beaucoup d'entre elles sont des énarques qui allient une expérience dans des cabinets ministériels et la direction d'une chaîne ou d'un secteur donné de la chaîne. Certains de ces responsables font partie de ce personnel politique qui prépare les lois, ordonne les restructurations, décide des budgets et des moyens de financement des chaînes. Leur culture télévisuelle est également très éloignée de celle de l'élite professionnelle. Les solidarités d'école, de corps, jouent fortement : « ce sont des hommes de réseaux et non de sectes. Leur rapport à la politique est plus de l'ordre des affinités que de l'ordre du sacerdoce[2] ».

1. Monique Dagnaud et Dominique Mehl, *Patrons de chaîne. Les dirigeants de la télévision française au printemps 1988*, *Réseaux*, Dossier spécial, mai 1990. Cette étude a été actualisée par Dominique Mehl dans l'article cité de *Sociologie du travail* en 1993.
2. Monique Dagnaud et Dominique Mehl, *Patrons de chaîne*, *op. cit.*, p. 98.

Ce microcosme hétérogène qui forme l'élite dirigeante des chaînes est à l'image de la classe dirigeante française dans son ensemble : il fait parfaitement fonctionner amitiés professionnelles, complicités générationnelles, fidélités à une personnalité, expériences multiples, pour atteindre les sommets cathodiques. Il s'en distingue toutefois parce que, contrairement aux dirigeants français souvent dotés de titres et d'attributs symboliques (cursus universitaire brillant, grands corps d'État, etc.), il est plus diversifié : il n'y a pas de parcours-type, de « cursus honorum » préétabli. C'est un monde bigarré, où la concurrence est vive, où aucun savoir-faire particulier n'est exigé pour grimper dans la hiérarchie, où la polyvalence est souvent requise, mais où la spécialisation n'est pas un handicap. Que l'on soit dans le secteur public ou dans le secteur privé, la mobilité professionnelle représente un atout majeur pour intégrer l'état-major d'une chaîne.

Différentes formes de culture y cohabitent tant bien que mal : la culture des saltimbanques, celle des managers gestionnaires, celle des administrateurs. Elle est donc plus divisée qu'il n'y paraît au premier abord. La tendance actuelle va toutefois plutôt dans le sens d'une domination progressive des décideurs politico-administratifs ou managériaux, secondés par les programmateurs.

B. Les professions créatives

On entend par professions créatives celles qui font appel à l'imagination, à l'esthétique : ce n'est donc pas par hasard si leur étude se situe à la jonction de la sociologie du travail et de la sociologie de l'art ou de la culture. Le problème des réalisateurs de télévision, des scénaristes, est en effet de concilier le caractère artistique des œuvres confectionnées avec les exigences de la rationalité économique des entreprises médiatiques. Un survol du marché du travail dans ce secteur et des structures de production montre qu'il a connu, au cours de ces dernières décennies, une reconfiguration de grande ampleur : éclatement des modalités de formation, diversification des modes d'exercice du métier, remaniement des hiérarchies, etc. Ces changements majeurs se sont produits d'abord aux États-Unis, puis en France. Tout un courant de recherche sur les professions culturelles (du disque, du cinéma, de la télévision) s'est ainsi développé outre-Atlantique en partant du principe, comme l'écrit Dominique Pasquier que « ce sont les processus de production qui déterminent l'apparition des éléments culturels et les conditions de leur réception[1] ».

Sans vouloir résumer ici les résultats de ces travaux, on peut cependant noter que l'industrie du film, par exemple, a connu deux grandes périodes. Des années 1920 aux années 1950, elle était organisée selon un principe de production de masse avec un petit nombre de grandes entreprises (« les majors ») et des effectifs salariés, des promotions à

1. Dominique Pasquier, *Les Scénaristes et la Télévision. Approche sociologique*, Paris, Nathan Université, INA, 1995, p. 9.

l'ancienneté. À partir des années 1950, le système se disloque et on assiste à la naissance de petites entreprises flexibles qui généralisent le travail intermittent, à temps partiel. Peu à peu, les modalités de formation se diversifient, les trajectoires de carrière également : sur le marché du travail, le critère réputationnel devient déterminant (ce sont les succès antérieurs qui attestent de la compétence et non pas le diplôme ou le jugement des pairs). L'effet sur la morphologie de la population est immédiat : il se crée un clivage entre une petite élite de privilégiés et la « base » qui vit dans des conditions instables et précaires.

Ces changements importants démontrent que dans le domaine des professions créatives, il y a plusieurs manières de faire carrière, que la progression dans le métier n'est plus régulière, que les risques à prendre augmentent. Le milieu est déstabilisé et en même temps confronté à une tension irréversible : comment, dans un contexte culturel marqué par l'industrialisation, concilier la réussite artistique et la réussite économique, le jugement des pairs et le jugement du public ? Les *réalisateurs* de télévision en France ont ainsi perdu de leur prestige et de leur pouvoir, durant la période 1965-1985 ; les *scénaristes*, de leur côté, ont subi une crise brutale remettant en cause les principes du métier en moins de cinq ans (de 1985 à 1990)[1].

1/ Les réalisateurs de télévision

L'histoire des réalisateurs de la télévision française est relativement simple : après avoir dominé le milieu durant les années 1950 et début 1960, ils ont peu à peu été supplantés par d'autres groupes professionnels (les journalistes et les animateurs surtout) et ont perdu de leur influence aujourd'hui.

Les tout premiers réalisateurs ont été recrutés en 1949 ; ils représentaient en 1963, au moment où ils sont au sommet de leur gloire, 160 personnes. À cette époque, ils sont les hommes du direct qui contrôlent l'ensemble des émissions de variétés, de débats, ou les dramatiques. Ils louent les vertus de la pédagogie, de l'éducation populaire par le petit écran en montant des textes du répertoire classique, en donnant à voir les œuvres d'art, les sites historiques. Ils se veulent des artistes puisqu'ils ne se contentent pas de transmettre un savoir, mais créent également des œuvres télévisuelles. Les dirigeants des chaînes les courtisent parce que leur succès auprès du public est indéniable. Ils travaillent donc dans des conditions agréables et jouissent d'un statut juridique envié : le réalisateur « dirige les activités des personnels temporairement affectés à la réalisation,

1. Pour davantage de précisions sur les mutations du secteur artistique, lire le chapitre introductif du livre de Dominique Pasquier, *op. cit.*, p. 5-27.

en vue d'obtenir la meilleure expression visuelle et artistique » stipule l'article du protocole signé en 1963[1]. Ils sont payés au cachet, à la réalisation, comme les artistes pour leur œuvre.

Cet âge d'or ne dure pas. À partir du milieu des années 1960, la profession subit une crise dont elle aura du mal à se remettre. Les raisons en sont le progrès technologique (les moyens d'enregistrement modernes ébranlent les tournages en direct) ; les changements des rapports avec le public (les notions de marché et d'audience deviennent des mots clés) ; puis la nécessité de réaliser des émissions moins chères en faisant appel aux feuilletons, aux séries télévisées qui supplantent définitivement les dramatiques traditionnelles ; la montée en puissance de concurrents tels que les animateurs des émissions qui deviennent, pour certains, des vedettes attirant l'audience, etc.

Le nombre de réalisateurs augmente considérablement (525 en 1966 ; 880 en 1970 ; un millier en 1978), mais cet accroissement n'est pas synonyme de domination supplémentaire : le métier est désormais affaire de revenu et la vocation artistique est reléguée aux oubliettes. Il faut accepter de passer de la fiction « unitaire » au feuilleton, d'obéir aux nouveaux maîtres d'œuvre que sont les journalistes et les animateurs. Le rapport de forces s'est inversé au sein de la télévision au profit de nouvelles catégories professionnelles. S'interrogeant sur leur identité, devant affronter la dévaluation culturelle du petit écran, les réalisateurs constituent à l'heure actuelle un groupe professionnel en déclin qui n'est pas parvenu à gérer la contradiction entre produit unique et produit standardisé, entre indépendance artistique et soumission à la logique du marché.

2/ Les scénaristes de télévision

Alors que le réalisateur met en images un texte, un événement ou un reportage, un scénariste écrit les dialogues, imagine les situations, à l'instar d'un auteur. Souvent peu connu du grand public, il joue néanmoins un rôle déterminant. Sa seule légitimité officielle tient au droit français qui lui reconnaît le statut d'auteur : c'est la Société des Auteurs et Compositeurs Dramatiques (SACD) qui gère aujourd'hui les droits des auteurs dramatiques pour la scène, le cinéma, la radio et la télévision. Les contours de ce groupe professionnel sont, à l'image des autres métiers évoqués, relativement flous : la compétence et l'exercice du métier ne sont guère réglementés, les pratiques professionnelles apparaissent très diversifiées et la carte professionnelle n'existe pas. En 1991, 4 572 personnes avaient touché des droits d'auteur pour la diffusion d'une œuvre de fic-

1. Cité par Jérôme Bourdon, « Les réalisateurs de télévision : le déclin d'un groupe professionnel », *Sociologie du travail*, n° 4, 1993, p. 437. Voir également Pierre Corset *et alii*, « Sociologie d'un corps professionnel : les réalisateurs de télévision », *Réseaux*, n° 9, 1984.

tion à la télévision ; en revanche, si l'on ne prend en compte que les auteurs dont l'œuvre avait été diffusée pour la première fois, on arrivait à un chiffre beaucoup plus modeste de 633 scénaristes (dont un quart de femmes)[1].

Quelle était exactement la composition de ce groupe professionnel au début des années 1990 ? On s'aperçoit qu'il existait, schématiquement, deux groupes de scénaristes : d'abord les scénaristes qui écrivent pour le secteur noble de la fiction (les 90 minutes diffusées en début de soirée) et qui constituent une petite minorité (moins du quart de la population) ; ensuite des auteurs ponctuels qui représentent une majorité écrasante et qui produisent ce qu'on appelle de la fiction légère, de manière industrielle, à raison d'un épisode par jour. Le bouleversement par rapport au passé est total : la génération des grands anciens disparaît progressivement alors que la génération actuelle est celle d'occasionnels, souvent des jeunes qui débutent dans l'écriture pour la télévision et qui espèrent s'implanter durablement dans le métier.

Le milieu semble très éclaté : les scénaristes sont cantonnés dans certains formats (le court ou le long), dans certains genres (comédie de situation, policier, adaptation d'œuvre littéraire, etc.) ou dans certains types de programmes (telle série ou telle collection). Peu nombreux sont ceux qui réussissent dans la profession. En témoigne la répartition des revenus annuels qui montre qu'une petite minorité de scénaristes (en gros, une cinquantaine) gagnait en 1991 plus de 76 336 euros et qu'une grosse majorité se situait en dessous du seuil de 9 160 euros (les droits sur les rediffusions permettent cependant d'obtenir des revenus plus décents).

L'entrée de la nouvelle génération s'est opérée par vagues successives, concomitantes de l'évolution des genres télévisuels. La première vague s'est produite au début des années 1980 avec le commencement des séries policières au héros récurrent (« Navarro », « Nestor Burma », etc.). La deuxième correspond au démarrage des premiers sitcoms (comédies de situation) français en 1985 (« Maguy », « Marc et Sophie », « Hélène et les garçons », etc.) et a fait entrer dans le métier des jeunes issus du café-théâtre et de la publicité qui, grâce à leur bagage culturel, à leurs connaissances techniques, à leur familiarité avec les méthodes d'écriture américaines se servirent de ce tremplin. La troisième vague, aux alentours de 1990, est beaucoup plus composite : il s'agit d'auteurs de pièces radiophoniques, de techniciens de l'audiovisuel, de comédiens, voire de réalisateurs ou d'amateurs qui envoient des scénarios. Le recrutement est dès lors plus anarchique, échappe aux réseaux traditionnels de sociabilité et encourage les stratégies de carrière très individualistes. On constate donc que l'essor de la « fiction sérialisée » et des méthodes de production industrielle a accentué l'hétérogénéité des profils de scénaristes de télévision.

1. Tous les éléments de cette section sont tirés du livre de Dominique Pasquier, *Les Scénaristes et la Télévision. Approche sociologique*, *op. cit.*, qui a procédé à une enquête sur le milieu en 1992.

Dernier point qui mérite d'être souligné : la profession est en proie à de nombreux conflits générationnels et à des rivalités professionnelles de tous ordres. Se pose en effet la question du partage du pouvoir entre télévision d'œuvres et télévision de formules (« fiction sérialisée ») : les anciens sont évidemment opposés à un enseignement du scénario en fonction de recettes d'écriture calquées sur le modèle venu des États-Unis et la SACD voit d'un mauvais œil cette télévision industrielle. Se pose également le problème économique fort complexe des barèmes de paiement (le montant est différent selon que l'on écrit une œuvre originale ou sérialisée) ; celui des relations avec les producteurs (qui passent commande du scénario) et avec les réalisateurs (qui le mettent en image).

Le groupe des scénaristes est donc instable, partagé lui aussi entre le prestige de l'art, la logique de l'œuvre (les anciens) d'une part, et la protection du professionnel nouvelle manière (les jeunes) d'autre part. En fait, tout se passe comme s'il souhaitait échapper à cette contradiction en récusant son caractère alternatif afin d'en cumuler à chaque fois les avantages particuliers, à l'image d'autres professions artistiques.

3/ Les animateurs et les producteurs de télévision

On l'a vu, les animateurs sont devenus des personnages incontournables du petit écran : c'est sur eux que repose souvent le succès ou l'échec d'une émission. L'enquête menée par Sabine Chalvon-Demersay et Dominique Pasquier sur ce milieu entre 1986 et 1988, bien qu'aujourd'hui très datée quant aux chiffres publiés, offre toutefois un panorama intéressant et toujours utile du fonctionnement de ce groupe professionnel[1] : mêlant enquête par entretiens, observation de terrain et étude de la presse magazine spécialisée, les deux sociologues ont notamment mis l'accent sur la diversité des carrières, les interactions avec les autres groupes professionnels de la télévision, et sur l'image des animateurs dans la presse. Avant de détailler ces trois points, rappelons que le terme d'animateur recouvre des réalités disparates et qu'il est défini comme celui qui assure la présentation d'une émission qui relève de la direction des programmes (par opposition à celle de l'information).

Le milieu était au cours de la décennie 1980 à dominante masculine et assez âgé. Le profil type de l'animateur était celui d'un homme de plus de quarante ans, originaire de province ; près de 50 % d'entre eux étaient issus des classes supérieures et avaient un niveau équivalent au baccalauréat. Le diplôme exerce, semble-t-il, un effet discriminant sur les modalités d'insertion professionnelle : en effet, les animateurs « socioculturels » (émissions nobles du type débat de société, émission littéraire) possèdent davantage de diplômes que les animateurs de divertissement (émissions plus communes du type jeux, variétés, etc.).

1. Sabine Chalvon-Demersay, Dominique Pasquier, *Drôles de stars. La télévision des animateurs*, Paris, Aubier, 1990.

À l'inverse des États-Unis où le métier d'animateur relève d'une formation spécifique, avec des filières de recrutement officielles, des modalités de carrière homogènes, l'animation en France jouit d'une faible légitimité culturelle, ne répond à aucun cursus précis, ne requiert aucune formation particulière. Aussi « l'animation télévisuelle est [elle] une activité désavouée par ceux qui l'exercent[1] » ; ils préfèrent se définir tantôt comme journalistes (lorsqu'ils possèdent une carte de presse), tantôt comme des animateurs de passage, exerçant cette activité de manière provisoire. Le constat s'impose : le métier est socialement dévalorisé.

À propos du premier point, celui des *carrières professionnelles*, on relèvera que le milieu est constitué de personnalités évoquant pour justifier l'entrée dans le métier le hasard, les opportunités et le jeu des circonstances. En vérité, ceux qui sont originaires d'un milieu social favorisé (les héritiers) affichent un dilettantisme de bon aloi, mettent à distance le métier pour mieux justifier leur position actuelle. En revanche, ceux qui sont issus d'un milieu social modeste parlent davantage de vocation et présentent leur activité comme un véritable métier acquis à force de travail et de ténacité. Ils oscillent donc, en fonction de leurs origines sociales, entre volonté de dénégation et souci de promotion.

En outre, les stratégies individuelles l'emportent sans conteste sur l'esprit de corps et les clivages internes sont légion. Une minorité de vedettes, ayant atteint les sommets de la carrière, s'oppose à la majorité des animateurs de base, au parcours chaotique, relégués sur des créneaux horaires moins prestigieux que le « *prime-time* ». Malgré ces différences qui renvoient également à des antagonismes entre débutants et expérimentés, entre animateurs journalistes et animateurs extérieurs (comédiens, chanteurs, etc.), ils ont majoritairement fait leurs premières armes à la radio (celle-ci est l'école de la télévision), bénéficié du soutien de « parrains » qui sont souvent de grands anciens, ou se sont servis du secteur « sport », voire « jeunesse » comme tremplin vers l'animation.

L'étude des *relations avec les autres professionnels* du petit écran – deuxième point – montre que les coulisses sont souvent le théâtre de rapports difficiles, si ce n'est conflictuels. Les animateurs se trouvent dans un relatif état de dépendance d'abord face aux producteurs qui négocient les idées, le budget, les coûts, les horaires et qui disposent d'une réelle reconnaissance professionnelle. Ces derniers se plaignent d'ailleurs assez souvent du comportement des animateurs. Les animateurs sont ensuite sous la tutelle des réalisateurs sur les plateaux : les discussions et les reproches à propos du cadrage, de la manière de filmer, sont visiblement monnaie courante. Ils sont enfin souvent en butte aux techniciens qui dénoncent leur fatuité, leur dilettantisme : inversement, les animateurs reprochent aux techniciens leur absence de motivation, leur travail routinier. Quant aux liens entre les animateurs et leurs invités, ils sont variables selon la notoriété et la position de chacun d'entre eux. Le travail sur un plateau de télévision combine

1. Sabine Chalvon-Demersay, Dominique Pasquier, *ibidem*, p. 159.

donc toutes ces activités et ces interactions plus ou moins complexes, dans un rapport de complicités ou de tensions incessant : tout se joue simultanément puisque tous les métiers sont réunis au même moment.

Enfin, troisième et dernier point, *l'image de ces animateurs* dans la presse spécialisée, contrairement aux stars de cinéma, est celle de vedettes qui jouent sur la normalité, ce que les auteurs de l'étude dénomment « la glorification de l'homme moyen ». Tout est mis en œuvre en effet pour que le téléspectateur s'y reconnaisse : l'animateur joue donc la carte de l'homme ordinaire, se lève tôt, apparaît fidèle en amitié, adorant sa femme, ses enfants, ses animaux domestiques et se dit travailleur consciencieux. Les animateurs ne représentent pas dans l'imagerie stéréotypée de la presse, des « olympiens » éloignés, par leur mode de vie luxueux, du commun des mortels, mais incarnent au contraire les vertus de la culture populaire : c'est dire combien la presse façonne l'animateur à l'image des attentes du public.

La thématique utilisée est très conformiste : amour de la famille (de préférence nombreuse), occultation des divorces et des conflits éventuels, respect des parents, goûts simples, etc. Les liens familiaux fournissent l'archétype des relations professionnelles. Mais leurs gains (souvent très élevés) s'accordent mal avec cette image : il y a une incompatibilité évidente entre leurs revenus exceptionnels et cette « identité moyenne ». Leur discours, en la matière, sera par conséquent celui de la dénégation et du détournement. Cette représentation de soi fait leur force du côté du public, mais leur faiblesse du côté des professionnels de la télévision.

Le style de comportement des animateurs à la télévision durant les années 1990 et 2000 a évidemment beaucoup changé. Certains d'entre eux en effet animent aujourd'hui des émissions de discussion beaucoup plus polémiques, visant à faire de l'audience à tout prix grâce à l'évocation de thèmes plus ou moins racoleurs et n'hésitent pas, le cas échéant, à jouer de la provocation ou de la dérision. Le développement des *talks-shows* et de certaines émissions de télé-réalité leur a permis d'apparaître de plus en plus souvent en *prime time* et de gagner en influence. En outre, la tendance récente au mélange des genres (fiction et réalité), le succès croissant de l'*infotainement* (information et divertissement), font d'eux des vedettes à part entière du petit écran (Thierry Ardisson, Laurent Ruquier, Cyril Hanouna etc.) qui proposent, *via* leur propre maison de production, des « concepts » d'émission clés en main aux responsables des programmes des différentes chaînes publiques et privées.

Pour jouir d'une plus grande autonomie et pour augmenter leurs revenus, nombre d'animateurs ont en effet souhaité devenir leur propre chef et ont ainsi créé leur maison de production. Cette domination des animateurs-producteurs qui réalisent d'énormes bénéfices se fait évidemment au détriment des autres catégories de professionnels du petit écran, aujourd'hui beaucoup moins influents. Une nouvelle figure de l'animateur a donc émergé au cours de la dernière décennie : elle s'est rapprochée du milieu de la production audiovisuelle en raison notamment de l'exacerbation de la concurrence entre les chaînes de télévision et de la « loi de l'audimat ».

On connaît aujourd'hui un peu mieux le monde des producteurs de télévision grâce à une enquête un peu plus récente menée par Monique Dagnaud[1]. Cette étude conduite auprès d'une petite centaine de producteurs en 2003-2004 se veut une sorte de cartographie sociale et culturelle de ce milieu professionnel. Elle montre que la position des producteurs de télévision a été renforcée au cours des années 1980 par l'émergence des télévisions privées et par le passage d'une fiction de prototypes à une fiction sérialisée qui a sans conteste contribué à accroître leur emprise. La production audiovisuelle française est de plus en plus externalisée de sorte que le nombre de maisons de production indépendantes a fortement augmenté : on en dénombrait 371 en 1989, 673 en 1996 et 1094 en 2000[2]. La concentration semble importante pour les entreprises de production de flux (émissions de plateaux, de jeux, de téléréalité), mais moindre pour les fictions de *prime-time.*

Les valeurs prônées par ces professionnels apparaissent assez singulières : ils manifestent en effet peu d'affinités avec l'univers des petits patrons et revendiquent davantage une appartenance au cercle de la création artistique. C'est un groupe majoritairement masculin (4 hommes pour 1 femme) dont les membres sont généralement issus de milieux familiaux privilégiés, ceux de la bourgeoisie intellectuelle (famille de dirigeants et de cadres supérieurs). Ils conçoivent leur métier comme une véritable vocation (enthousiasme pour l'univers du cinéma, intérêt prononcé pour l'image et le son), ont un niveau de diplôme élevé, sont fascinés par l'écriture et le monde des idées, se veulent proches des créateurs (monter de projets, réunir des talents et des moyens) et sont attirés par l'engagement politique ou citoyen (beaucoup d'entre eux sont d'anciens militants politiques avec une forte sensibilité de gauche). Ils ont le sentiment, à travers leur métier, d'avoir une responsabilité collective, celle de raconter la vie des gens à l'aide des images qui touchent des millions de téléspectateurs. Comme le relève Monique Dagnaud « les notions de plaisir de la création, et assez souvent d'ambition prosélyte, figurent au cœur du métier de producteur culturel, en télévision comme dans les autres industries de l'image. S'y ajoute une ivresse propre à ce secteur : la certitude de toucher le grand public[3] ».

On s'aperçoit, en fin de compte, que les divers groupes professionnels de la télévision (réalisateurs, scénaristes, animateurs, producteurs etc.) évoluent dans un contexte très

1. Monique Dagnaud, *Les Artisans de l'imaginaire*, Paris, Armand Colin, 2006. Se reporter également à Nicolas Brigaud-Robert, *Les producteurs de télévision. Socio-économie d'une profession*, Paris, Presses universitaires de Vincennes, 2011.
2. Chiffres cités par Monique Dagnaud, *ibidem*, p. 53.
3. Monique Dagnaud, *ibidem*, p. 121.

mouvant, disposent de peu de repères et s'interrogent sur leur identité, souvent imprécise. En ce sens, ils ne se différencient guère des journalistes si ce n'est que la tension entre figure de l'artiste et image du saltimbanque y est très certainement plus vive.

6

L'AUDIENCE DES MÉDIAS

Le comportement de l'utilisateur des médias, lecteur d'un journal ou d'un magazine, auditeur d'une station de radio, téléspectateur d'une chaîne de télévision (on pourrait y ajouter : spectateur de cinéma) a depuis longtemps intrigué praticiens et chercheurs.

Les praticiens, c'est-à-dire les professionnels qui travaillent dans, avec ou pour les médias ont, dès le début de l'essor des moyens de communication dits de masse, tenté de dénombrer et d'identifier le public qu'ils touchaient. Les responsables de journaux d'abord, les dirigeants de l'audiovisuel ensuite, ont eu besoin de mieux connaître le profil de leurs lecteurs ou de leurs auditeurs pour améliorer le contenu de leur support, pour mieux l'adapter aux attentes du public. Les publicitaires ensuite, qui investissaient de l'argent dans ces médias ont voulu en savoir davantage sur les caractéristiques socio-démographiques de l'audience afin de rentabiliser leurs apports financiers et de mieux définir les cibles de leurs annonces. Les hommes politiques enfin, soucieux de savoir à quel public ils s'adressent en intervenant dans tel ou tel support, s'intéresseront eux aussi à ces études.

Ce sont donc des raisons purement utilitaires, commerciales ou de gestion[1], qui ont au départ favorisé le développement d'enquêtes sur les utilisateurs des médias et conduit à mettre au point des techniques de mesure précises. D'autres commanditaires y trouveront également un intérêt : associations de téléspectateurs, producteurs et réalisateurs d'émissions etc. de telle sorte qu'aujourd'hui la publication des chiffres sur le nombre de lecteurs de tel magazine, le nombre de téléspectateurs ayant suivi une émission particu-

1. Pierre Sorlin rappelle qu'historiquement, ce sont également des raisons fiscales qui ont conduit à élaborer des statistiques sur le public des salles de cinéma, puis sur les possesseurs de radio (pour la perception de la redevance) ; voir Pierre Sorlin, « Le mirage du public », *Revue d'histoire moderne et contemporaine*, n° 39, janvier-mars 1992, p. 87 et 88.

lière et surtout le nombre d'internautes ayant cliqué et navigué sur tel site, est devenue un enjeu économique souvent décisif. Mais les praticiens ne sont pas les seuls à se préoccuper des caractéristiques et du comportement des récepteurs.

Les chercheurs, eux aussi, ont, comme on le verra, analysé l'influence des médias sur le public et tenté de saisir ensuite de l'intérieur la manière dont il réagit. Après avoir porté leur attention sur les effets des médias auprès des récepteurs, ils se sont attachés à comprendre ce que les gens font des médias, ce qu'ils en retiennent et comment ces pratiques s'intègrent à leur vie quotidienne. Il existe de ce fait différentes traditions de recherche qui ont mobilisé sociologues, anthropologues, sémiologues notamment et qui apportent un autre éclairage sur ce phénomène riche en significations.

On peut grossièrement distinguer trois types d'analyse portant sur l'utilisation des médias par les récepteurs : d'abord les études de l'audience, davantage quantitatives ; ensuite les études du ou des public(s), bien plus qualitatives ; enfin les études des usages, axées sur les nouveaux dispositifs techniques. Pour la clarté de l'exposition, elles feront, chacune d'entre elles, l'objet d'un chapitre particulier.

Les études de l'audience sont fondées sur des enquêtes statistiques qui visent à cerner la population des lecteurs, auditeurs, téléspectateurs ou internautes au moyen d'indicateurs précis portant sur sa structure, son étendue, éventuellement ses jugements et ses appréciations. Ce sont des instituts spécialisés qui s'en chargent avec l'aide de statisticiens, d'experts en sondage et de professionnels de l'enquête. Dans cette perspective, on dénombre les usagers qui sont en contact avec un média donné ; on se penche sur les pratiques qui intéressent les programmateurs, les éditeurs, les annonceurs : on évalue le comportement de ces consommateurs afin de définir des stratégies de marketing. Les méthodes de quantification et les procédures de catégorisation auxquelles ces études donnent lieu, contribuent ainsi à mettre en forme une certaine idée du public, quelque peu stylisée et aseptisée par la neutralité apparente des chiffres.

Les études du ou des public(s), quant à elles, se situent à un autre niveau ; elles ont pour but de comprendre les ressorts du comportement du récepteur, d'en déceler les motivations, et d'appréhender les univers de significations, les formes de participation ou de résistance que les médias déclenchent. Dans le cas des spectacles (de théâtre, de concert, de cinéma), le public est rassemblé dans un lieu clos ; dans le cas des pratiques médiatiques, il est disséminé et invisible à lui-même : il est donc plus délicat de l'appréhender. Le public d'un point de vue sociologique (comme le souligne Pierre Sorlin) est alors défini comme « une communauté passagère qui, cependant, a ses règles et ses rites et qui ne se dissout pas quand l'occasion de son rassemblement est passée[1] ». Les travaux qui se sont accumulés ces derniers temps en France (mais aussi à l'étranger) se sont essentiellement attachés à saisir les spécificités du public des téléspectateurs, les contextes de réception dans différentes cultures. À partir du moment où la télévision est

1. Pierre Sorlin, « Le mirage du public », *ibidem*, p. 91.

une expérience commune dans l'espace domestique, on ne se préoccupe plus seulement des problèmes d'audience au sens quantitatif du terme (nombre de personnes ayant recours à tel média ou tel programme) et des taux d'écoute, mais aussi des conditions effectives de la réception.

Les études des usages sont davantage tournées vers la manière dont s'articule le lien entre la technologie et la société ou plus exactement dont l'utilisation des objets techniques s'inscrit tout à la fois dans le tissu social et l'expérience propre de chaque individu. Elles peuvent évidemment porter sur les médias traditionnels, mais depuis qu'Internet a envahi la vie quotidienne de chacun d'entre nous, on a plutôt tendance à orienter ces recherches vers l'observation du comportement des internautes, la manière dont ils s'approprient l'information, dont ils discutent sur le Web, dont ils achètent des biens en tous genres, etc. Ce sont donc les usages des médias numériques qui accaparent de plus en plus l'attention des chercheurs aujourd'hui.

On aurait cependant tort de croire que la frontière entre les trois mondes, celui de l'audience, celui du public et celui des usages, est totalement étanche puisqu'ils sont composés, très souvent, des mêmes individus. La différence est en réalité une simple affaire de point de vue et d'angle d'évaluation. La ligne de partage n'est donc pas aussi nette qu'on pourrait le croire.

I. L'émergence progressive de la quantification

La notion d'audience[1] n'a pas la même signification en français et en anglais. Chez les Anglo-Saxons, elle désigne le public au sens large : l'« *audience research* » recouvre en effet toutes les études permettant de mieux connaître le public, que ces études soient conduites en amont ou en aval de la diffusion, qu'elles utilisent ou non les méthodes des sondages, qu'elles portent sur des dénombrements ou sur d'autres aspects de son comportement tels que les modes de vie, les pratiques culturelles. En France, elle est en revanche synonyme d'auditoire. Il s'agit de dénombrer l'ensemble des personnes qui, à un moment donné, sont en contact avec un média déterminé, sont exposées à un support particulier. Étudier l'audience de la télévision, par exemple, c'est chiffrer le nombre de personnes à l'écoute de telle émission, de telle chaîne, pendant telle période ou telle tranche horaire. L'audience est donc une unité de recensement, construite par des spécialistes pour mesurer la réponse à une offre, pour évaluer une part de marché.

1/ *L'étude de l'audience de la presse écrite* a débuté dans les années 1930 aux États-Unis : il s'agissait de mieux connaître l'étendue et la composition du public touché par la lecture des journaux. On a élaboré dans ce but des enquêtes par entretiens sur le lec-

1. Voir Régine Chaniac (coordonnée par), *L'Audience*, Paris, CNRS éditions, coll. « Les essentiels », 2009.

torat de la presse. En France, des études aux méthodes fort disparates, financées par des supports particuliers, ont été réalisées au cours des années 1950. La nécessité de rendre comparables les différentes données recueillies a conduit à la création en 1956 du CESP (Centre d'Études des Supports de Publicité), organisme rassemblant des représentants des médias, des agences et des annonceurs et ayant pour mission de mener à bien des enquêtes collectives afin de fournir une mesure précise et fiable de l'audience de chaque support concerné. En 1993, le CESP est devenu l'organe d'audit, de contrôle et d'authentification des études d'audience de référence. Les responsables de journaux se sont dès lors servis des caractéristiques de leur lectorat comme argument de vente d'espaces publicitaires : cette donnée est, on le sait, toujours aussi déterminante aujourd'hui.

Le lectorat représente « l'ensemble des lecteurs d'une publication, ou, si l'on préfère, l'audience d'un titre de presse[1] » : il ne se réduit pas aux simples acheteurs du journal, mais comprend également toutes les personnes qui ont l'occasion de le lire, de le parcourir ou de le consulter chez elles ou ailleurs[2]. *Dans son acception élargie*, il désigne donc toutes les personnes qui ont un contact avec ce journal, quelles qu'en soient la fréquence, la durée, et la régularité. C'est une population assez composite qui intéresse surtout les publicitaires : la notion de lectorat est, dans ce cas, assez proche de la notoriété d'un titre et correspond à l'extension maximale de son impact. *Dans son acception restreinte*, le lectorat se résume à toutes les personnes qui consultent régulièrement (ou déclarent le faire) un journal précis. Il s'agit alors de lecteurs fidèles, attachés à un titre en raison d'une certaine adéquation entre le contenu du journal et leurs attentes. Audipresse est actuellement l'organisme chargé de réaliser les études sur l'audience de la presse en France.

Faut-il préciser que sauf exceptions (par exemple pour la presse spécialisée), le lectorat d'un titre n'est jamais homogène. Il se forme par agrégation de choix individuels fondés sur les signes de reconnaissance que déploie une publication à l'intention de ses lecteurs (connivence de ton, mise en page particulière de l'information, références politiques ou culturelles communes, etc.). Un ensemble de stratégies énonciatives propres à chaque journal visent à capter l'attention du lecteur et à distinguer le titre de ses concurrents[3]. On sait, par ailleurs, que la lecture de la presse dépend d'un certain nombre de facteurs : l'adhésion à une « norme d'information » (il est utile et nécessaire de s'informer) ; la valorisation de l'écrit comme activité gratifiante ou ludique ; l'acquisition et la transmission d'habitudes d'achat et de consultation au sein de la famille, à l'école, etc. Comme

1. Jean-Pierre Marhuenda, article « Lectorats » *in* Lucien Sfez, *Dictionnaire critique de la Communication*, Paris, PUF, tome 2, 1993, p. 1037.
2. Observons que les termes de « lire », « parcourir » ou « consulter » sont loin d'être clairs. Que signifie exactement lire ? En entier ou en diagonale ? Que signifie exactement consulter ? Consulter certaines pages, certaines rubriques, survoler un titre ou un article ? On touche là du doigt les limites des enquêtes par sondage.
3. Sur ce point, les travaux sémiologiques se révèlent particulièrement utiles. Voir, Jean-Pierre Esquenazi, *L'Écriture de l'actualité. Pour une sociologie du discours médiatique*, *op. cit.*

le souligne Jean-Pierre Marhuenda, les relations entre la presse et ses lecteurs se font en termes de reconnaissance (« le titre s'adresse bien à vous »), d'acceptation (début d'une connivence) et de fidélisation (la confiance s'instaure et la lecture devient régulière)[1].

D'une manière générale, il semble que la lecture régulière des journaux ou magazines d'actualité aille de pair avec l'intérêt pour la vie publique et associative. L'implication des lecteurs de la presse quotidienne régionale est, par exemple, souvent très forte. Il suffit d'une grève de ces quotidiens pour prendre la mesure du phénomène : les lecteurs se retrouvent frustrés et désorientés.

2/ *L'étude de l'audience de la radio et de la télévision* est vitale pour les médias qui ne disposent pas comme le cinéma (nombre de billets vendus), ou comme la presse (nombre d'exemplaires vendus) d'une mesure physique de la diffusion. La consommation de la radio et de la télévision ne laisse en effet aucune trace : il faut donc avoir recours à des sondages systématiques pour appréhender l'auditoire.

Des enquêtes sur les auditeurs de radio par le biais du téléphone ou du face à face ont commencé dès les années 1930 aux États-Unis et en Grande-Bretagne ; puis des systèmes similaires ont été mis en place dès les années 1940-1950 pour la télévision. Les études sur l'audience de la radio et de la télévision en France, contrairement à ce qu'on croit souvent, ne datent pas de ces vingt ou trente dernières années : les premiers sondages quantitatifs sur la radio ont démarré en 1949 et les représentations statistiques du téléspectateur prolifèrent sous des formes très variées durant les années 1950 et 1960[2].

Divers instituts spécialisés procèdent à cette époque à des études de l'écoute radiophonique (IFOP, CESP, etc.), puis de l'audience télévisuelle dont les commanditaires sont à la fois la *RTF* devenue en 1964 l'*ORTF*, la presse elle-même, les annonceurs. Il faut attendre 1974 pour assister à la création d'un « Centre d'Études d'Opinions » (CEO) chargé de fournir aux pouvoirs publics une mesure du volume d'écoute des sociétés de programme et une évaluation de la qualité des programmes de ces sociétés. Après de multiples péripéties qu'il serait trop long de retracer ici, cet organisme fut transformé en 1985 en une société interprofessionnelle d'audiences et d'études qui prit le nom de Médiamétrie.

Depuis lors, cette société publie régulièrement les chiffres d'audience de la télévision (Médiamat) et de la radio (enquête « 126 000 » publiée quatre fois par an). Elle assure ainsi la transparence et l'indépendance d'un outil de mesure indispensable à l'ensemble des acteurs du paysage audiovisuel. Longtemps tenues secrètes, certaines données statistiques sur les téléspectateurs sont aujourd'hui régulièrement publiées dans la presse,

1. Jean-Pierre Marhuenda, article « Lectorats », *ibidem*, p. 1039.
2. Sur ce point, lire Cécile Méadel, *Quantifier le public. Histoire des mesures d'audience de la radio et de la télévision*, Paris, Economica, 2010.

donnent lieu à des campagnes publicitaires et promotionnelles qui témoignent de leur importance économique pour les études de marché et de leur impact en tant qu'outil d'évaluation des programmes.

Dans le cadre de ces enquêtes, *l'auditeur* de radio est désormais défini comme tout individu déclarant avoir écouté telle station pendant une période de référence correspondant aux 24 dernières heures (chez lui ou ailleurs), et *le téléspectateur* comme celui qui a été exposé à l'image télévisuelle, la veille[1]. Ajoutons que se développent depuis un certain nombre d'années des techniques d'analyse des pratiques de consommation sur *Internet*. Les modes de navigation des internautes sur le Web et l'essor des pratiques *cross-médias* (presse, radio, télévision et Internet) bénéficient d'une attention de plus en plus soutenue de la part des divers acteurs concernés. On y reviendra. Toutes ces enquêtes statistiques ont d'abord le caractère d'une information commerciale réservée prioritairement à ceux qui les ont financées : ce qui est rendu public ne représente qu'une partie des résultats recueillis.

II. Les méthodes d'enquête et les indicateurs de mesure

L'une des particularités de toute enquête sur l'audience des médias, lorsqu'elle tend à une certaine validité scientifique, est celle de la représentativité des échantillons observés. De gros progrès ont été réalisés dans ce domaine pour aboutir à des études fiables : la taille des échantillons est souvent importante et nécessite des moyens humains et financiers à proportion des objectifs poursuivis. Deux types de méthodes sont à l'heure actuelle utilisés pour analyser l'audience : soit par entretien, soit par panel.

Les enquêtes par entretien se font en face à face, par téléphone ou par Internet. Elles ont l'avantage de permettre à l'enquêteur d'obtenir l'opinion de l'enquêté immédiatement et l'inconvénient de provoquer certains biais, fort connus des sociologues : problèmes de mémorisation chez certains individus, surévaluation de l'exposition ou encore difficultés de verbalisation de certaines attitudes.

Les enquêtes par panel consistent à déterminer un échantillon représentatif d'individus volontaires, interrogés plusieurs fois pendant une période déterminée (par écrit avec un carnet d'écoute ou par Internet). Cette méthode a le mérite de s'inscrire dans la durée et de permettre d'établir l'évolution des opinions, des attitudes et des comportements. Elle implique cependant pour les enquêtés certaines contraintes (obligation

1. Notons que les définitions de la notion de téléspectateur peuvent varier d'un pays à l'autre, même si l'on tend vers une certaine convergence des points de vue. Est-on téléspectateur à partir du moment où l'on est dans la pièce dans laquelle le téléviseur est allumé, ou bien à partir du moment où l'on regarde effectivement le petit écran pendant une certaine durée ? L'harmonisation des techniques de mesure s'avère en effet indispensable pour la fiabilité des comparaisons internationales.

de remplir régulièrement le carnet d'écoute) et peut conduire à une certaine lassitude. D'où une tendance à constituer des panels « glissants » avec renouvellement partiel de ses membres selon une périodicité régulière.

Depuis le début des années 1980 en France, les enquêtes par audimétrie sont devenues la méthode par excellence de l'observation de l'audience télévisuelle (enquête Médiamat). L'audimètre est un appareil, branché sur la télévision, qui enregistre le comportement des téléspectateurs avec une précision seconde par seconde : écoute de chacune des chaînes, lecture d'une vidéocassette, jeu vidéo etc. Grâce à un bouton-poussoir, le téléspectateur (chaque membre du foyer) doit indiquer sa présence devant le téléviseur. Une centralisation automatique des données est effectuée au cours de la nuit par voie téléphonique et par traitement informatique : ce qui permet aux différentes chaînes de découvrir le lendemain matin les taux d'audience de chaque émission seconde par seconde. La forme de la courbe d'audience tout au long de l'émission donne ainsi une indication sur l'intérêt que le public lui a porté.

1/ *Le lectorat de la presse écrite* est évalué, on l'a dit, à partir des enquêtes menées par Audipresse, société d'études interprofessionnelle créée en 2007. Elle publie notamment une enquête dite « One » pour la presse quotidienne et la presse magazine à partir d'un échantillon de 35 300 individus âgés de 15 ans et plus, ainsi qu'une enquête dite « Premium » consacrée aux cibles de décideurs et aux foyers à hauts revenus.

Les indicateurs de mesure le plus souvent employés pour la connaissance du lectorat se résument à quelques notions clés :

- *La lecture dernière période* (LDP), nombre de lecteurs d'au moins un titre de presse en papier ou en pdf pendant une période de temps correspondant à sa périodicité (un jour pour un quotidien, une semaine pour un hebdomadaire, 30 jours pour un mensuel, etc.).
- *La lecture au numéro moyen* (LNM), nombre moyen de lecteurs par numéro au cours des 7 derniers jours (pour la presse quotidienne uniquement).
- *Le taux de pénétration*, rapport entre le nombre de lecteurs sur la population d'une zone géographique donnée ou ayant certaines caractéristiques socio-économiques définies. Par exemple, si un journal est lu par 2,3 millions de personnes dans une zone géographique comptant 6,9 millions de personnes, son taux de pénétration sera de 33 %.

L'organisme de référence qui certifie la diffusion et la distribution de la presse est l'OJD.

2/ *L'auditoire de la radio* est étudié au moyen de l'enquête d'audience radio « 126 000 » de Médiamétrie qui est publiée chaque trimestre. Elle concerne, depuis

2002[1], des individus âgés de 13 ans et plus, et est réalisée, comme son nom l'indique, avec 126 000 personnes[2]. Les radios sont classées par format (programmes généralistes privés, programmes musicaux nationaux, programmes locaux etc.) et par statut (radios privées commerciales, radios de service public, radios privées associatives, etc.). Médiamétrie prend désormais aussi en compte ce qu'on appelle la « catch-up radio », la radio de rattrapage c'est-à-dire l'écoute d'émissions en différé déjà diffusées à l'antenne et disponibles sur le Web, en s'appuyant sur des mesures sur Internet (technologie « site-centric ») dont on reparlera.

Les principaux indicateurs utilisés sont les suivants :

- *L'audience cumulée*, nombre ou pourcentage de personnes ayant écouté une station au cours d'une période donnée, quelle que soit la durée de leur écoute. Elle répond donc à la question : quel a été, pendant une période déterminée (une journée ou la durée d'une émission) le nombre d'individus qui se sont portés à l'écoute à un moment quelconque et pour une durée quelconque ?
- *L'audience moyenne*, nombre ou pourcentage de personnes présentes en moyenne, pendant la durée d'une émission ou d'une tranche horaire. Elle répond à la question : pendant une période déterminée, quel a été, en moyenne, le nombre d'individus à l'écoute ? (lorsqu'il y a beaucoup de monde au début et peu à la fin, on fait la moyenne des différents moments de l'émission).
- *La durée d'écoute par auditeur*, moyenne de temps passé à l'écoute d'une station par ses auditeurs, pendant une période donnée (souvent une journée, mais aussi une tranche horaire ou une émission particulière).
- *La part d'audience* (ou *part de marché*), rapport, à un moment donné, entre le nombre d'individus à l'écoute de telle station et le nombre total d'individus à l'écoute, toutes stations confondues. On parle également en radio de part de volume d'écoute (PVE).

3/ *L'audience de la télévision* représente indéniablement l'un des enjeux majeurs des enquêtes statistiques. L'enquête « Médiamat » est réalisée sur un panel de téléspectateurs composé d'un échantillon de près de 5 000 foyers (soit 11 500 individus) équipés d'un audimètre à bouton-poussoir. L'univers de l'enquête concerne cette fois des individus âgés de 4 ans et plus, résidant en France métropolitaine et ayant accès à la télévision, quel que soit le mode de réception (câble, satellite, ADSL, TNT). La publication régulière des résultats « Médiamat » est devenue aujourd'hui un outil stratégique pour l'ensemble des acteurs de la télévision. Les indicateurs de mesure sont, en gros, identiques à ceux qui ont été mentionnés pour l'étude de l'audience radio.

---

1. On ne prenait en compte jusqu'à cette date que les individus âgés de 15 ans et plus. Devant la protestation de certaines radios musicales (en particulier de *NRJ*) qui s'estimaient lésées, le niveau de l'âge a été abaissé.
2. Pour davantage de détails, lire Marie-Dominique Chevreux, « La radio pionnière », *Hermès*, n° 37, 2003, « L'audience Presse, Radio, Télévision, Internet », p. 73-80.

Le poids des professions de la publicité dans les décisions d'investissement et de méthodes est devenu, ces derniers temps, considérable de telle sorte qu'elles font pression pour introduire des analyses centrées sur *l'audience utile* (audience d'un support ou d'un message par une cible déterminée) puisqu'elles souhaitent toucher prioritairement telle ou telle sous-population pour tel produit. Les régies des chaînes de télévision, chargées de gérer la vente des espaces publicitaires, sont dorénavant contraintes de fonder leur argumentaire sur la démonstration de la valeur de leurs écrans en termes de couverture des « audiences utiles ».

On le voit, la sophistication des outils d'analyse progresse d'année en année. On s'achemine vers une utilisation toujours plus raffinée des banques de données audimétriques disponibles[1] d'autant que la fragmentation croissante des audiences complique de plus en plus la tâche. L'essor de la vidéo à la demande (VOD), de la télévision de rattrapage (*catch up Tv*) et de la télévision mobile personnelle (TMP) remettent peu à peu en question l'universalité des données d'audience recueillies à partir du seul téléviseur. On est donc entrain de mettre au point de nouvelles méthodes de mesure de l'audience télévisuelle qui prenne en compte la variété des supports de visionnage des émissions de télévision.

4/ *L'audience d'Internet* est devenue un enjeu économique important de ces dernières années. Sa mesure est complexe car de nombreux obstacles surgissent : problèmes techniques liés aux lieux de connexion, aux types d'ordinateurs utilisés, aux différents fournisseurs d'accès ; difficultés de comptage, instabilité de la population des internautes, internationalisation de l'audience, diversité des applications possibles (messagerie, transfert de fichiers, informations, etc.). Une mesure d'audience unique et exhaustive est donc quasi impossible en la matière, mais les indicateurs de mesure sont dorénavant de plus en plus précis. Sont notamment pris en compte en France, le nombre *de pages vues*, de *pages vues avec publicité*, de *sessions utilisateurs* (intervalle de temps ininterrompu entre l'instant où l'on commence et où l'on met fin à une consultation en ligne), de *visiteurs uniques* (individus consultant un même site au cours d'une période donnée) etc.

On a mis au point deux types de mesure grâce à une détection passive par la collecte de traces laissées par les internautes.

D'un côté, la fréquentation et le trafic des sites eux-mêmes (mesure dite *site centric*) : cette fréquentation est mesurée par le comptage de pages, de visites et de « visiteurs uniques » c'est-à-dire de connexions *via* un même couple machine + navigateur au cours d'une période donnée. Cette mesure se fait au moyen de marqueurs (des « tags » sur chaque page) et de « cookies » (témoin de connexion) sur les navigateurs et elle donne lieu à la publication par Médiamétrie de l'enquête Médiamétrie « eStat » et à de nombreuses études réalisées par plusieurs autres organismes.

1. Pour une synthèse sur la mesure de l'audience à la télévision, lire Régine Chaniac, « Télévision : l'adoption laborieuse d'une référence unique », *Hermès*, n° 37, *op. cit.*, p. 81-93.

De l'autre côté, l'audience et donc le comportement des internautes (mesure *user centric*) qui se fait par des approches statistiques fondées sur un panel de 25 000 personnes qui acceptent l'installation d'un logiciel particulier sur leur ordinateur[1]. Les résultats de ces mesures sont publiés par Médiamétrie NetRatings.

Le paysage d'Internet étant appelé à se transformer rapidement dans les années à venir, les méthodes d'analyse vont encore s'affiner et se perfectionner. Médiamétrie mesure dorénavant l'audience de *l'Internet mobile* grâce à un panel de 10 000 mobinautes pour les smartphones et de 1 500 panélistes pour les tablettes. Enfin, comme les pratiques *cross-médias* sont de plus en plus fréquentes, il tente également d'en saisir les modalités et la portée.

III. L'audience et les pratiques de consommation

On se gardera de décrire de manière détaillée les résultats d'audience des différents médias en France : les chiffres évoluent trop vite pour qu'ils puissent demeurer pertinents au-delà de quelques mois. Ce sont les grandes tendances de l'évolution du comportement du public qui nous intéresseront ici : quelles sont les pratiques des lecteurs, des auditeurs, des téléspectateurs et des internautes à l'heure actuelle ? Observe-t-on des évolutions sensibles en la matière ces dernières années ? Peut-on caractériser sociologiquement le profil de ces utilisateurs des médias traditionnels et des médias numériques ? Telles sont quelques-unes des questions auxquelles on s'efforcera de répondre à grands traits.

En matière d'équipement, on sait que les Français ont aujourd'hui accès à de très nombreux supports. 97 % d'entre eux sont ainsi équipés en poste de télévision. En décembre 2014, un tiers des foyers (soit plus de 9 millions) étaient équipés de quatre écrans : un téléviseur, un ordinateur, un téléphone mobile, une tablette. On comptait en moyenne 9,7 écrans au sein de ces foyers contre 6,4 pour l'ensemble des foyers en France[2]. L'équipement en ordinateurs, ce n'est guère une surprise, s'est aussi très fortement intensifié au cours des années 2000 tout comme l'achat de lecteurs et graveurs de DVD, de lecteurs MP3, de téléphones portables multifonction, etc. Depuis quelques années, l'achat de smartphones, quant à lui, a véritablement explosé et celui des tablettes a sensiblement progressé. Par ailleurs, la France se classait en 2014 au cinquième rang des pays de l'Union Européenne en matière d'équipement des ménages en Internet à domicile[3].

1. Pour davantage de détails, lire Josiane Jouët, « La pêche aux internautes », *Hermès*, n° 37, *op. cit.*, p. 203-211.
2. Selon Médiamétrie, 4e vague de résultats de la mesure des équipements multimédias (février 2015).
3. Selon l'enquête du Crédoc, *La diffusion des technologies de l'information et de la communication dans la société française* (juin 2014).

1/ *Le lectorat de la presse écrite*, analysé par les enquêtes régulières, par les études budget temps, par les études spécifiques de certaines publications, s'est nettement transformé depuis le début des années 1970 en France. De manière générale, on assiste à une série de changements dans les rythmes et les modes de consultation des journaux puisqu'un nombre de plus en plus important de lecteurs lisent aujourd'hui la presse sur les sites en ligne. La lecture est, en outre, plus occasionnelle, plus épisodique et davantage restreinte à quelques grands centres d'intérêt. Le temps consacré à la lecture de la presse se situe autour d'une demi-heure par jour : il est nettement moins important que le temps consacré à la radio et la télévision ou à Internet. Enfin, la presse quotidienne payante a progressivement perdu une partie de son lectorat régulier alors que la presse gratuite, apparue en France en 2002, a réussi à conquérir un nouveau lectorat. Quant à la presse magazine, elle continue, malgré les effets de la crise, à rencontrer un réel succès. Selon une étude Audipresse publiée en 2015 (chiffres 2014), 96 % des Français affirment lire au moins un titre de presse chaque mois et 64 % d'entre eux déclarent lire la presse chaque jour. Donnée intéressante à souligner : les internautes réguliers sur smartphone et tablette sont aussi de gros consommateurs de la presse papier.

La diminution de la lecture régulière des journaux quotidiens est une tendance qui se confirme depuis de nombreuses années. L'érosion du lectorat concerne d'abord la presse nationale, sévèrement affectée, mais aussi de plus en plus la presse régionale dont le lectorat vieillit. La presse quotidienne nationale traverse une crise très sérieuse due, entre autres, à la baisse des recettes publicitaires, à la diminution de la lecture des journaux chez les jeunes, à la concurrence de plus en plus vive des journaux gratuits qui ont séduit une frange de la population qui n'avait pas pour habitude de lire les quotidiens et enfin à l'essor d'Internet qui propose de nombreux sites d'information en ligne. On rappellera par ailleurs que la France se situe, en matière de diffusion des quotidiens, au 31e rang mondial, très loin derrière les pays nordiques, le Japon, le Royaume-Uni, l'Allemagne ou les États-Unis.

La lecture régulière des magazines se maintient, en revanche, à un niveau élevé. Les Français qui lisent en moyenne en 2014 près de 4,6 magazines différents, comptent parmi les plus grands lecteurs de magazines au monde : 48 % d'entre eux lisent chaque jour au moins un magazine. Ce sont les magazines de la presse « people », les titres de cuisine, les magazines « parentaux/santé » et économiques qui se portent le mieux.

Peut-on succinctement caractériser cette audience de la presse écrite ? En ce qui concerne les quotidiens payants, on peut affirmer que le lectorat de la presse quotidienne nationale est en moyenne plus jeune que celui des régionaux, qu'il est majoritairement masculin, qu'il se trouve plutôt dans les classes aisées avec un niveau d'études supérieures plus élevé que la moyenne nationale et enfin qu'il est réparti sur l'ensemble du territoire avec une prédominance de la région parisienne. Le lectorat de la presse quotidienne régionale, pour sa part, est sensiblement différent : la répartition hommes/femmes est plus équilibrée tout comme celle entre zones rurales et zones urbaines. Il est également plus âgé que celui de la presse nationale. Quant au lectorat de la presse gratuite, distribuée à Paris et dans les grandes villes, il est non seulement urbain, mais aussi jeune et plutôt aisé : ce profil constitue en tout cas la cible privilégiée des experts en marketing à la tête de ces journaux[1].

En ce qui concerne les magazines, la segmentation des contenus et des publics nécessiterait un long développement. La lecture des magazines est tellement répandue qu'elle a un faible pouvoir de différenciation sociale. Son lectorat n'en est pas moins davantage féminin que celui de la presse quotidienne. Plus on est jeune, diplômé, de condition aisée et habitant de grandes zones urbaines, plus on a de chances de cumuler la lecture de plusieurs titres généralistes et spécialisés. On peut également relever que le lectorat des « news » magazines est relativement homogène (cadres et professions libérales, habitants des grandes villes, diplômés du supérieur, jeunes actifs dominent), que celui de la presse de télévision est très composite (toutes les catégories de la population y sont représentées).

2/ *L'écoute de la radio* a légèrement évolué ces derniers temps sous l'effet de la concurrence d'Internet. Devenue un média d'écoute individuelle, la radio apparaît en revanche complémentaire et non pas concurrente du petit écran. Les personnes qui écoutent beaucoup la radio sont en effet, le plus souvent aussi des téléspectateurs assidus, alors que les faibles téléspectateurs sont souvent de faibles auditeurs. En 2008[2], 67 % des Français écoutaient la radio tous les jours, tandis que 13 % seulement ne l'écoutaient jamais : la durée d'écoute moyenne était de 15 heures par semaine environ.

La majorité des auditeurs ont une écoute polyvalente (« un peu de tout ») de ce média. Mais on constate l'existence de deux autres usages de la radio : un usage qui privilégie l'information (c'est le cas des personnes les plus diplômées, souvent des hommes, cadres supérieurs, habitant dans des zones urbaines) et un usage centré sur l'écoute musicale (c'est en particulier le cas des jeunes, notamment de la tranche d'âge située entre 15 ans et 24 ans).

De manière générale, l'audience radiophonique compte un peu plus d'hommes que de femmes, davantage d'actifs que d'individus sans activité professionnelle (étudiants, femmes au foyer, personnes en recherche d'emploi). Les adolescents l'appréhendent comme un média musical et interactif: d'où le succès des émissions dites de libre antenne[3]. Elle joue dès lors un rôle non négligeable dans la construction générationnelle.

La plupart du temps, l'écoute de la radio se superpose à une autre activité : travail professionnel, travail ménager, repas, toilette, conduite en voiture, etc. Le taux d'écoute,

1. Sur la presse gratuite, voir Rémy Rieffel, *Mythologie de la presse gratuite*, Paris, Le Cavalier Bleu, 2010.
2. Les chiffres sont tirés de l'enquête d'Olivier Donnat, *Les Pratiques culturelles des Français à l'ère du numérique. Enquête 2008*, *op. cit.*
3. Se reporter à Hervé Glévarec, *Libre antenne. La réception de la radio par les adolescents*, Paris, Armand Colin/INA, 2005 ainsi qu'à Hervé Glévarec et Michel Pinet, *La Radio et ses publics : sociologie d'une fragmentation*, Paris, IRMA, 2009.

quant à lui, varie fortement selon le moment de la journée : il atteint son maximum le matin entre 7 h et 9 h. Il s'agit donc d'une pratique étroitement liée aux autres activités quotidiennes.

Durant les années 2000, la radio a toutefois été confrontée à un double phénomène : d'abord, une partie de l'écoute s'est déplacée vers l'Internet (essor du *podcast*) et ensuite, une offre concurrente d'accès à l'information ou à la musique est apparue par l'intermédiaire des blogs, des sites d'écoute en *streaming* (diffusion de flux) ou des réseaux sociaux. Son écoute a donc subi un tassement, en particulier chez les jeunes de 15 à 24 ans alors qu'en même temps, l'écoute musicale hors radio a progressé[1].

3/ *L'écoute de la télévision* est devenue un peu partout dans le monde – et la France n'y fait pas exception – une activité de loisirs banalisée et souvent dominante. La multiplication de l'offre télévisuelle grâce au câble, au satellite et à la TNT, l'accroissement de la durée du temps libre, ont favorisé l'augmentation du temps passé devant le petit écran, du moins jusqu'au milieu des années 2000 : ce dernier occupe désormais plus de la moitié du temps des Français consacré aux médias traditionnels, loin devant l'écoute de la radio et la lecture de la presse.

Les observations portant sur l'écoute de la télévision en France montrent que celle-ci se développe en fait au détriment des grandes chaînes généralistes traditionnelles qui perdent peu à peu de l'audience et en faveur des chaînes récemment apparues sur la TNT ou des chaînes thématiques. Cette écoute tend également à devenir plus instable et plus mobile en raison bien sûr de l'usage désormais systématique de la télécommande (le téléspectateur zappe d'un programme à l'autre) et de l'essor progressif de nouveaux supports d'écoute (la télévision sur Internet et sur les téléphones portables). Va-et-vient d'une chaîne à l'autre, départs nombreux après quelques minutes d'émission qui n'a pas réussi à captiver, fidélité à éclipses aux différents numéros d'une même série : tout indique le caractère volatil de l'audience.

Le comportement des téléspectateurs français peut aussi s'apprécier au regard de l'évolution de la durée d'écoute. Or, celle-ci, si l'on en croit les différentes études menées sous l'égide du ministère de la Culture, a régulièrement augmenté : en 1997, date de l'avant-dernière enquête, la durée d'écoute par semaine et par individu était de 22 heures, soit un peu plus de 3 heures par jour, contre 20 heures en 1988 et 16 heures en 1973. Mais la dernière enquête publiée en 2009 et portant sur l'année 2008[2], témoigne d'un retournement de tendance historique : comme le souligne Olivier Donnat, pour la première fois depuis l'arrivée de la télévision dans les foyers, le temps que lui consacrent les Français, a cessé d'augmenter. Il a même tendance à diminuer chez les jeunes qui s'investissent désormais dans les nouveaux écrans (consoles de jeux, ordinateurs, téléphones portables) : entre 1997 et 2008, la durée d'écoute a baissé chez les 15-24 ans de près de

1. Olivier Donnat, *Les Pratiques culturelles des Français à l'ère du numérique*, *ibidem*, p. 117 et suivantes.
2. Olivier Donnat, *ibidem*, p. 71 et suivantes.

deux heures. En revanche, les Français allument plus fréquemment leur téléviseur tous les jours en rentrant chez eux : regarder la télévision tous les jours ou presque est devenu une habitude qui a gagné du terrain dans presque toutes les catégories de la population (huit à neuf personnes sur dix regardent la télévision tous les jours ou presque).

Le public de la télévision adopte des comportements différents en fonction d'un certain nombre de variables qui tiennent essentiellement à l'âge et au niveau d'instruction. En fait, l'âge n'efface pas les différences socioculturelles car l'héritage et l'acquis culturels creusent les différences. Il y a, comme le suggérait déjà Michel Souchon dans les années 1990[1], *deux publics différents* du point de vue de la consommation télévisuelle : d'une part, ceux qui regardent beaucoup la télévision et d'autre part, ceux qui l'utilisent peu. La durée moyenne d'écoute s'avère en effet trompeuse : elle donne le sentiment d'une uniformité de comportement d'un seul public alors qu'on a affaire, dans ce domaine, à des publics. Un seul exemple : les individus de niveau de diplôme élevé ont dans l'ensemble un mode de loisirs plus actif et une plus forte participation à la vie culturelle que les autres (ils fréquentent davantage les salles de théâtre, les musées, etc.) : ils regardent donc nettement moins la télévision que les individus peu diplômés La télévision envahit, par conséquent, le temps disponible de certains, non pas de tous[2]. Les facteurs qui conduisent à une probabilité plus élevée d'écoute sont l'âge avancé, l'inactivité et le faible niveau de diplôme.

Contrairement aux idées reçues, les gros consommateurs de télévision manifestent cependant, en ce qui concerne les attentes face au petit écran, une diversité de choix qu'on ne retrouve pas forcément chez les faibles consommateurs. Les premiers regardent non pas uniquement des programmes de fiction ou de divertissement, mais également des émissions culturelles, des documentaires, etc. À l'inverse, les seconds, qui ont d'autres occupations, s'en servent davantage comme un délassement et ont tendance à moins sélectionner des programmes de connaissances et de culture : les cadres supérieurs, par exemple, « regardent avant tout des programmes grand public qui fédèrent des programmes au profil hétérogène, et seule une minorité d'entre eux, privilégie les émissions à contenu culturel[3] ».

En d'autres termes, le public des émissions à petit public n'est pas un auditoire restreint, minoritaire, composé d'une élite intellectuelle, mais une fraction du grand public, gros consommateur de télévision. Comme le rappelle Michel Souchon « aucune enquête ne prouve que le "grand public", *entre deux émissions d'égal intérêt*, choisit sys-

1. Michel Souchon, « Le vieux canon de 75. L'apport des méthodes quantitatives à la connaissance du public de la télévision » in *Hermès*, n° 11/12, 1993, p. 233-245. Du même auteur, lire également, « Un public ou des publics ? », *Communications*, n° 51, 1990, p. 72-77, et « Public/publics de la télévision » *in* Lucien Sfez (sous la direction de), *Dictionnaire critique de la communication*, *op. cit.*, p. 1045-1047.
2. Sur l'évolution du poids de la télévision dans les loisirs des Français, lire Philippe Coulangeon, « Le poids de la télévision dans les loisirs. Évolution de 1986 à 1998 » *in* Olivier Donnat, *Regards croisés sur les pratiques culturelles*, *op. cit.*, p. 283-301.
3. Olivier Donnat, *Les Pratiques culturelles des Français à l'ère du numérique*, *op. cit.*, p. 93.

tématiquement la plus médiocre[1] ». S'il existe bel et bien plusieurs publics en matière de consommation télévisuelle, il n'y a pas, en revanche, des publics différents et isolables, avec des demandes spécifiques, en matière d'attentes et de goûts : il n'y a *qu'un seul public* qui a des demandes différentes selon le temps et l'humeur du moment.

De manière générale, l'élargissement de l'offre télévisuelle s'est fait surtout en faveur des programmes de fiction (l'intérêt des Français pour les séries télévisées et les feuilletons ne se dément pas) et le divertissement. Les comparaisons internationales montrent que, quelle que soit l'importance relative des divers genres d'émissions proposées, ces deux types de programmes représentent environ la moitié du temps d'écoute, devant l'information et les émissions culturelles. Ces résultats suggèrent qu'il existe une grande analogie dans les comportements des téléspectateurs de par le monde : les structures de temps d'écoute (« télévision reçue ») sont plus proches, d'un pays à l'autre, que les chiffres de diffusion (« télévision diffusée »).

4/ *L'utilisation de l'ordinateur et d'Internet* s'est fortement banalisée depuis quelque temps. Alors qu'en 1997, 11 % seulement des Français se servaient d'un ordinateur au moins une fois par mois à des fins personnelles, ils étaient en 2008 56 % à le faire. La progression touche toutes les classes d'âge, mais la fracture générationnelle demeure toutefois très sensible : la proportion d'utilisateurs diminue régulièrement à partir de 35 ans et chute brutalement à partir de 65 ans. On le sait, les jeunes ont massivement apprivoisé l'ordinateur dans le cadre de leur temps libre et sont les plus nombreux à jouer de la multifonctionnalité de l'Internet : écouter de la musique en ligne, regarder la télévision ou écouter la radio, pratiquer des jeux vidéo, fréquenter les sites de réseaux sociaux, utiliser la messagerie instantanée, etc. Ajoutons que la jeunesse n'est pas le seul critère favorisant l'accès à l'Internet : le fait d'être un homme, de disposer d'un niveau de diplôme élevé ou encore d'avoir acquis lors de son activité professionnelle la maîtrise des outils informatiques, sont d'autres facteurs décisifs en la matière.

En matière d'équipement et de modes de connexion, on s'aperçoit qu'un tiers des Français (32 %) n'ont jamais de contact avec un ordinateur dans le cadre de leur temps libre. Leur profil est sans surprise : ils se recrutent surtout chez les personnes âgées dont les ressources financières et culturelles sont faibles. Les inégalités économiques et sociales aggravent donc ce qu'on a appelé la fracture numérique. Le fait d'appartenir à un milieu favorisé augmente en revanche la probabilité de vivre dans un foyer multiéquipé et d'utiliser intensément l'ordinateur et Internet.

Internet est en effet devenu en une décennie, un élément essentiel des pratiques culturelles des Français. Près de deux internautes sur trois se connectent en 2008 tous les jours ou presque en dehors de toute obligation liée à leurs études ou à leur travail pour une durée moyenne de 12 heures par semaine[2]. La fréquence d'usage dépend pour

1. Michel Souchon, « Le vieux canon de 75… », *ibidem*, p. 242.
2. Olivier Donnat, *Les Pratiques culturelles des Français à l'ère du numérique*, *op. cit.*, p. 56.

beaucoup du diplôme et de la position sociale des individus alors que la durée d'utilisation est, quant à elle, davantage liée aux contraintes d'emploi du temps : elle varie en fonction de la situation familiale et de la situation à l'égard de l'emploi. La logique dite de cumul est une fois de plus prédominante : ceux dont l'engagement dans une pratique de loisirs est fort, font tout plus que les autres. C'est le cas des internautes qui vont tous les jours sur la Toile et qui ont des activités en ligne extrêmement diversifiées.

Les internautes français peuvent dès lors être regroupés autour de trois pôles d'activité : le premier groupe comprend ceux qui privilégient les fonctions de communication interpersonnelle et d'accès à l'information (courriels, recherche d'information documentaire) ; le deuxième valorise surtout les usages en relation avec la vie quotidienne (gestion des affaires personnelles, achat de biens et de services, etc.) ; le troisième groupe, essentiellement constitué de jeunes, est pour sa part très soucieux des relations interpersonnelles (messageries instantanées, chats et forums) et très friand de jeux, de musique et de films.

En attendant la publication de la prochaine étude du ministère de la Culture et de la Communication, on peut compléter ce tableau de l'utilisation d'Internet en 2008 par quelques données plus récentes qui confirment les tendances observées antérieurement. Ainsi, à titre d'exemple, en 2014[1], 78 % de la population disposant d'une connexion à Internet à domicile, se connectaient tous les jours. Sans surprise ; ce sont les jeunes (96 % des 18-24 ans et 89 % des 25-39 ans) qui en font le plus une utilisation quotidienne (contre 48 % seulement des plus de 70 ans). Ce sont également, dans l'ordre, les cadres supérieurs, les élèves-étudiants et les professions intermédiaires qui sont les plus connectés. L'inscription sur les réseaux sociaux suit la même logique : en 2013[2], les jeunes entre 18 à 24 ans étaient les plus nombreux à être inscrits sur Facebook, YouTube, Deezer, Twitter. Si l'on prend en compte le critère de la profession, ce sont les cadres supérieurs qui les utilisent le plus devant les professions intermédiaires, les employés et les ouvriers.

L'étude de l'évolution de l'audience au cours de ces dernières décennies le montre à l'envi : l'utilisation des médias traditionnels a été profondément bouleversée par l'essor des nouveaux instruments de communication que sont l'ordinateur et Internet. On assiste donc à une reconfiguration importante des pratiques de loisirs dont les effets continueront sans aucun doute à se faire sentir dans les années à venir.

1. Credoc, Enquête « Conditions de vie et Aspirations », juin 2014.
2. IFOP, Observatoire des réseaux sociaux, 2013.

7

LE(S) PUBLIC(S) DES MÉDIAS

Le public des médias existe-t-il ? La question peut paraître de prime abord saugrenue. Pourquoi en effet douter de son existence alors que toutes les enquêtes attestent de sa réalité, de sa capacité de réaction et de sélection des messages médiatiques ? Ce qu'on voudrait en fait souligner ici, c'est l'extrême difficulté à saisir véritablement ce public qui, ainsi qu'on l'a déjà mentionné, est une entité invisible, une simple création discursive, une construction intellectuelle qui n'est jamais observable en tant que telle. Les chercheurs tentent donc d'en fixer les caractéristiques en procédant à des études des pratiques de réception, d'en préciser les contours avec plus ou moins de succès et d'en comprendre la dynamique.

Sans doute convient-il, en premier lieu, d'en revenir à une perspective historique et d'inscrire cette notion dans le temps et dans la durée. Pour reprendre l'expression de Pierre Sorlin, le public a presque toujours une *préhistoire*[1] : il ne se constitue pas *a priori*, ne se réunit pas uniquement autour de l'objet qui l'engendre, de manière spontanée. Et l'historien de montrer que le public de la presse anglaise du XIXe siècle n'a pas été seulement créé par des facteurs techniques, culturels ou sociaux (élargissement de l'instruction, progrès techniques d'impression et de transport, nouvelle forme de journalisme, etc.). Il n'est, en fait, que l'extension d'un public antérieur, potentiel, qui lisait déjà auparavant une presse non estampillée, incontrôlable, longtemps ignorée, mais qui touchait néanmoins près de 4 millions de personnes.

Le comportement du public évolue en outre avec le temps : les pratiques ne demeurent pas identiques dans la durée. Prenant l'exemple de l'écoute de la radio durant les années 1920 et 1930, il observe qu'au départ, seule une minorité de passionnés, d'amateurs et de bricoleurs s'enthousiasme pour cet outil de communication. Ce n'est que

1. Pierre Sorlin, « Le mirage du public », art. cit., p. 93 et suivantes.

dans une seconde étape que l'on assiste à l'arrivée du gros des troupes de consommateurs. La constitution du public est donc non seulement étalée dans le temps, mais également le résultat de l'existence de deux publics successifs. Selon Pierre Sorlin, c'est la qualité des premiers participants, leur dynamisme (et non pas leur nombre) qui exerce une influence décisive et qui ouvre la voie à l'émergence d'un vaste public.

Il importe, en deuxième lieu, de souligner que le public manifeste une certaine reconnaissance de lui-même. Il ne suffit pas d'affirmer que tant de milliers ou de millions de personnes ont vu telle émission ou lu tel article pour définir un public. Encore faut-il avoir le sentiment de participer avec autrui à ce moment privilégié : le public, en d'autres termes, doit se reconnaître comme tel, se doter d'une identité. On parlera alors de « communautés imaginées[1] ». Le public se constitue en référence à une image du public ; cette image est une fiction, mais elle crée néanmoins un public réel. Regarder un programme, c'est entrer en interaction, non seulement avec ce qui est montré, mais aussi mentalement avec tous les autres spectateurs dont on sait qu'ils regardent également le programme. Dit d'une autre manière, le public est un espace mental, un ensemble de représentations et en même temps un « *Nous* », avec un même sentiment d'appartenance (le fan de « Mad Men » sait qu'il y a d'autres fans qu'il ne connaît pas nécessairement, mais dont l'existence est assurée). Il se sait et se veut, regardé.

Ce public figuré, physiquement invisible, mais observable textuellement (par l'analyse des discours des récepteurs) et sociologiquement (par l'observation des pratiques) peut, en troisième lieu, réactiver des réseaux de sociabilité (discussions téléphoniques, échanges sur Internet, etc.) et former un « milieu », une *communauté d'échanges*. Les modes de participation ne sont en effet pas indifférents à la création d'un public : on éprouve les mêmes centres d'intérêt et on est soucieux d'en discuter avec autrui, lors des « conversations télé » ou des « chats » en ligne. Cette communauté d'échanges est certes passagère, éphémère, mais ne se dissout jamais complètement. Comme le public est plus ou moins volatil, il se fait et se défait sans cesse : il n'est pas une réalité statique (encore moins statistique), mais une réalité en mouvement, un processus.

Il semble donc *qu'il existe bel et bien un public des médias*, qui répond à un certain nombre de critères. Il constitue d'abord un milieu (il engage des relations de sociabilité), qui témoigne d'une capacité de délibération et qui procède à des présentations de soi. Il défend ensuite, d'une manière ou d'une autre, certaines valeurs en référence à un univers partagé. Il est enfin capable de traduire ses goûts en demandes et fait preuve d'une réelle disposition à s'auto-imaginer. Mais ce public n'est jamais une entité pure et parfaite. Sa

1. Notion empruntée à Benedict Anderson dans son ouvrage, *L'imaginaire national. Réflexions sur l'origine et l'essor du nationalisme*, Paris, La Découverte, 1996.

fragilité, sa fugacité, relativisent sa substance et sa consistance : comme le fait remarquer Daniel Dayan, c'est un « presque-public[1] ». Ce public se présente donc sous de multiples facettes et demeure encore aujourd'hui partiellement mystérieux[2].

Essayons d'avancer davantage dans la compréhension du comportement du public[3]. Pour ce faire, il est nécessaire de pratiquer une observation fouillée et minutieuse du rapport que les gens entretiennent, dans leur vie quotidienne, avec la presse, la radio, la télévision et Internet. Il ne s'agit plus simplement de procéder à des dénombrements, d'évaluer le taux d'audience de telle ou telle émission, mais d'entrer en quelque sorte dans l'intimité du lecteur, de l'auditeur, du téléspectateur ou de l'internaute. De saisir les raisons de ses choix, l'influence des messages qu'il reçoit à court ou à long terme sur ses propres croyances ou opinions, sa capacité d'initiative ou au contraire sa relative passivité, le poids de l'environnement sur ses habitudes, etc. ; bref, la manière dont il s'approprie véritablement les messages médiatiques.

Alors que l'audience se résume à la réaction à l'offre (de programmes, de journaux, etc.), le public ne peut se réduire à une logique de marché : savoir pourquoi, comment et avec quel effet celui-ci reçoit les messages émis par les médias est infiniment plus subtil. Étudier le comportement du public, c'est donc analyser la réception des médias avec d'autres visées et d'autres méthodes.

I. Des études des effets aux études de la réception

Pour bien saisir les enjeux actuels liés à l'étude du public et de la réception, il faut d'abord remettre en perspective l'ensemble des travaux qui ont été réalisés à ce sujet depuis plus d'un demi-siècle. On peut, très schématiquement, considérer que les analyses de l'influence des médias sur les récepteurs ont été marquées par quatre types d'approches : 1) *l'étude des effets*, 2) *celle des usages et des gratifications*, 3) *celle de la dimension symbolique et socio-politique des médias*, et enfin 4) *celle de la réception proprement dite*. Tout en sachant ce qu'une telle synthèse a de réducteur, on essaiera néanmoins de résumer à grands traits ces différentes manières d'aborder le comportement du public[4].

1. Daniel Dayan, « Télévision, le presque-public », *Réseaux*, n° 100, 2000, p. 453.
2. Sur cette question complexe du public, voir également l'Introduction de Daniel Céfaï et Dominique Pasquier à leur ouvrage collectif, *Les Sens du public. Publics politiques, publics médiatiques*, *op. cit.* ; Jean-Pierre Esquenazi, *Sociologie des publics*, Paris, La Découverte, coll. « Repères », 2009 ainsi que le numéro de *Réseaux*, n° 126, 2004, consacré aux « Figures du public ».
3. Lire à ce sujet Isabelle Charpentier (sous la direction de), *Comment sont reçues les œuvres. Actualités des recherches en sociologie de la réception et des publics*, Paris, Créaphis, 2006.
4. Pour davantage de précisions sur les différentes approches théoriques en la matière, lire Philippe Breton et Serge Proulx, *L'Explosion de la communication à l'aube du XXIe siècle*, *op. cit.* ainsi que Éric Maigret, *Sociologie de la communication et des médias*, Paris, Armand Colin, 2015.

1/ Les premières recherches menées sur l'influence des médias se rattachent toutes, à des degrés divers, à l'idée que les moyens de communication modernes exercent *un effet* sur le récepteur, c'est-à-dire à une vision unidirectionnelle et verticale de la communication. On se place systématiquement du point de vue de l'émetteur des messages pour comprendre le phénomène sans véritablement s'interroger sur ce qui se passe, en aval, chez le récepteur. Deux traditions de recherche opposées ont tenté, au cours des années 1940 à 1960 environ, de définir les modalités de l'influence : l'une, regroupée sous l'étiquette de « courant empiriste » met l'accent sur la notion d'*efficacité* à court terme des médias, sur leurs effets *indirects et limités* ; l'autre, dénommée « le courant critique » insiste sur la notion de *manipulation* des individus, sur les effets *directs et puissants* des médias. Comme elles ont déjà été évoquées dans les chapitres précédents, on se bornera ici à un simple rappel.

Le *courant empiriste* américain, souvent regroupé sous le modèle classificatoire d'Harold Lasswell (qui dit quoi à qui par quel canal avec quels effets ?) appelé modèle de la « piqûre hypodermique » (les médias injectent dans le corps social leurs messages à l'image d'une seringue dans le corps humain), s'est efforcé d'évaluer la force de persuasion des médias dans un climat intellectuel marqué par l'utilisation de la propagande pendant la Seconde Guerre mondiale et par la demande d'enquêtes sociologiques de la part d'un certain nombre de commanditaires de l'époque (organismes de radiodiffusion, agences de publicité, etc.) soucieux de mieux connaître leurs auditoires.

Cherchant à mesurer les effets directement perceptibles des messages sur les individus considérés comme des récepteurs, les sociologues d'outre-Atlantique ont multiplié les observations de terrain, la description des audiences et sont arrivés à la double conclusion que les médias ne provoquaient guère de changements d'attitude chez les récepteurs et que les relations interpersonnelles jouaient un rôle crucial dans leurs comportements.

On a déjà eu l'occasion de mentionner, à ce sujet, les travaux de Paul Lazarsfeld à propos de l'influence des campagnes électorales à la radio, du rôle des guides d'opinion et du « *two step flow of communication*[1] ». Paul Lazarsfeld et ses collaborateurs réunis à l'université Columbia de New York, ont exercé une forte influence sur la sociologie des médias aux États-Unis et en Europe pendant plusieurs décennies. Ils ont indéniablement contribué à diffuser le modèle des effets à court terme en accumulant les enquêtes et les comparaisons sur les effets limités des médias tout en insistant sur les réseaux de l'influence interpersonnelle.

Les représentants du « *courant critique* », à l'inverse, sont des théoriciens de la société de masse qui jugent que les moyens modernes de communication influencent fortement les attitudes et les comportements des récepteurs : ces derniers sont manipulés par une élite dirigeante qui contrôle les médias. Illustrée par les écrits de l'école de Francfort

1. Se reporter au chapitre 1 sur « Les médias et la vie politique » et plus particulièrement « Les premières études sur les campagnes électorales ».

(Adorno, Horkheimer, Marcuse, etc.), déjà présentés lors de l'étude des rapports entre culture et médias[1], cette approche vise à démontrer les effets directs et puissants des messages médiatiques sur les récepteurs conçus comme des individus passifs, soumis à la domination des industries culturelles sur les esprits. Publiés au cours de la même époque que ceux du courant empiriste, leurs travaux alimenteront les débats autour de l'uniformisation et du conformisme censés être provoqués par les médias dans une société de masse qui adhère prioritairement aux valeurs de consommation et de rentabilité.

Cette double lecture de l'influence des médias – empiriste d'un côté; critique de l'autre – structurera le champ d'études des effets des médias jusqu'au début des années 1960. Fondamentalement inconciliables, ces deux approches reposaient sur une conception réductrice de la réalité: les premiers se bornaient à évaluer l'efficacité à court terme des messages diffusés (en négligeant d'observer les effets à long terme), et de se pencher sur le contexte politique, économique et culturel qui interfère avec la réception; les seconds surévaluaient la notion de manipulation des individus qui relève d'une explication causale simpliste, trop indifférente aux capacités de jugements et de réactions des individus. Il semblait donc de plus en plus nécessaire de rompre avec ces deux courants. La connaissance du comportement du public uniquement sous l'angle des effets des médias avait montré ses limites[2].

2/ Un changement de perspective se produisit à l'orée des années 1960 : les empiristes américains se rendirent en effet compte de la complexité du phénomène d'influence et commencèrent à se préoccuper d'identifier les besoins auxquels répondaient les médias chez les récepteurs. Au lieu de chercher à savoir « ce que les médias font aux gens » (problématique des effets), on s'intéressa dorénavant à « ce que les gens font des médias » (problématique des usages). En portant l'attention sur les *usages et les satisfactions des médias*, le courant d'études appelé « *uses and gratifications research* » reconnaissait explicitement que les membres d'un auditoire utilisaient activement les contenus diffusés par les médias pour combler des besoins et pour rechercher des satisfactions particulières (divertissement, enrichissement personnel, etc.).

Les médias remplissent ainsi un certain nombre de fonctions dans la société: transmission de l'héritage culturel, surveillance du territoire, intégration de ses diverses composantes, etc. C'est la raison pour laquelle on parlera également d'une *approche fonctionnaliste* des médias dont Charles Wright est l'un des représentants patentés. Bien que non dénuée d'imperfections et d'insuffisances (elle propose une analyse trop psychologisante des relations entre individus et médias, néglige le fait que les médias ne répondent pas systématiquement à des besoins, mais qu'ils en créent également), cette

1. Se reporter au chapitre 4 sur « Les métamorphoses de la culture: de l'ère médiatique à l'ère numérique ».
2. On pourra approfondir cette question par la lecture de l'article d'Elihu Katz, « À propos des médias et de leurs effets » *in* Lucien Sfez et Gilles Coutlée, (sous la direction de), *Technologies et symboliques de la communication*, Grenoble, Presses universitaires de Grenoble, 1990, p. 273-282,

vision du comportement du récepteur a toutefois insisté à juste raison sur la relative capacité d'initiative du lecteur, auditeur ou téléspectateur, à même de développer une variété de réponses face aux messages diffusés. Elle a ouvert, à ce titre, de nouvelles pistes de réflexion tout au long des années 1960 et 1970.

3/ Parallèlement à l'essor de ce courant de pensée empiriste, fondé sur l'étude des usages et des satisfactions, émergent au cours de ces deux décennies d'autres travaux qui prennent en compte le contexte social plus large dans lequel s'insère la réception et qui prêtent attention aux *dimensions culturelles, symboliques et socio-politiques du phénomène.* Ce type d'analyse est notamment proposé, durant les années 1950-60 et suivantes en Grande-Bretagne, par des sociologues rattachés à l'école de Birmingham et au courant des « Cultural studies »[1].

Proches, pour la plupart d'entre eux, des analyses de Roland Barthes et de la pensée d'inspiration marxiste (travaux de l'école de Francfort), ils défrichent, on l'a vu, des territoires nouveaux liés aux pratiques culturelles : les communautés (hippies, rastas, rockers, punks), le féminisme, l'expérience de la vie quotidienne, les médias, etc. L'un d'entre eux, Richard Hoggart, a ainsi étudié de près la culture populaire et son rapport aux médias. Par le biais d'une méthode de type ethnographique, il a décrypté le comportement des récepteurs à l'égard de la presse populaire et souligné l'attention oblique dont sait faire preuve le lecteur. On en reparlera. À la différence de ses collègues, il fut peu influencé par la pensée marxiste et l'un des premiers à suggérer le détachement ou la distanciation critique du récepteur vis-à-vis des messages médiatiques.

Les autres membres de ce courant de pensée, en particulier Stuart Hall, commencèrent pour leur part à forger un modèle d'analyse articulant les relations entre la structure du pouvoir politique et économique, l'idéologie véhiculée par les médias et les formes de la culture populaire. Leurs premières recherches concluaient à l'importance des forces politiques, économiques, des rapports de pouvoir et de domination sur la réception des messages. Les médias imposaient, selon eux, le cadre des représentations au sein duquel les individus construisent leur réalité quotidienne.

Encore fortement dépendante d'une vision hégémonique des industries culturelles, cette approche a subi, au fil du temps, des inflexions, au point que Stuart Hall, dans un article important publié en 1980[2], en vint à considérer la réception comme un phénomène à triple registre : *la position dominante-hégémonique* (le récepteur intègre sans résistance le message dans les termes souhaités par l'émetteur) ; *la position négociée* (le décodage du message se fait avec un mélange d'éléments adaptatifs et oppositionnels), et *la position contraire* (le message est décrypté de manière oppositionnelle). Sans nier le

1. Courant déjà évoqué au chapitre 4 sur « Les métamorphoses de la culture : de l'ère médiatique à l'ère numérique ».
2. Stuart Hall, « Encodage, décodage », (1re publication 1980), *Réseaux*, n° 68, novembre/décembre 1994.

poids du contexte, cette approche insistait sur la nécessité, pour comprendre la réception, d'analyser simultanément le processus d'encodage (la production) et de décodage (l'interprétation par le récepteur) des messages faisant appel à la fois à la sémiologie et à la sociologie.

4/ À partir des années 1980 environ, on assiste à l'émergence d'une analyse de la *réception* totalement renouvelée par rapport aux premiers travaux de l'immédiate après-guerre. La compréhension du comportement du public repose aujourd'hui sur l'idée que ce qui peut être doté d'effets, ce n'est pas simplement le message conçu, ni le message diffusé : c'est le message effectivement reçu. En d'autres termes, les contenus des messages diffusés dépassent largement l'intention initiale de l'émetteur. Le récepteur fait partie d'une « communauté interprétative », il décode les messages selon un processus interactif grâce aux conversations avec autrui qui lui permettent véritablement d'interpréter ce qu'il reçoit. On insiste lourdement sur le rôle du récepteur perçu comme un individu actif dans la construction sociale des significations des messages, et fortement inséré dans le tissu social de la vie quotidienne.

On est donc passé en un demi-siècle d'un modèle qui définissait l'action des médias à partir des sources, des émetteurs (modèle des effets) à un modèle qui découvre l'importance des récepteurs ; d'un modèle *unidirectionnel* à un modèle *conversationnel* de la communication. Et cette nouvelle approche du comportement du public des médias – il convient de le souligner – réunit (certes avec des nuances) les empiristes aussi bien que les critiques. Bien que des divergences d'appréciation du phénomène persistent, il y a néanmoins une forme de consensus autour de l'analyse de la réception aujourd'hui.

Les chercheurs des « uses and gratifications » ont dépassé la perspective psychologisante et considèrent le récepteur comme un être social doté d'une identité culturelle particulière, elle-même forgée par l'ensemble des relations interpersonnelles de la communauté à laquelle il appartient. Les chercheurs des « cultural studies » ont abandonné l'idée d'un récepteur sans défense devant l'idéologie véhiculée par les médias et pris conscience de la non-coïncidence systématique entre l'encodage et le décodage des messages[1].

Quels sont les principaux postulats théoriques des études de réception aujourd'hui ? Ils renvoient à ce qu'on a appelé le « *modèle texte-lecteur* » tel qu'il a été synthétisé par Daniel Dayan[2] : il s'agit en effet de jeter un pont entre *un texte* (conçu comme un

1. Pour davantage de détails sur ce point, voir l'article de Kim Christian Schroder, « Vers une convergence de traditions antagonistes ? Le cas de la recherche sur le public » *in* Paul Beaud, Patrice Flichy *et alii*, *Sociologie de la communication*, *op. cit.*, p. 773-795. Il faudrait, pour être complet, ajouter que les travaux réalisés par l'École de Constance (Hans Robert Jauss, *Pour une esthétique de la réception*, 1978) dans le domaine des études littéraires ont également fortement influé sur l'élaboration du modèle actuel de la réception.
2. Daniel Dayan, « Les mystères de la réception », *Le Débat*, n° 71, 1992, p. 146-162. Voir également *Hermès*, n° 11-12, 1993, consacré à « la recherche du public. Réception, télévision, médias ».

ensemble de signes régis par des lois discursives) qui peut être un écrit, des sons, des images et les processus interprétatifs mis en œuvre par *un lecteur* (conçu comme déchiffreur de signes) qui peut être un lecteur proprement dit, un auditeur, un téléspectateur ou un internaute.

- Premier postulat: le sens d'un texte ne fait pas partie intégrante du texte. La réception n'est donc pas l'absorption passive de significations préconstruites.
- Deuxième postulat: il n'y a pas de raison pour qu'un message soit automatiquement décodé comme il a été encodé. Il existe une grande diversité de contextes de réception et une pluralité de codes en circulation.
- Troisième postulat: le récepteur est un individu actif. Sa latitude d'interprétation est plus ou moins forte selon les circonstances (il peut retirer du texte des satisfactions inattendues, rejeter ou subvertir les significations qu'il lui propose).
- Quatrième postulat: le récepteur est non seulement actif, mais fortement socialisé. Les communautés d'interprétation, les ressources culturelles partagées influent sur le travail de décodage des messages.
- Cinquième postulat: « la réception est le moment où les significations d'un texte sont constituées par les membres d'un public. Ce sont ces significations, et non pas le texte lui-même, et encore moins les intentions des auteurs, qui servent de point de départ aux chaînes causales menant aux différentes sortes d'effets attribués à la télévision[1] », par exemple.

Il convient cependant d'ajouter immédiatement deux restrictions à ce cadrage théorique. D'abord, la réception est évidemment tributaire des textes offerts à l'interprétation. Selon la nature et la variété de l'offre de programmes ou de journaux disponibles, le récepteur agira différemment. Ensuite, les ressources interprétatives des récepteurs demeurent très inégalement distribuées: en fonction de leur position sociale, ces derniers ne possèdent pas la même compétence culturelle pour décoder le texte reçu. Les inégalités économiques, culturelles et sociales entre les individus pèsent toujours, d'une manière ou d'une autre, sur l'activité interprétative du récepteur.

Pour analyser efficacement le comportement du public, il convient par conséquent d'envisager la macrostructure de l'offre et les microprocessus de décodage individuel; de prendre en compte tout à la fois les déterminations qui agissent à la source sur l'encodage et les influences du contexte sur le décodage effectué par le récepteur.

1. Daniel Dayan, « Les mystères de la réception », *Le Débat*, *ibidem*, p. 150.

II. Le comportement du public

Que sait-on dès lors du comportement effectif du public des médias ? Quelles sont les études concrètes qui permettent de mieux comprendre comment nous nous approprions les messages en provenance des médias ?

A. Quelques enquêtes pionnières

Ce sont des chercheurs anglais, déjà évoqués précédemment, regroupés sous l'appellation de l'école de Birmingham et des « Cultural Studies » qui ont les premiers ouvert la voie à une meilleure compréhension du comportement du lecteur de journaux. C'est la raison pour laquelle il convient de se pencher un peu longuement sur leurs travaux.

L'un d'entre eux, le sociologue Richard Hoggart a analysé le mode de vie et de loisirs de la classe ouvrière anglaise durant les années 1950 et en a tiré un livre, *La Culture du pauvre* (1957) qui est devenu un classique de l'étude de la culture populaire[1]. Procédant à une observation de terrain minutieuse, il s'est, entre autres, intéressé au rapport qu'entretient ce public avec la presse à grand tirage, en particulier les journaux et magazines bon marché, qui évoquent à longueur de colonnes la vie des personnalités célèbres et qui dépeignent un monde à mille lieues de la réalité quotidienne des gens du peuple.

Son analyse des magazines familiaux et féminins de l'époque montre que ce type de presse adopte un style qui se veut moderniste ; qu'il suggère aux jeunes femmes d'origine populaire qu'avec un peu d'imagination, leur existence peut devenir aussi douillette que celle de la bourgeoisie ; qu'il met l'accent sur le surprenant, la sexualité, le surnaturel pour accrocher le lecteur. Si le matériau journalistique de base n'a pas changé par rapport aux années antérieures, l'habillage a lui, en revanche, été modifié.

Les effets de cette presse à grande diffusion sur les classes populaires lui paraissent multiples. Ces magazines procurent d'abord une forme d'évasion, provoquent un effet onirique, une tendance à la démobilisation. L'irréalité du contenu induit, en fait, « des besoins vite satisfaits par procuration : c'est une littérature de gâteaux soufflés, une pâtisserie sans crème[2] ». Ils ont tendance ensuite à favoriser la schématisation de l'information : la presse populaire est faite pour être lue au galop, elle supprime toutes les nuances sémantiques et syntaxiques et du coup, est profondément conservatrice puisqu'elle empêche les lecteurs de se poser des questions. On devrait donc en conclure qu'elle est puissamment conformiste et aliénante.

1. Richard Hoggart, *La Culture du pauvre*, Paris, Minuit, 1970. On n'entrera pas ici dans la discussion à propos de ce qu'on désigne sous le nom de « culture populaire », qui mériterait un long développement. On se reportera, pour une synthèse sur ce point, à l'ouvrage de Claude Grignon et Jean-Claude Passeron, *Le Savant et le Populaire*, Paris, EHESS, Gallimard/Le Seuil, 1989.
2. Richard Hoggart, *La Culture du pauvre*, *ibidem*, p. 288.

Or, il n'en est rien sur le moment car les gens du peuple ne confondent pas le monde réel et le monde représenté, maintiennent une séparation très nette entre l'univers dans lequel ils vivent (le monde du foyer, la vie réelle), et l'univers extérieur (le monde du divertissement) : c'est une évasion sans conséquences, qui n'affecte guère leur mode de vie. La lecture, en déduit Richard Hoggart, est donc pour eux une forme de consommation nonchalante qui ne requiert qu'une « attention oblique », un « cynisme bon enfant ». En fait, ils ne recherchent dans ces publications que le divertissement, une certaine forme de plaisir et « ils n'y prennent que cela ». Les ouvriers opposent par conséquent leur propre logique à celle des industries culturelles

Il ne faudrait pas toutefois en déduire que les capacités de recul dont peut faire preuve le lecteur des journaux (ou l'utilisateur de la radio et de la télévision) puissent être totalement abstraites des conditions sociales de vie des individus. La capacité de décryptage des messages est variable selon les individus et s'inscrit dans un contexte économique et social qui pèse sur l'autonomie des récepteurs. Richard Hoggart précise à ce sujet que l'uniformisation des comportements n'est pas absente et qu'elle s'inscrit très vraisemblablement dans la longue durée : « ces influences culturelles n'ont qu'une action fort lente sur la transformation des attitudes[1] ».

Cette analyse du récepteur en tant qu'individu relativement actif et rusé a été reprise par l'historien français Michel de Certeau, lui aussi très sensible à la pluralité des pratiques culturelles. Constatant que les travaux « qui concluent de la presse ou des émissions télévisées à l'opinion du public sautent indûment la distance que celui-ci met entre lui et ses divertissements[2] », oublient que le récepteur est en retrait, dans une position tantôt d'intérêt, tantôt d'ennui ou d'amusement, il suggère d'abandonner, une fois pour toutes, l'idée de passivité ou d'inertie du public face aux messages diffusés par les médias.

Le quotidien est parsemé de failles, de transgressions, d'inventivité, et ne se réduit pas à une vision schématique, uniforme, des comportements. La lecture, par exemple, n'est pas seulement la réception béate d'un texte dont le sens serait déjà prédéterminé par son contenu, mais le résultat d'un « art de faire » qui affecte de significations hétérogènes le même ouvrage. Au même titre qu'un lecteur ou un téléspectateur (et aujourd'hui un internaute) opère des choix au gré de ses humeurs, de ses intuitions, et vagabonde en quelque sorte dans les programmes. En d'autres termes, la réception des produits culturels, en particulier médiatiques, obéit à la logique du bricolage, du braconnage, puisqu'elle se construit à partir de morceaux épars, de détournements.

Il existe, explique Michel de Certeau, deux types de comportement[3] : d'une part celui du *stratège* qui, à l'instar du technocrate ou du chef d'entreprise, recherche l'effi-

1. Richard Hoggart, *La Culture du pauvre*, *ibidem*, p. 379.
2. Michel de Certeau, *La Culture au pluriel*, *op. cit.*, p. 237.
3. Michel de Certeau, *L'Invention du quotidien*, tome 1 : *Arts de faire*, Paris, Gallimard, coll. « Folio », (1re édition 1980), 1990.

cacité, la rationalité et va donc droit au but; d'autre part, celui du *tacticien*, qui se laisse porter par l'imaginaire, les opportunités du moment, et qui ne construit pas de programme préalable. Or, dans notre vie quotidienne, nous sommes parfois des stratèges, parfois des tacticiens. Lorsque nous découvrons une ville étrangère, nous pouvons suivre les recommandations d'un guide et nous rendre le plus directement possible aux monuments ou aux endroits souhaités ou, au contraire, flâner, déambuler, en nous laissant porter par l'atmosphère et par les associations d'idées sans objectif prédéfini, ce qu'il appelle joliment « le parler des pas perdus ». De la même manière, l'art de faire la cuisine ou de lire un livre répond très souvent à ces deux attitudes possibles. Michel de Certeau pense en fait que nous nous comportons davantage comme des tacticiens que des stratèges dans l'usage, qui est le nôtre, des médias. À l'instar de Richard Hoggart, il renforce l'idée que l'homogénéisation des produits culturels en raison de la rationalisation de la production peut déboucher sur des *pratiques différenciées*. La résistance du récepteur à ce qu'on lui propose est plus forte que ce que croient certains philosophes ou sociologues. « On suppose, rappelle-t-il, "qu'assimiler" signifie nécessairement "devenir semblable à" ce qu'on absorbe, et non le "rendre semblable" à ce qu'on est, le faire sien, se l'approprier ou réapproprier[1] ».

Il n'en demeure pas moins qu'il faut toujours garder à l'esprit que le poids des logiques sociales, comme le suggère Éric Darras[2], relativise les constats d'une constante autonomie des lecteurs, auditeurs ou téléspectateurs. Les modalités d'interprétation du récepteur varient en effet en fonction d'une part, des dispositions propres à chaque individu et des inégalités culturelles et sociales; d'autre part, des dispositifs mis en place par les médias eux-mêmes (les lectures au second degré sont désormais anticipées et intégrées par les concepteurs de certaines émissions de télévision ou par certains stratèges en marketing de presse). On a donc peut-être trop tendance à survaloriser les pratiques braconnières des utilisateurs des médias parce qu'on manque cruellement à l'heure actuelle d'enquêtes de terrain qui permettraient sans doute d'en savoir davantage à ce sujet.

On dispose toutefois de l'enquête récente menée par Vincent Goulet auprès de personnes de milieux populaires et notamment dans un quartier HLM de la banlieue bordelaise. Cherchant à comprendre comment les classes populaires s'approprient les informations médiatiques, celui-ci montre le poids de la domination sociale, le manque de ressources culturelles des individus, mais aussi leur capacité à s'aménager un monde viable dans lequel on consomme beaucoup la télévision. Les pratiques médiatiques permettent de se situer les uns par rapport aux autres, de s'inscrire durablement dans le monde social : elles sont « une scène de la construction identitaire[3] ».

1. Michel de Certeau, *L'Invention du quotidien*, *op. cit.*, p. 241.
2. Éric Darras, « Les limites de la distance. Réflexions sur les modes d'appropriation des produits culturels » *in* Olivier Donnat (sous la direction de), *Regards croisés sur les pratiques culturelles*, *op. cit.*, p. 231-253.
3. Vincent Goulet, *Médias et classes populaires. Les usages ordinaires de l'information*, Paris, Ina éditions, 2010, p. 143.

B. Les enquêtes de réception de la télévision

Les travaux sur la réception qui se sont accumulés ces dernières années portent essentiellement sur la télévision (quasiment pas sur la presse écrite et très peu sur la radio, du moins en France). Ce fait ne doit rien au hasard : comme le petit écran a pris une importance croissante dans notre vie quotidienne et que le nombre des chaînes de télévision a lui aussi sensiblement augmenté, il n'est pas surprenant de constater l'intérêt manifesté par les chercheurs à l'égard du comportement des téléspectateurs, plutôt que des lecteurs ou des auditeurs.

Parmi la masse des enquêtes réalisées, on peut isoler plusieurs thématiques privilégiées : 1/ l'étude de la réception de la « fiction sérialisée » qui a été à l'origine d'un mouvement de recherche important ; 2/ les travaux s'intéressant à la place de la télévision dans l'espace domestique et à la construction de l'identité individuelle et familiale ; 3/ les enquêtes sur la réception comme expérience du passage de la sphère privée à la sphère publique.

1. L'étude de la réception de la « fiction sérialisée »

L'étude qui a fait date et qui a ouvert la voie à de nombreuses autres investigations, est celle d'Elihu Katz et Tamar Liebes portant sur la réception de la série américaine « Dallas » dans différents pays et publiée en 1990[1].

L'enquête de terrain a été conduite dans différentes communautés ethniques et culturelles aux États-Unis et en Israël (auxquelles s'ajoutera ultérieurement le Japon où la diffusion de « Dallas » a été un échec) : les Américains vivant à Los Angeles, les juifs, d'ethnie marocaine d'immigration ancienne, les juifs russes d'immigration récente, les citoyens arabes, les membres d'un kibboutz. La méthode d'observation a consisté à enregistrer les discussions en petit groupe qui se déroulent avant, pendant et après la diffusion des épisodes et à interroger les téléspectateurs sur ce qu'ils avaient vu, à les faire parler des personnages, des messages véhiculés selon eux par ce programme, des conflits de valeurs qu'on y relève. Il s'agit donc d'une analyse du téléspectateur *in situ* en train de regarder la télévision dans des conditions (presque) habituelles.

Parmi les nombreux résultats de cette étude, on retiendra plus particulièrement l'idée selon laquelle chaque communauté culturelle opère une lecture qui lui est propre de « Dallas » : « les groupes ethniques, expliquent les deux sociologues, se distinguent

1. Elihu Katz et Tamar Liebes, *The Export of Meaning, Cross Cultural Readings of Dallas*, New York, Oxford University Press, 1990. On pourra lire en français, de ces deux auteurs : « L'exportation du sens : lectures transculturelles de la télévision américaine », *Études et documents d'information*, Unesco, n° 104, 1992, p. 73-89, ainsi que « Six interprétations de la série "Dallas" », *Hermès*, n° 11-12, 1993, p. 125-144.

les uns des autres en mettant en relief des aspects différents de l'histoire[1] ». Les arabes et les juifs marocains envisagent, par exemple, l'histoire de manière linéaire, s'intéressent aux personnages en fonction de leur rang de parenté (en les dénommant « le frère cadet », « le père de son mari », etc.) ; les membres du kibboutz appellent en revanche les personnages par leur nom, font davantage référence à des considérations d'ordre psychologique ; les Américains appellent parfois les personnages du nom des acteurs qui les incarnent et expliquent les motivations de ces derniers par des péripéties de la négociation des contrats entre producteurs et acteurs ; les juifs russes enfin, portent leur attention à ce qui se passe derrière la scène, aux producteurs et à l'idéologie, au message manipulateur que contient la série.

Les auteurs de l'étude distinguent en fin de compte deux types de lectures de la série télévisée : une « *lecture référentielle* » d'abord, qui consiste à référer le programme à la vie réelle, à mettre en relation les personnages et les intrigues avec les événements qui nous sont familiers ; une « *lecture critique* » ensuite, qui traite le programme comme une fiction obéissant à des formules narratives, à des conventions esthétiques. Ils constatent une prédominance des énoncés référentiels sur les énoncés critiques : ceux-ci sont notamment très fréquents chez les téléspectateurs au niveau d'instruction faible. Il existe donc une corrélation entre le profil sociologique du récepteur et sa lecture du texte télévisuel. Elihu Katz et Tamar Liebes prennent cependant soin de préciser que le téléspectateur n'est jamais, ou totalement naïf, ou totalement critique : la propension à être l'un plutôt que l'autre est toutefois plus marquée suivant l'origine socioculturelle de chacun.

De manière générale, leur enquête montre que l'interprétation d'un programme est liée à la communauté d'appartenance du téléspectateur (existence de « *communautés d'interprétation* »), que l'homogénéité des messages n'interdit pas l'hétérogénéité de la réception qui résulte d'une négociation du sens sur la base des ressources culturelles propres à chaque individu. Aucun programme télévisuel n'impose donc une signification univoque à ceux qui le regardent.

Les auteurs de l'étude notent également, qu'en raison de la cohérence et de la communauté d'idées observées à l'intérieur de chaque groupe, les programmes font constamment l'objet de discussions spontanées. « Dallas » est donc une expérience sociale collective, l'occasion pour chacun de revêtir un rôle particulier dans les débats, de s'impliquer différemment dans la réalité de l'histoire. Le programme télévisuel déclenche par conséquent un discours sur soi et sur la société, sur des questions primordiales telles que celles de la parenté et des relations sociales.

Les recherches sur la réception des séries télévisées, en particulier « Dallas », ont également été conduites en Algérie, en Hollande, en Allemagne et dans d'autres pays. L'une d'entre elles, celle d'une chercheuse hollandaise, Ien Ang, intitulée *Watching*

1. Elihu Katz et Tamar Liebes, « L'exportation du sens : lectures transculturelles de la télévision américaine », *ibidem*, p. 79.

Dallas, publiée en 1985[1] (donc antérieurement à celle de Tamar Liebes et Elihu Katz), apporte un éclairage supplémentaire. S'interrogeant sur les raisons du succès populaire de la série aux Pays-Bas, elle retient comme facteur explicatif principal le plaisir que le récepteur ressent en regardant les différents épisodes. En s'appuyant sur l'exploitation de lettres de téléspectatrices, elle met au jour le caractère contradictoire de la relation qui s'instaure entre le programme et celles ou ceux qui le regardent. Les téléspectateurs sont en effet relativement critiques à l'égard du contenu de « Dallas », mettent en cause l'invraisemblance du scénario, mais éprouvent néanmoins un réel intérêt à suivre ce programme parce qu'elles y retrouvent partiellement une illustration des difficultés que peut éprouver tout être humain au cours de son existence (tensions familiales, souffrances sentimentales etc.). L'écoute télévisuelle du feuilleton obéit donc à un subtil dosage entre distanciation et identification et provoque un certain plaisir chez le téléspectateur, plaisir qu'on aurait tort de négliger. Preuve que les produits confectionnés par les industries culturelles ne conduisent pas à l'absorption passive de significations imposées.

On constate un double niveau de lecture : à un premier niveau, le téléspectateur évalue l'intrigue, les personnages, et juge l'ensemble peu réaliste ; à un second niveau, il reconnaît certaines situations comme proches de son expérience personnelle et est touché par l'émotion (« réalisme émotionnel »). On peut donc adopter une attitude critique et simultanément être sous l'emprise de l'épisode. Le succès d'une série telle que « Dallas » tient donc au caractère ouvert du texte (il se prête à une multiplicité de lectures) et à son potentiel d'universalité (il véhicule des thèmes et des situations récurrentes dans toute la littérature : rivalités de clans, traîtrise, jalousie, etc. comme dans *L'Iliade* et *L'Odyssée* chez Homère).

Cette étude du public des médias centrée sur la notion de plaisir et de réalisme émotionnel n'a évidemment pas convaincu tous les chercheurs qui travaillent sur la réception télévisée. On a reproché aux enquêtes de Ien Ang (mais aussi de Tamar Liebes et Elihu Katz), d'évacuer le problème des rapports de force entre les différents pays qui participent à la circulation internationale des programmes télévisés, de ne pas suffisamment prendre en compte les conditions de production de ces séries télévisées (en particulier la capacité qu'ont les producteurs d'influer en amont sur les lectures qui seront faites du programme en aval) et de surestimer les formes de résistance du récepteur. Consciente de certaines de ces lacunes, Ien Ang, reconnaîtra dans un article ultérieur qu'il convient de davantage analyser les réalités du système médiatique transnational aujourd'hui et s'inscrire plus nettement dans le contexte global de production des séries télévisées[2].

1. Ien Ang, *Watching Dallas. Soap Opera and the Melodramatic Imagination*, London, Metheun, 1985.
2. Ien Ang, « Culture et communication. Pour une critique ethnographique de la consommation des médias », *Hermès*, n° 11-12, 1993, p. 73-93.

C'est un chercheur norvégien, Jostein Gripsrud[1], qui en étudiant la réception du feuilleton « Dynasty » dans son pays, va essayer d'articuler ensemble le moment de la production et le moment de la réception, de saisir le pouvoir de l'industrie de la télévision américaine qui anticipe effectivement les lectures multiples des téléspectateurs et le plaisir que peut éprouver un public populaire à regarder ce type de feuilleton[2].

En France, cette ethnographie des publics des médias va également se développer au cours des années 1990, notamment grâce à Dominique Pasquier qui s'est intéressée à la réception des *séries pour adolescents* à travers l'exemple d'« Hélène et les garçons[3] ».

Son travail repose sur trois dispositifs d'enquête : une analyse du courrier envoyé par les fans, un questionnaire diffusé auprès de collégiens et de lycéens et des observations dans des familles. Il se situe au croisement de l'étude de la « fiction sérialisée », de la sociabilité juvénile qu'elle suscite et de l'analyse du fonctionnement de la télévision dans la cellule familiale. Quelle place tient la télévision dans la vie des adolescents ? Comment se constituent leurs relations à l'écran ? Quels liens établissent-ils avec les personnages imaginaires des séries ? Telles sont quelques-unes des questions auxquelles la sociologue tente de répondre.

Les résultats sont particulièrement instructifs et vont à l'encontre des opinions préétablies à propos de la médiocrité ou de la futilité d'une telle série télévisée. Dominique Pasquier montre d'abord que les enfants et les adolescents ne sont ni dupes, ni mystifiés par la fiction télévisuelle : ils savent pertinemment décoder les modalités de fabrication de ce type de produit, les règles de construction narrative mises en œuvre. Et cette capacité de déchiffrement croît évidemment à mesure qu'ils grandissent. Elle confirme ensuite que la réception de la télévision est avant tout une expérience collective, un formidable support pour des interactions avec les autres, à l'école, en famille ou ailleurs. « On peut réfléchir et se moquer, aimer et détester, croire et rire de ses croyances. C'est ce qui se passe en dehors de l'écran qui est important[4] ». Elle démontre enfin que les séries télévisées pour adolescents représentent un terrain privilégié pour s'initier aux règles du jeu social. Regarder « Hélène et les garçons », se passionner pour les personnages, pour l'actrice principale, pour les événements qui se produisent, c'est déchiffrer les relations entre sexes, saisir les jeux de l'amour et du hasard, s'interroger sur l'idéal féminin, sur l'image du couple, etc.

Bien que construite dans un dessein purement distractif, avec des personnages stéréotypés, avec des histoires aux morales tranchées, cette série fait réfléchir les adoles-

1. Jostein Gripsrud, *The Dynasty Years. Hollywood Television and Critical Media Studies*, Routledge, London, 1995.
2. Pour davantage de détails, lire Tristan Mattelart, « Le Tiers Monde à l'épreuve des médias audiovisuels transnationaux : 40 ans de controverses théoriques » *in* Tristan Mattelart (sous la direction de), *La Mondialisation des médias contre la censure*, Bruxelles, De Boeck/INA, 2002, p. 17-80.
3. Dominique Pasquier, *La Culture des sentiments. L'expérience télévisuelle des adolescents*, Paris, Éditions de la Maison des Sciences de l'Homme, 1999.
4. Dominique Pasquier, *La Culture des sentiments*, *op. cit.*, p. 221.

cents sur eux-mêmes, sur leurs amis et sur leurs parents. Elle propose des normes d'identification, des modèles de comportement qui sont toujours discutés et retravaillés. En ce sens, elle contribue à l'apprentissage de la vie sentimentale et ne se réduit pas à une consommation passive devant un contenu *a priori* aseptisé.

Preuve est faite, une fois de plus, que la télévision, même lorsqu'elle charrie des récits artificiels et simplistes peut provoquer des réactions et des comportements complexes. On ne peut analyser les effets du petit écran sans tenir compte des contextes sociaux dans lesquels il est regardé et discuté. Il n'en demeure pas moins – et c'est la limite de l'influence de la « fiction sérialisée » – que le processus d'identification est fugitif, éphémère. Ainsi que le suggère l'auteur, il n'est qu'un moment dans une vie: d'autres systèmes de normes et de valeurs entreront vite en concurrence avec lui au fur et à mesure de l'évolution personnelle de ces adolescents.

Les travaux plus récents portent aujourd'hui sur les séries télévisées (« Desperate Housewives », « The Practice », « Lost », « Les Experts », etc.[1]), le succès qu'elles rencontrent, les représentations de la société et du héros qu'elles véhiculent et la manière dont les téléspectateurs et les internautes se les approprient. Quand on examine par exemple la circulation des séries sur le Web, on constate que trois formes de partage semblent se développer: l'expérience de visionnage, les conversations en ligne, l'échange et la redistribution de séries[2]. Ceux qu'on appelle aujourd'hui les « sériphiles » constituent très souvent un monde de fans qui partagent de plus en plus leur passion en commentant les épisodes préférés. Les séries offrent ainsi un espace de projection et de questionnement à des individus dont l'identité est de plus en plus labile[3].

2. L'analyse de la place de la télévision dans l'espace domestique et dans la construction de l'identité individuelle et familiale

Cette approche constitue une deuxième grande catégorie de recherches sur le comportement du public. Elle a été initiée par les travaux de plusieurs chercheurs étrangers, en particulier ceux de David Morley en Grande-Bretagne et ceux de James Lull aux États-Unis. Le premier, après avoir étudié la réception d'un magazine d'actualité *Nationwide*, diffusé sur la *BBC* dans les années 1970 et traitant de questions de société, s'est ensuite penché sur les règles qui régissent l'usage du petit écran dans les familles d'un quartier ouvrier de la banlieue de Londres. Son ouvrage, *Family Television*, dépeint les rapports de force et les compromis qui ordonnent la vie quotidienne des gens et met

1. François Jost, *De quoi les séries américaines sont-elles le symptôme?* Paris, CNRS éditions, 2011 ainsi que du même auteur, *Les nouveaux méchants. Quand les séries américaines font bouger les lignes du Bien et du Mal*, Paris, Bayard, 2015.
2. *Réseaux*, n° 165, 2011, « Les séries télévisées », en particulier Clément Combes, « La consommation de séries à l'épreuve d'internet », p. 137-163.
3. Hervé Glévarec, *La sériphilie. Sociologie d'un attachement culturel*, Paris, Ellipses, 2012.

en particulier au jour les différences de rapports à la télévision selon le genre (*gender*) : les hommes et les femmes ne s'investissent pas de la même manière face à la télévision[1]. Le second, après avoir mené une observation participante dans de nombreux foyers, aboutit dans son ouvrage *Inside Family Viewing*[2], au constat de l'existence de plusieurs types de comportements familiaux, en particulier celui de la famille relativement soudée autour du poste de télévision qui apporte une aide à la communication et celui de la famille davantage silencieuse dans la mesure où la télévision peut aussi être un moyen de s'évader dans l'imaginaire et d'échapper à l'emprise familiale. Il met en outre en exergue d'une part, des usages « structurels » de la télévision (comme bruit de fond, comme instrument de régulation du rythme des repas) donnant lieu à une attention discontinue et d'autre part, des usages « relationnels » propices à des moments de partages et de conversations ou, au contraire d'évitements.

Le contexte de réception est en effet un élément primordial de compréhension du comportement du téléspectateur. L'enquête, évoquée précédemment, de Dominique Pasquier sur « Hélène et les garçons », montre par exemple que la série engendre des relations entre parents et enfants très différentes selon les milieux sociaux, d'une part parce que les adultes eux-mêmes ne portent pas le même jugement à son égard, d'autre part parce que celle-ci réactive des positions souvent tranchées à propos du média télévisuel lui-même. Alors que les pères sont distants et assez indifférents à ce programme, les mères en revanche se partagent en deux catégories très nettes : les pour et les contre « Hélène et les garçons ». Les premières appartiennent à des familles de milieu populaire, regardent fréquemment les épisodes avec leurs enfants, aiment ces moments de connivence et de plaisir partagé. Dans ces familles, le regard porté sur le petit écran est positif. Les secondes, à l'inverse, se recrutent dans les classes moyennes et supérieures, critiquent sévèrement la forme et le contenu de la série et manifestent verbalement leur désaccord devant leurs enfants.

L'enquête réalisée par Dominique Pasquier et Josiane Jouët sur « *les jeunes et la culture de l'écran*[3] » le confirme : la télévision est sans aucun doute le média soumis, dans la cellule familiale, au plus grand nombre de règles et d'interdits. Et son contrôle est beaucoup plus souvent exercé par la mère que par le père : la mère cherche en effet à relativiser l'influence de la télévision par rapport à d'autres activités de loisirs et par rapport au travail scolaire. Cette surveillance de l'utilisation du petit écran est d'ailleurs plus intense dans les familles aisées ou moyennes que dans les familles populaires parce que la télévision y est perçue comme concurrente d'autres formes d'accès au savoir.

1. David Morley, *Family Television. Cultural Power and Domestic Leisure*, Comedia, London, 1986.
2. James Lull, *Inside Family Viewing : Ethnographic Research on Television's Audience*, London, Routledge, 1990.
3. Dominique Pasquier et Josiane Jouët, « Les jeunes et la culture de l'écran. Enquête nationale auprès des 6-17 ans », *Réseaux*, n° 92/93, 1999, p. 25-102.

Le discours sur la télévision est donc également, de manière plus ou moins explicite, un discours sur l'éducation : il est révélateur d'enjeux identitaires forts. Du côté des parents, il exprime la relation à un idéal éducatif alors que du côté des enfants, il est le signe d'un désir d'indépendance. C'est pourquoi la régulation des relations au petit écran au sein de la cellule familiale passe par une série de négociations (entre parents et enfants, voire grands-parents ; entre mari et femme, entre membres masculins et féminins) sur le choix du programme, sur la place où l'on va s'asseoir, sur l'horaire de programmation, etc. Cette négociation est sous-tendue par des conflits ou des compromis révélateurs des rapports d'autorité et du statut de chaque membre de la famille.

Les travaux sur le contexte quotidien d'utilisation de la télévision dépassent donc la simple relation texte/lecteur et s'interrogent sur le rapport entretenu avec le média lui-même. Le contexte domestique de la réception a des répercussions non négligeables sur les lectures des programmes qu'effectuent les téléspectateurs. Mieux encore : selon Serge Proulx et Marie-Françoise Laberge[1], les membres d'une cellule familiale construisent leur identité à travers une histoire avec des expériences personnelles fortes (mariage, enfants, cérémonies familiales, profession, etc.) et la télévision fait partie de ces expériences.

Il est donc intéressant d'étudier la « culture télévisuelle » de chacun : les routines et les habitudes d'écoute, la connaissance des contenus, mais aussi les souvenirs les plus anciens associés à la télévision, l'usage du petit écran depuis l'enfance jusqu'à l'âge adulte. On s'aperçoit alors que la télévision peut agir sur la dynamique interpersonnelle des changements d'opinions ou d'adhésions à de nouvelles valeurs (les parents doivent composer avec ce qui a été vu à la télévision) et qu'elle est un instrument de socialisation important pour certains enfants (plus celui-ci connaît de problèmes, plus la télévision tend à prendre de l'importance pour lui).

Parmi les problèmes soulevés à ce propos, prédomine évidemment celui du comportement des enfants face à la violence télévisée[2]. Sujet qui suscite tellement d'intérêt et de passions qu'on a recensé plus de 5 000 études à son propos ! Autant dire d'entrée de jeu que le rapport entre médias et violence enchevêtre appréciations intuitives et enquêtes savantes, jugements à l'emporte-pièce et analyses raisonnées sans qu'on puisse parvenir à une conclusion ferme et définitive. Ce qui caractérise en effet les recherches sur ce thème, c'est l'absence de certitude, la multiplicité des évaluations qui s'avèrent souvent nuancées et conditionnelles, mais aussi parfois contradictoires. S'il n'y a pas d'explication unique en ce domaine, on s'accorde en revanche à reconnaître trois fac-

1. Serge Proulx et Marie-Françoise Laberge, « Vie quotidienne, culture télévisuelle et construction de l'identité familiale », *Réseaux*, n° 70, mars/avril 1995, p. 121-140.
2. Bien que ne relevant pas à strictement parler des études de réception, mais davantage des études des effets, l'analyse des rapports entre violence médiatisée et comportement du téléspectateur mérite toutefois d'être traitée ici parce qu'elle souligne le poids du contexte familial et de l'environnement social dans la réaction du récepteur.

teurs déterminants dans la relation qui se joue entre violence médiatisée et agressivité du récepteur: *les caractéristiques du message*; *le contexte socioculturel*, *le développement psychologique de l'individu lui-même.*

La réaction dépend d'abord du type de programme dans lequel sont insérées les scènes de violence: la différence est grande, par exemple, entre la violence telle qu'elle s'exprime dans un film comme « Terminator », et celle qui se dégage de « La liste de Schindler » sur l'holocauste; entre la violence dispensée dans le journal télévisé et celle émanant d'un dessin animé. Certaines images peuvent déclencher une grande anxiété, d'autres beaucoup moins, selon que la violence est plus ou moins intégrée dans la trame narrative du récit (pour une fiction), qu'elle est plus ou moins réaliste (celle des dessins animés n'est pas vécue sur le même mode que celle des programmes pour adultes), selon qu'elle est récompensée ou sanctionnée dans le film, etc.

L'environnement social joue ensuite un très grand rôle dans la façon dont l'impact est ressenti. Si l'enfant vit dans un univers social et familial fragile, où la violence est déjà présente, l'influence sera plus forte. Toutes les études montrent que la présence des parents (et notamment celle de la mère) au moment du visionnage désamorce l'impact des scènes violentes parce que l'enfant peut s'exprimer à leur propos, échanger avec des adultes.

La personnalité de l'enfant enfin n'est pas indifférente: son histoire personnelle et relationnelle intervient dans le décodage de la violence. Celui qui s'identifie fortement aux personnages violents, qui fantasme sur une agression, qui est en situation d'échec scolaire ou de marginalisation, est plus sensible que les autres aux scènes de violence médiatisée.

De nombreuses variables transforment donc l'effet de la violence, soit pour l'accentuer, soit pour la réduire selon le cas. Plus fondamentalement encore, il est difficile d'isoler l'influence du média lui-même par rapport à d'autres facteurs qui conditionnent notre comportement: le poids de la famille, de l'école, du milieu professionnel, de la communauté d'appartenance, etc. En d'autres termes, c'est un phénomène à causalités multiples, fort délicat à décrypter.

Pour tenter d'y voir plus clair, on a procédé à divers types d'analyse: des études de contenu pour mesurer le degré de violence (mais la définition de ce qui est violent varie avec l'observateur); des expériences en laboratoire (mais leur caractère est pour le moins artificiel) et des enquêtes de terrain ponctuelles ou longitudinales par observations et par questionnaires (mais le poids des autres variables est difficile à déterminer). Elles permettent, à des degrés divers, d'établir des corrélations entre violence médiatisée et agressivité, mais jamais un véritable lien de causalité. Ainsi que le note Thierry Vedel, « une corrélation statistique entre deux phénomènes ne prouve pas qu'il y a une relation de cause à effet entre ceux-ci, mais seulement la possibilité d'une telle relation[1] ». Trois théories principales ont été proposées pour tenter de saisir l'effet de la violence médiatisée sur le comportement du récepteur : la théorie de l'*agressivité*, celle de la *désensibilisation* et celle de la *peur*[2].

L'approche en termes d'*agressivité*, se décline elle-même en trois théories. La première met en avant l'effet de *catharsis* : les scènes violentes aident le téléspectateur à évacuer ses émotions négatives, à expurger ses sentiments de colère ou de frustration. S'inspirant d'Aristote pour qui le théâtre grec offrait aux spectateurs l'occasion de se libérer de leurs émotions, certains chercheurs (notamment Seymour Feshbach) considèrent qu'en regardant un personnage agir violemment à l'écran, nous nous libérons de notre agressivité intériorisée. La deuxième évoque le problème en termes d'*apprentissage social* : l'observation de comportements violents inciterait à l'imitation. Selon Albert Bandura, les enfants qui regardent des personnages exerçant des actes violents deviennent eux-mêmes plus agressifs : la télévision a, dans ce sens, un effet de stimulation. Elle peut également provoquer un effet de désinhibition dans d'autres cas : elle incite alors à avoir des comportements qu'on n'a pas l'habitude d'adopter. La troisième explique le phénomène sous l'angle du *traitement de l'information* (ou de *l'incitation*). Selon certains chercheurs, les médias proposent des scénarios de comportement qui, par répétition, influencent les individus exposés, donnent forme à des pensées agressives. Pendant un court laps de temps après l'exposition, ils sont dans un état tel que leurs pensées, leurs émotions et leurs envies d'agir agressivement sont au premier rang de leurs préoccupations. Quelle que soit l'explication retenue, il semble bien que « l'exposition à la violence médiatisée contribue à la socialisation à long terme des comportements agressifs[3] ».

La théorie de la *désensibilisation* part du principe qu'une exposition prolongée à un stimulus engendre une réaction émotionnelle réduite à ce stimulus. Autrement dit, une longue exposition à la violence sur le petit écran peut diminuer notre sensibilité à la violence dans la réalité, et nous rendre plus ou moins indifférents à son spectacle : elle banalise en quelque sorte la violence. L'observation des réactions physiologiques semble le prouver : le rythme cardiaque baisse avec le temps. Cette désensibilisation peut avoir des conséquences dans la vie quotidienne. On s'est rendu compte que certaines personnes, témoins d'un acte d'agression dans la rue, réagissent beaucoup moins parce que leur exposition répétée à la violence médiatisée a sensiblement amoindri leur capacité d'empathie à l'égard de victimes réelles.

1. Thierry Vedel, « Médias et violence : une relation introuvable ? », *Les Cahiers de la sécurité intérieure*, n° 20, 1995, p. 14. Sur ce thème, se reporter également à Divina Frau-Meigs et Sophie Jehel, *Les Écrans de la violence. Enjeux économiques et responsabilités sociales*, Paris, Economica, 1997 ainsi qu'à *Médias et violences. L'état du débat*, (dossier réalisé par Monique Dagnaud), Paris, La Documentation française, coll. « Problèmes économiques et sociaux », 2003.
2. Voir, à ce sujet, la synthèse proposée par Barbara J. Wilson, « Les recherches sur médias et violence : agressivité, désensibilisation, peur », *Les Cahiers de la sécurité intérieure*, *ibidem*, p. 21-37.
3. Barbara J. Wilson, « Les recherches sur médias et violence… », *ibidem*, p. 26.

La *théorie de la peur*, aussi appelée théorie de *l'incubation culturelle*, a été proposée par George Gerbner et a suscité un réel intérêt parmi les spécialistes. Selon lui, une exposition prolongée à la télévision peut conduire le téléspectateur à confondre la réalité et la réalité médiatique. Ce dernier fait coïncider sa perception du monde réel avec ce qu'il voit sur le petit écran à longueur de journée. Les gros consommateurs de télévision verraient ainsi l'environnement qui les entoure comme plus violent qu'il ne l'est en réalité ; ils craignent davantage d'être eux-mêmes les victimes d'une agression. La répétition des scènes violentes à la télévision peut de la sorte favoriser l'incubation de la peur. Cette théorie de l'incubation culturelle ou de la « cultivation » (*cultivation analysis*) selon laquelle le récepteur développe une perception déformée du réel, a provoqué de nombreux débats et a été partiellement contestée parce qu'une partie des téléspectateurs ne subit pas cet effet. Il est avéré, en revanche, que certains enfants éprouvent des réactions émotionnelles intenses (cauchemars, troubles du sommeil, etc.) face à des scènes violentes.

La plupart de ces études aboutissent, par-delà la diversité de leur approche, au constat que la télévision peut, à court terme, contribuer à l'adoption d'un comportement agressif et à des attitudes négatives (désinhibition, peur, désensibilisation, déformation de la réalité). Mais le résultat n'est jamais systématique ou mécanique : l'influence ne s'exerce que sur certains individus et dans certaines circonstances précises. Seule la thèse de la *désensibilisation* insiste sur le caractère diffus de la violence à la télévision.

3. L'analyse des médias comme expérience sociale favorisant le passage de la sphère privée à la sphère publique

Ce type d'études offre une autre modalité de compréhension du comportement du public. Il s'agit en effet, dans le cas présent, d'appréhender la manière dont la télévision, en suscitant des conversations, modifie parfois les relations entre les individus dans la société, crée du lien social ou du moins favorise des expériences partagées.

Cette hypothèse est confirmée par les travaux d'un chercheur français, Dominique Boullier, qui a observé les *conversations au sujet de la télévision*, non pas à domicile, mais sur les lieux de travail[1]. Il s'est rendu compte combien la télévision peut être une expérience commune, même dans le cadre du milieu professionnel. Analysant les conversations dans un restaurant d'une galerie commerciale, dans un laboratoire d'analyses médicales, dans un central téléphonique, l'auteur montre que les émissions regardées déclenchent des débats sur les goûts et sur les opinions de chacun, permettent de saisir les rapports d'autorité au sein des familles (entre parents et enfants), de faire part de ses expériences personnelles, de développer parfois un point de vue politique. « Parler de la télévision, ce n'est pas seulement parler de ce qu'on regarde, de la façon dont on regarde,

1. Dominique Boullier, *La Télévision telle qu'on la parle*, Paris, l'Harmattan, 2003.

ou encore de son rapport à la télévision. Parler de son rapport à la télévision, c'est parler de rapports pédagogiques et de rapports conjugaux à l'intérieur de la famille, de l'occupation des temps de loisirs, de l'organisation interne au groupe familial[1] ».

Le fait de regarder la télévision est une expérience sociale qui joue le rôle d'une sorte de sas, d'un espace de transition entre des univers différents et qui permet à des individus, en dehors de l'espace domestique (donc après le moment même de la réception) d'échanger des impressions et des jugements, tout en dévoilant certains éléments de leur sphère privée dans la sphère publique. D'une certaine manière, les conversations « télé » président, selon Dominique Boullier, à la formation d'une opinion publique locale : elles constituent en tout cas un cadre souple qui nous oblige à nous ajuster constamment au contexte, aux attentes du groupe dans lequel nous nous trouvons, à nous déplacer vers un terrain sur lequel nous pouvons enrôler d'autres acteurs susceptibles de partager nos préoccupations. Ce travail collectif d'ajustement nécessite la présence de « constructeurs d'opinion » qui parlent pour les autres et qui déterminent les limites pertinentes pour débattre d'une question (les bienfaits de la chirurgie esthétique, les problèmes d'héritage, la dernière émission de *Thalassa*, etc.). Le petit écran permet ainsi de convertir un problème privé en un débat public dans le respect des convictions personnelles de chacun.

Une autre voie de compréhension des expériences partagées a été proposée par Daniel Dayan et Elihu Katz qui considèrent qu'un nouveau genre télévisuel a fait son apparition depuis plusieurs décennies : les *cérémonies télévisées*[2]. On rangera, parmi les cérémonies télévisées, les voyages du pape Jean-Paul II à l'étranger, les funérailles de John Kennedy ou de Lady Diana, l'investiture de François Mitterrand au Panthéon, les Jeux olympiques, certains débats télévisés lors des campagnes présidentielles, etc. Celles-ci se caractérisent par un certain nombre de dimensions. Elles constituent d'abord des interruptions qui suspendent le flux des programmes traditionnels et le rythme de notre vie quotidienne, s'assurant ainsi un quasi-monopole de l'attention. Elles sont ensuite organisées en dehors des médias : l'initiative en revient à des organisateurs extérieurs (gouvernements, organismes internationaux, etc.). Elles sont donc tournées à l'extérieur des studios de télévision et retransmises en direct. Elles sont enfin, le plus souvent, planifiées et annoncées à grand renfort de publicité. De tels événements sont, en outre, marqués d'une forte dimension protocolaire, exaltent le volontarisme de personnalités hors du commun et mobilisent de vastes publics (plusieurs nations, voire le monde entier).

Les cérémonies télévisées forment donc un ensemble hétérogène d'événements qui varient : 1/ selon leur degré de programmation : répétition cyclique comme la Coupe du monde de football ou événement à chaud comme le décès d'une personnalité ; 2/ selon

1. Dominique Boullier, « Savez-vous parler télé ? », *Médiaspouvoirs*, n° 21, janvier/mars 1991, p. 176.
2. Daniel Dayan et Elihu Katz, *La Télévision cérémonielle*, Paris, PUF, 1996. On parlera également « d'événements médiatiques » (*media events*) ou de « rituels télévisés ».

leur orientation temporelle : elles relèvent soit de l'histoire (commémorations, célébrations du passé), soit de l'actualité immédiate (soulèvements révolutionnaires), soit de l'échéance proche (campagnes électorales) et 3/ selon la nature du scénario proposé.

À propos de ce dernier point, les deux sociologues distinguent trois groupes de cérémonies : les *conquêtes* qui comportent un exploit, un acte délibéré de dépasser les limites du possible et qui visent à séduire par le charisme, l'opinion publique (exemple : les voyages du Pape) ; les *confrontations* qui sont des affrontements gouvernés par des règles et menés, au nom de groupes identifiables, par leurs représentants (exemple des Jeux olympiques) ; les *couronnements* qui relèvent de règles strictes édictées par la tradition (exemple du sacre d'Élisabeth II). À chaque fois, la télévision met en scène ces cérémonies, prend à témoin les téléspectateurs, amplifie l'écho de ces événements et d'une certaine façon déplace leurs frontières.

Elle crée, dès lors, de nouveaux modes de participation du public. « Il s'agit d'offrir au spectateur un nouveau type d'expérience cérémonielle, expérience qui n'est accessible que chez soi : de remplacer le "faites comme si vous y étiez" par la revendication du "n'y être pas". Cette revendication n'a rien de nostalgique. Elle se traduit par un accompagnement du spectateur à travers les phases du rituel et par l'élimination de tout ce qui peut faire obstacle à sa participation[1] ». Lorsque François Mitterrand pénètre, en mai 1981, dans le Panthéon, les spectateurs qui assistent dans la rue à la cérémonie ne voient rien. En revanche, les téléspectateurs sont privilégiés puisqu'ils suivent en direct le parcours du nouveau Président de la République à l'intérieur du monument et le dépôt, devant trois tombes d'hommes célèbres, d'une rose. Quel est donc ce nouveau mode de participation proposé au public au moyen des cérémonies télévisées ?

Lors des *conquêtes*, le public est pris à témoin, et sommé de se convertir à une nouvelle définition de la réalité, de se porter garant de ce qu'on lui montre. Ainsi lorsque Anouar El Sadate, le chef de l'État égyptien, se rend en Israël et reconnaît officiellement cet État, il souhaite que cet acte solennel soit véritablement attesté par le public qui regarde.

Lors d'une *confrontation*, les membres du public sont incités à prendre position. C'est notamment le cas dans le domaine politique : le téléspectateur doit se situer au-dessus de la mêlée et rendre un verdict. Au moment de l'affaire du Watergate, le président Nixon s'est ainsi adressé en direct au public pour lui demander de porter un jugement sur les sénateurs qui devaient évaluer la gravité de ses actes. Le public devient, dans cet exemple, un arbitre ultime.

1. Daniel Dayan et Elihu Katz, *La Télévision cérémonielle*, *op. cit.*, p. 99.

Les cérémonies de *couronnements ou de funérailles*, pour leur part, invitent le public à sanctionner par sa présence les rites de passage des grands de ce monde (mariages, enterrements, anniversaires, etc.)[1], à valider en quelque sorte l'événement.

Ces différentes expériences du monde à domicile font, selon les deux auteurs, d'un événement cérémoniel, une expérience sociale et collective : expérience sociale parce que se constituent de petites communautés de célébration ; expérience collective puisque ces dernières ont conscience de l'existence d'autres communautés semblables. « La télévision, écrivent-ils, ne se donne pas à voir, elle se donne à voir *avec*[2] ». En l'absence de tout contact physique, les cérémonies télévisées peuvent malgré tout provoquer des changements, ou maintenir un statu quo, conférer un nouveau statut aux protagonistes et doter les spectateurs de nouveaux rôles : ceux-ci deviennent juges ou témoins, arbitres ou partisans, compagnons de deuil, etc. Elles engagent donc une participation intense de la part du public, favorisent une attitude réflexive et induisent une sociabilité particulière. Elles réactivent une expérience communautaire.

Le passage progressif de la sphère privée à la sphère publique peut également être illustré par la façon dont les médias audiovisuels traitent de problèmes *a priori* personnels qui se révèlent peu à peu être des problèmes plus généraux, touchant la conscience civique des individus ou favorisant, à tout le moins, une certaine forme d'engagement social. L'analyse en termes de « grammaires » de l'expérience telle qu'elle a été tentée par Dominique Cardon à propos d'une émission de confession intime à la radio apporte sur ce point un éclairage original.

Dominique Cardon a ainsi dépouillé le courrier adressé à l'animatrice d'une émission radiophonique de confession à distance Ménie Grégoire, qui répondait autrefois (entre 1967 et 1981) sur *RTL* aux souffrances psychologiques, morales, sexuelles des auditeurs[3]. Visant à établir une grammaire des expériences de l'auditeur, à identifier les types d'investissement à l'égard d'une telle émission, il distingue trois modalités de comportement : l'*attendrissement*, l'*appropriation* et d'*indignation*.

L'attendrissement est synonyme d'attitude bienveillante de l'auditeur qui ne pratique aucun retour réflexif sur ce qu'il entend à l'antenne. Il entretient une relation affective, personnalisée avec l'animatrice et s'attendrit sur le sort de l'appelant qui est désigné comme un être malheureux. « La communauté des cœurs » rend possible une sorte de consolation radiophonique qui touche particulièrement un public composé majoritairement de mères au foyer, de personnes plus âgées que la moyenne et plutôt d'origine populaire ou rurale.

1. Pour une analyse de la cérémonie des funérailles de lady Diana, voir Daniel Dayan, « Le jeu des médias et du public aux funérailles de lady Diana », *Quaderni*, n° 38, printemps 1999, p. 49-68.
2. Daniel Dayan et Elihu Katz, *La Télévision cérémonielle*, *op. cit.*, p. 146.
3. Dominique Cardon, « "Chère Ménie…". Émotions et engagements de l'auditeur de Ménie Grégoire », *Réseaux*, n° 70, 1995, p. 41-78.

L'appropriation, deuxième type de comportement, suggère que les propos tenus sur les ondes rencontrent des situations où les auditeurs reconnaissent leur propre expérience, leur propre vie. Ils s'approprient donc les récits entendus et font disparaître toute distance entre l'appelant et eux-mêmes : l'identification semble complète. L'émission devient dès lors un répertoire de cas, favorise une pratique d'introspection : les exemples cités à l'antenne sont vécus sur le mode de la réminiscence (« du coup, c'était moi ») et permettent de redécouvrir une culture de l'authenticité, de la discussion conjugale. L'animatrice joue le rôle, non plus d'une simple mère ou sœur comme dans le premier type d'investissement, mais d'une conseillère, thérapeute et analyste. Le public qui adopte cette attitude est plutôt jeune, assez urbain et davantage scolarisé.

L'indignation déplace les problèmes et les souffrances évoqués vers le monde du droit et de la justice. L'émission devient, dans ce cas, un tribunal auquel on adresse des griefs et des revendications. Elle encourage la prise de conscience des femmes et les incite à agir : il s'agit moins de pardonner que d'accuser les responsables des souffrances féminines ; moins de déplorer que de lutter en faveur du droit à la contraception, du travail féminin, de la réforme parentale, etc. L'animatrice est dès lors perçue comme la porte-parole et l'avocate des auditeurs. Le public qui s'inscrit dans cette démarche est plutôt jeune, issu de la petite classe moyenne.

Dominique Cardon montre ainsi que l'émission de Ménie Grégoire a engendré « une pluralité de régimes de représentation de la plainte » et surtout que la réception est socialement et culturellement différenciée. Mais le fait le plus symptomatique est ailleurs. On s'aperçoit en effet, en observant l'évolution du comportement des auditeurs dans le temps, qu'ils acquièrent peu à peu des compétences nouvelles grâce à l'écoute de la radio. La familiarisation progressive avec la confession radiophonique entraîne un déplacement, entre 1967 et 1981, de l'investissement des récepteurs de la première grammaire (celle de l'attendrissement) vers la deuxième (l'appropriation) ou vers la troisième (l'indignation). Elle aide donc à reformuler l'identité personnelle, modifie les formes d'engagement du public : « la construction publique de doléances privées associe étroitement le questionnement intérieur et la revendication égalitaire, le souci de soi et la demande de justice[1] ».

La réception de la radio, dans ce cas précis, entraîne l'apprentissage de pratiques réflexives inédites et conforte l'idée que l'auditeur construit lui-même son expérience de l'émission. Sans doute autorise-t-elle à conclure que le récepteur se réapproprie toujours, d'une manière ou d'une autre, ce qu'il lit, écoute ou voit dans les médias, qu'il négocie à sa façon le message médiatique dans le cadre de certaines contraintes socioéconomiques et socioculturelles. Tous les travaux mentionnés précédemment laissent en effet entendre que le récepteur fait un usage différencié des médias selon son identité générationnelle et sexuelle, selon sa classe sociale et son milieu culturel d'appartenance.

---

1. Dominique Cardon, « "Chère Ménie…" », *ibidem*, p. 74.

Dans la même veine, on peut considérer que certaines émissions de télévision dans lesquelles des anonymes viennent évoquer devant les caméras et en public leurs souffrances sexuelles, sentimentales, familiales, etc. participent, à leur manière, à une redéfinition sociale de l'intimité. Elles proposent aux téléspectateurs des normes d'identification, des visions du monde qui les confrontent à d'autres discours par rapport auxquels chacun est invité à se positionner. Elles encouragent en même temps une forme de relativisme culturel. Le malaise social qui s'y exprime est vécu en termes de symptôme relationnel puisque, comme le suggère Dominique Mehl, « la vie relationnelle constitue le fil directeur du programme[1] ». Plusieurs modèles de la télévision cohabitent désormais, selon la sociologue, sur le petit écran : celui de la télévision messagère (prédominance du message et du savoir), celui de la télévision relationnelle (primat du contact et fusion entre émetteur et récepteur), celui de la télévision médiatrice (relais entre le monde et l'auditoire), voire de la télévision actrice (porte-parole des plaintes sociales, réconciliant en direct les individus et les communautés).

Les succès, au début des années 2000, d'émissions telles que « Loft Story », « Popstars », « Star Academy », etc., ont ainsi profondément remodelé l'imaginaire du public des enfants et des adolescents en validant d'autres types de compétence que celles de l'école et en offrant une forme de reconnaissance sociale à des jeunes souvent issus des classes populaires. Par ailleurs, il semblerait que, dans un autre registre que celui de la télé-réalité, un certain nombre de fictions télévisées, à l'instar de la série « Urgences[2] », aient fourni aux téléspectateurs les outils indispensables pour appréhender l'écart entre le monde idéal de la fiction et le monde réel. En d'autres termes, la réception peut, dans certains cas, être assimilée à une forme d'apprentissage social pour les téléspectateurs qui trouvent dans le petit écran de quoi alimenter leur soif d'identification à des modèles de comportement.

---

1. Dominique Mehl, « La télévision relationnelle », article cité, p. 85.
2. Sabine Chalvon-Demersay, « La confusion des conditions. Une enquête sur la série télévisée *Urgences* », *Réseaux*, n° 95, 1999, p. 235-283 et du même auteur, « Enquête sur des publics particulièrement concernés. La réception de *L'Instit* et d'*Urgences* » *in* Daniel Cefaï et Dominique Pasquier, (sous la direction de), *Les Sens du public. Publics politiques, publics médiatiques*, Paris, PUF, 2003, p. 503-519.

8

LES USAGES DES MÉDIAS

Les pratiques de réception des médias traditionnels (presse, radio, télévision) ne constituent que l'un des aspects des études de l'utilisation des médias. De nouvelles technologies tels que les ordinateurs, les téléphones portables, les smartphones, les baladeurs, les tablettes, sont apparues au cours des dernières décennies et ont bouleversé nos modes de vie. Nous disposons aujourd'hui, en comparaison avec la génération de nos grands-parents, d'un éventail extraordinaire d'outils de communication censés faciliter notre vie quotidienne, abolir les frontières entre vie privée et vie professionnelle et favoriser la circulation des textes, des sons et des images.

Ces technologies de l'information et de la communication (TIC) de plus en plus dénommées « médias numériques » ont conduit les utilisateurs que nous sommes à adopter de nouveaux comportements, à développer de nouvelles pratiques et à apparaître, aux yeux de chercheurs, comme des « usagers » des médias et des TIC. L'*usage* correspond à l'utilisation d'un média ou d'une technologie accessible à travers des pratiques et des représentations spécifiques[1]. L'*usager* est alors un terme synonyme d'utilisateur de ces outils de communication dans la sphère privée et professionnelle[2].

Un champ d'études inédit s'est ainsi offert aux chercheurs, celui de la sociologie des usages, appliqué à l'observation des pratiques mises en œuvre par l'utilisation des TIC dans nos sociétés[3]. En France, par exemple, le début des années 1980 a été propice à

1. Selon la définition proposée par Florence Millerand citée par Patrick-Yves Badillo et Nicolas Pélissier, « Usages et usagers de l'information numérique » in *Revue Française des sciences de l'information et de la communication*, n° 6, 2015 (en ligne).
2. Sur la polysémie du terme « usager », lire l'article de Dominique Boullier, « Construire le téléspectateur : récepteur, consommateur ou citoyen ? » *in* André Vitalis (sous la direction de), *Médias et nouvelles technologies. Pour une sociopolitique des usages*, Rennes, Apogée, 1994, p. 61-74.
3. Pour une synthèse et un bilan, voir Josiane Jouët, « Retour critique sur la sociologie des usages », *Réseaux*, n° 100, 2000, p. 487-521

l'essor de la télématique et plus particulièrement du vidéotex[1], le plus souvent désigné par le terminal Minitel : l'utilisation de cet instrument de communication a donné lieu à des enquêtes sociologiques approfondies Le rapprochement par la suite de l'informatique et des télécommunications, puis celui de l'audiovisuel avec les deux précédents au cours des années 1980 et 1990 ont entraîné l'expansion de ce qu'on a dénommé le multimédia hors ligne et en ligne[2]. Avec l'apparition de toutes ces techniques de communication, les conditions étaient donc réunies pour mener des études à la croisée de la sociologie de la famille, des modes vie et du travail. Approche interdisciplinaire particulièrement féconde en ce qu'elle permet de saisir comment nous nous approprions aujourd'hui ces nouvelles technologies et plus précisément les *médias numériques*[3], fruits de la convergence de l'audiovisuel, de l'informatique et des télécommunications.

I. Les technologies numériques entre logique technique et logique sociale

A. Les premières études

Les premiers travaux portant sur les usages des TIC en France[4] insistent sur l'autonomie relative de l'usager face à ces nouveaux outils. Quand on analyse la genèse des études, on est en effet frappé par leur caractère au départ résolument opposé au déterminisme technique. Les spécialistes récusent l'idée chère à Marshall McLuhan selon laquelle les moyens de communication, les outils techniques structurent les formes

1. La *télématique* désigne les systèmes techniques issus de la convergence des télécommunications et de l'informatique permettant d'accéder à des informations stockées sur des banques de données grâce à des terminaux tels que le Minitel. Le vidéotex est le système technique qui offre l'affichage de lignes de textes sur un écran vidéo.
2. Le *multimédia* désigne au départ un support ou une technologie capable d'enregistrer, de restituer ou de transmettre une combinaison de textes, de sons, d'images fixes ou animées, avec comme principe de fonctionnement l'interactivité. Cédérom, CD-I, DVD, sont dès lors considérés comme hors ligne (pas de connexion avec un prestataire de service), tandis qu'Internet est évidemment considéré comme en ligne, c'est-à-dire diffusé sur réseau et non plus sur un simple support avec un lecteur autonome. Pour l'ensemble de ces définitions, voir Francis Balle (sous la direction de) *Dictionnaire des médias*, Paris, Larousse, 1998.
3. L'article de Josiane Jouët, « Sociologie des médias numériques » *in* Christine Leteinturier et Rémy Le Champion (sous la direction de), *Médias, information et communication*, Paris, Ellipses, 2009, p. 104-121, fait le point sur les usages grand public des technologies numériques aujourd'hui.
4. Voir, sur ce point, Josiane Jouët, « Retour critique sur la sociologie des usages », *Réseaux*, n° 100, 2000, p. 487-521.

d'organisation sociale et les modes de connaissance. Sa conception du « déterminisme technique » paraît en effet très réductrice aux yeux des sociologues qui commencent à observer la manière dont l'usager se sert du Minitel, puis de la micro-informatique.

Ces derniers mettent au contraire l'accent sur les capacités d'initiative de l'usager, son inventivité dans les pratiques ordinaires. Il faut dire que le contexte de l'époque, celui des années 1970 et 1980, est propice à une telle vision des choses: la société française est en proie à des mouvements culturels particulièrement profonds. Les revendications d'indépendance, la montée de l'individualisme, la crise des modes d'affiliation traditionnels (l'église, l'armée, les partis politiques, etc.) concourent à la montée en puissance de nouvelles formes de sociabilité et de convivialité qui privilégient l'émancipation personnelle.

Comme l'usage des TIC touche les types de relations au sein de la famille, l'organisation des rapports au sein de l'entreprise, l'évolution des modes de vie et des pratiques de loisirs, ce sont essentiellement les chercheurs spécialisés dans ces domaines plutôt que dans les sciences de l'information et de la communication encore balbutiantes qui défrichent le terrain et qui élaborent certaines enquêtes. Ces dernières démontrent toutes l'importance de l'individualisation des pratiques et de l'expression de la subjectivité; le rôle majeur joué par ce qu'on pourrait appeler « *l'épaisseur sociale* » de l'usage.

Un tournant se produit cependant à partir du milieu de la décennie 1980 : on redécouvre l'importance de la *dimension technique* de l'usage. Les rapports hommes/machines reposent également sur un certain nombre de contraintes imposées par la machine. L'informatique nécessite, par exemple, l'apprentissage d'un certain savoir-faire, le respect des principes de programmation et de logique séquentielle inscrits dans les modes d'emploi. L'usager est obligé de se familiariser avec ces nouveaux appareils, porteurs de rationalité et de procédures opératoires précises. Le Minitel lui-même n'est pas à l'abri de cette logique: il faut suivre le principe de connexion, d'envoi des messages pour parvenir à ses fins. La technique n'est donc pas neutre: elle induit certains comportements, a des incidences cognitives qui imprègnent les usages ludiques ou fonctionnels des TIC.

L'idée forte qui se dégage, au final, de ces deux approches (la première insistant sur la dynamique du social, la seconde sur l'influence de la technique) est que l'étude des usages des TIC doit se situer à *l'articulation de la logique sociale et de la logique technique*. Comme le fait remarquer Josiane Jouët, les deux médiations sont étroitement imbriquées: « les pratiques de communication s'élaborent… autour d'une double médiation. Cette dernière est à la fois technique car l'outil utilisé structure la pratique, mais la médiation est aussi sociale car les mobiles, les formes d'usage et le sens accordé à la pratique se ressourcent dans le corps social[1] ».

1. Josiane Jouët, « Pratiques de communication et figures de la médiation. Des médias de masse aux technologies de l'information et de la communication », *in* Paul Beaud, Patrice Flichy, *et alii*, *Sociologie de la communication*, *op. cit.*, p. 293.

Utiliser les multiples fonctions d'Internet ou se servir d'un smartphone ne s'improvise pas : chacun d'entre nous tente de combiner à sa manière les consignes données dans la notice d'emploi et le souhait de suivre sa propre curiosité. Il y a bien ajustement entre l'ordre de la procédure technique et le désordre de la pensée intuitive. On ne peut donc se contenter, lorsqu'on analyse les pratiques des TIC dans l'espace domestique ou dans l'espace professionnel, de souligner soit la forte capacité d'autonomie de l'utilisateur, soit l'imposition déterminante de l'outil technique dans le choix des opérations menées : *l'usage est un construit social*, le résultat d'une interaction entre la dimension technique et la dimension sociale.

Tel est, du moins, l'état actuel de la question pour un grand nombre de chercheurs qui s'attachent à saisir les pratiques des usagers des médias numériques et les processus d'innovation technologique[1]. Cette problématique de l'innovation va évidemment à l'encontre des représentations habituelles véhiculées notamment par les ingénieurs, les industriels ou les responsables de marketing qui en sont souvent restés à un schéma simpliste de la diffusion des nouvelles technologies, du type offre → demande (qui reproduit le modèle linéaire de la communication émetteur → récepteur). Il ne suffit pas en effet de raisonner uniquement en termes économiques (comment satisfaire la demande par une offre adaptée) pour être efficace. Il faut également comprendre ce que les gens font des TIC (et non pas seulement ce que les TIC font aux gens), comment représentations et pratiques s'imbriquent, comment technique et usage sont liés pour avoir quelque chance de rendre compte du succès ou de l'échec de certaines innovations.

L'entreprise, on s'en doute, est ambitieuse et délicate pour plusieurs raisons : d'abord parce que le temps de constitution de l'usage est long ; il ne correspond pas à celui de la demande et de la consommation. Ensuite parce que l'usage relève davantage de la tactique (au sens de Michel de Certeau) que de la simple stratégie ; il existe toujours un

1. En réalité, comme le souligne Thierry Vedel, quatre schèmes d'interprétation sont en concurrence avec un écho inégal selon les époques. Ces approches s'organisent en fonction d'une double césure : la première concerne la *nature* de l'innovation technologique (les uns soutiennent l'existence d'une dynamique technique autonome, les autres insistent sur la dynamique sociale et le « construit social ») ; la seconde porte sur le *moment* de l'innovation technologique (ceux qui s'intéressent au moment de la conception et ceux qui portent leur attention sur le moment de la diffusion). En croisant ces deux dimensions, on fait apparaître quatre conceptions différentes de l'innovation technologique :

	Logique technique	Logique sociale
Conception	Développement technique autonome (Everett Rogers)	La technique comme construit social (Bruno Latour)
Utilisation	Déterminisme technique des usages (Marshall Mc Luhan)	Pratiques d'usage autonomes (Jacques Perriault)

Voir Thierry Vedel, « Sociologie des innovations technologiques et usagers : introduction à une sociopolitique des usages » *in* André Vitalis (sous la direction de), *Médias et nouvelles technologies*, *op. cit.*, p. 13-34.

écart entre l'usage proposé et l'appropriation effective. Enfin, parce qu'on ne parvient jamais totalement à appréhender la complexité de l'interaction entre objet technique et usager et réciproquement entre usager et objet technique[1].

B. « Le cadre sociotechnique »

Les travaux menés par Patrice Flichy sur *l'innovation technique* permettent cependant de mieux comprendre les interactions qui s'instaurent entre la technique et les différents acteurs qui interviennent dans sa conception, sa diffusion et son utilisation. Proposant une nouvelle « approche sociotechnique », il précise que celle-ci devra répondre à quatre objectifs. Premièrement, intégrer dans une même analyse technique et société, c'est-à-dire voir comment interfèrent le monde des ingénieurs, des industriels, des exploitants, des commerçants et des usagers. Deuxièmement, étudier simultanément la phase de conception et la phase d'utilisation de l'objet technique, dans les laboratoires aussi bien que chez l'usager à domicile ou sur son lieu de travail. Troisièmement, s'intéresser non pas au fait technique, mais à l'action technique c'est-à-dire aux intentions, aux projets qui précèdent l'action, au déroulement de l'action elle-même et aux interactions entre les multiples intervenants. Quatrièmement, être capable de rendre compte des phénomènes de prévisibilité relative de l'acte technique[2].

Considérant que toute activité technique se situe dans un *cadre de référence sociotechnique*, autrement dit dans un cadre qui nous permet de comprendre les phénomènes auxquels nous assistons et d'organiser nos propres actions[3], l'auteur distingue deux composantes de l'objet technique : le fonctionnement et l'usage, qui sont l'avers et le revers de la même réalité.

Le *cadre de fonctionnement* « définit un ensemble de savoirs et de savoir-faire qui sont mobilisés ou mobilisables dans l'activité technique[4] ». Nous mobilisons tous ce cadre quand nous essayons de réparer un objet en panne. D'un seul coup, la machine ne peut plus être utilisée : il faut donc disposer d'une certaine habileté technique pour remettre en marche l'imprimante de l'ordinateur ou pour vérifier le réglage du téléviseur et du magnétoscope. L'implication de l'usager dans le cadre de fonctionnement est variable. C'est ainsi que dans le cas de la micro-informatique, les « profanes » se contentent d'un

1. Voir Pierre Chambat, « NTIC et représentations des usagers » *in* A. Vitalis, *ibidem*, p. 45-59. (NTIC = Nouvelles Technologies de l'Information et de la Communication).
2. Patrice Flichy, *L'Innovation technique. Récents développements en sciences sociales. Vers une nouvelle théorie de l'innovation*, Paris, La Découverte, 1995, en particulier la IIe partie.
3. Des acteurs aussi différents que les inventeurs, les ingénieurs, les usagers, appartiennent à des mondes sociaux très dissemblables, mais ont besoin d'un cadre de référence commun pour élaborer un objet technique et pouvoir s'en servir. Par exemple, pour la mise au point du vidéotex, il a fallu faire collaborer ensemble les concepteurs du terminal (Minitel), les centres serveurs qui fournissent l'information, les ingénieurs du réseau téléphonique, etc.
4. Patrice Flichy, *L'Innovation technique*, *op. cit.*, p. 124.

savoir opératoire de base, de quelques notions sommaires pour maîtriser l'outil alors que les « professionnels » sont des praticiens avertis, qui connaissent dans le détail le fonctionnement de l'ordinateur, et qui sont capables de bricoler et de réparer avec une certaine aisance.

Le *cadre d'usage*, comme son nom l'indique, est celui de l'activité effective de l'usager et correspond à la manière dont on se sert dans la réalité sociale de l'objet technique lui-même. Un même objet technique peut être utilisé différemment par les usagers. L'usage résulte en fait d'une forme d'ajustement personnalisé avec la machine.

Le *cadre de référence sociotechnique* ne se résume donc pas à la simple addition du cadre de fonctionnement et du cadre d'usage: il s'agit, en vérité, d'un alliage original, d'une union inédite. Cette notion permet en effet de comprendre que le rapport homme/machine et donc usagers/TIC s'établit sur les bases d'un ensemble de savoirs, de savoir-faire, de représentations, qui structure les interactions que chacun d'entre nous développe avec les objets techniques et avec les autres personnes; qui organise nos actions, nos doutes, nos interprétations.

En d'autres termes, l'activité communicationnelle et l'usage des médias numériques, ne sont réductibles ni à de simples contraintes techniques d'un côté, ni à de simples pratiques sociales de l'autre. Les usages sociaux sont, d'une certaine manière, déjà inscrits dans les instruments eux-mêmes, incorporés en eux, mais également dépendants de la créativité, de l'inventivité dont font preuve les usagers dans leur vie quotidienne. « Dans tous les cas, observe Patrice Flichy, la machine possède en elle-même, en creux, le projet de l'utilisateur: regarder une cassette vidéo, réchauffer un aliment, mettre en page un texte, etc. À l'inverse, l'usager sait ce qu'il peut demander à la machine, l'ajustement entre elle et lui peuvent éventuellement se faire en deçà des performances techniques[1] ». Les entreprises qui produisent ces objets techniques ne s'y trompent d'ailleurs pas: elles essaient d'observer les pratiques des usagers, d'identifier les tactiques utilisées, afin d'être éventuellement capables d'intégrer ces usages dans la conception future de nouveaux objets[2]. Les rapports entre objet technique et usagers sont par conséquent construits pour une série de *médiations* (techniques, culturelles, économiques, sociales, etc.), d'ajustements successifs, de confrontations et de négociations qui réduisent l'incertitude.

Les chercheurs qui étudient ce qu'on appelle *la généalogie des usages*, ont montré que les usages des TIC s'insèrent toujours dans des pratiques familiales ou professionnelles préexistantes: il n'y a pas de création *ex nihilo*. L'apparition de nouvelles pratiques se

1. Patrice Flichy, *L'Innovation technique*, *ibidem*, p. 139.
2. Certains chercheurs considèrent à cet égard que les prescriptions d'usage, les discours promotionnels et donc la logique de l'offre s'avèrent plus déterminants que les pratiques et les usages eux-mêmes. Voir à ce sujet Jean-Guy Lacroix, Pierre Moeglin, Gaétan Tremblay, « Usages de la notion d'usages » *in* Société Française des Sciences de l'Information et de la Communication, (SFSIC), *Les Nouveaux Espaces de l'information et de la communication*, 8e Congrès Lille, 1992, p. 239-248.

greffe sur des pratiques antérieures, des routines intériorisées[1], et entraîne une acculturation progressive. Aux phases d'exploration et d'apprentissage (qui sont souvent le fait d'un public très ciblé, porté sur l'innovation), succède ensuite une plus ou moins longue période d'adaptation, d'apprivoisement qui peut provoquer, soit des abandons et des rejets, soit une familiarisation réussie : l'objet technique devient alors un objet ordinaire, inséré dans la banalité du quotidien. Cela a été le cas de la radio (devenue peu à peu un objet trônant dans la cuisine ou dans le salon familial, puis un instrument à usage individuel avec le transistor), de la télévision ; c'est désormais le sort réservé au téléphone et à l'ordinateur. Entre les usages prescrits et les usages réels, il y a nécessairement des nuances, voire de sérieuses différences.

L'arrivée de nouveaux outils de communication ne provoque pas non plus, contrairement à certaines idées hâtives, la disparition des anciens médias, mais des réaménagements de l'emploi des objets existants : l'ordinateur ne remplace pas définitivement la télévision, les jeux vidéos ne se substituent pas totalement à la télévision, le courrier électronique ne relègue pas le téléphone au rang de simple ornement.

Les enquêtes menées suggèrent toutefois que l'adoption d'un nouvel instrument de communication repose également sur la valeur de distinction sociale qu'il véhicule : posséder un smartphone dernier cri, une tablette numérique, c'est aussi montrer sa volonté d'être en phase avec l'air du temps, se différencier dans la mesure du possible du voisin, éviter un déclassement social. Étudiant les usagers du Minitel et de la micro-informatique durant les années 1980, Josiane Jouët soulignait à l'époque combien le coût d'achat et la compétence technique exigée par le micro-ordinateur contribuaient à en faire un objet de différenciation sociale[2]. C'est bien la preuve que l'usage social n'est jamais purement instrumental et qu'il comporte également une signification symbolique, qu'on aurait tort de négliger quand on étudie l'adoption des nouvelles technologies de communication.

II. Les modes d'appropriation des médias numériques

L'un des angles d'étude des usages des médias numériques, particulièrement intéressant, consiste à analyser le processus d'appropriation des objets techniques c'est-à-dire la manière dont chacun d'entre nous construit sa relation avec l'outil de communication dans la sphère domestique ou dans la sphère professionnelle. La plupart des travaux menés dans ce domaine rompent avec le modèle de l'usager comme simple consommateur passif et envisagent donc l'acte d'appropriation comme une forme de *construc-*

1. Voir, sur ce point, Philippe Mallein et Yves Toussaint, « L'intégration sociale des technologies d'information et de communication : une sociologie des usages », *Technologies de l'information et société*, volume 6, n° 4, 1994, p. 315-336.
2. Josiane Jouët, *L'Écran apprivoisé. Télématique et informatique à domicile*, Paris, CNET, 1987, p. 79.

tion personnalisée de l'usage, un agencement propre des diverses fonctionnalités de la machine. La souplesse d'adaptation de l'usager apparaît certes importante, mais non pas infinie : les applications dominantes que l'on observe se conforment assez souvent aux prescriptions d'usage. En tout état de cause, la multiplication des nouveaux outils de communication conduit les usagers à entrelacer de plus en plus communication interpersonnelle et outils numériques du type fixe, mobile et Internet : le multi-usage est en plein développement[1].

On distingue, généralement, plusieurs dimensions dans l'appropriation des médias numériques : une *dimension subjective*, une *dimension cognitive* et une *dimension identitaire*[2].

A. La dimension subjective

La *dimension subjective* met l'accent sur l'appropriation comme « acte de se constituer un "soi" », autrement dit sur les centres d'intérêt de l'usager, les significations subjectives que revêt l'usage d'un objet technique pour chaque individu, les modes d'emploi particuliers qu'il imagine, l'autonomie plus ou moins grande qu'il déploie. Il va sans dire que cette dimension subjective n'est jamais totalement coupée de l'environnement dans lequel l'usager évolue et qu'elle comporte également, qu'on le veuille ou non, une part de dimension collective.

L'exemple de l'usager du *téléphone portable* permet de saisir les spécificités de ce processus. Une enquête menée au tournant des années 1990-2000 sur l'expérience d'usagers « branchés[3] » et centrée sur l'analyse de leurs sentiments, tensions ou questionnements au moment de situations dites « d'ubiquité médiatique » a montré que chacun vit de façon individuelle, particulière, le fait d'être « ici et ailleurs à la fois », avec ses prédispositions psychologiques, ses propres émotions. Mais cette subjectivité de l'utilisateur « branché », tout en étant individuelle, renvoie également à quelque chose qui est commun à d'autres : « elle se construit en regard des logiques qui, elles, sont sociales[4] ».

Trois logiques d'action apparaissent en fait constitutives de leur expérience. D'abord la *logique utilitaire* : le téléphone portable est synonyme de souci d'efficacité, de gain et de rentabilité, notamment dans le cadre de la vie professionnelle. Il décuple les pos-

---

1. Pour davantage de détails sur ce sujet, lire les articles réunis dans le dossier de *Réseaux*, n° 145-146, 2007, intitulé « Entrelacement des pratiques de communication et de loisir ».
2. Selon les catégorisations proposées par Josiane Jouët, « Retour critique sur la sociologie des usages », *Réseaux*, n° 100, art. cit., p. 502 et 503.
3. La méthode a consisté à réunir quatre groupes « d'importants utilisateurs » du téléphone portable et de pratiquer à l'aide de témoignages, de discussions entre acteurs et sociologues, une « mise en miroir » des expériences individuelles. Cette méthode particulière d'intervention sociologique a été réalisée par Francis Jauréguiberry. Voir son article « L'usage du téléphone portatif comme expérience sociale », *Réseaux*, n° 82/83, 1997, p. 149-164.
4. Francis Jauréguiberry, « L'usage du téléphone portatif comme expérience sociale », art. cit., p. 151.

sibilités de contacts et d'actions, réduit les délais de réponse et permet donc d'être de plus en plus compétitif. Ensuite la *logique critique*: les usagers refusent de réduire leur action à des calculs et à de la simple rationalité compétitive. Ils se veulent également des individus capables de prendre de la distance par rapport à cet outil de communication, revendiquent une certaine autonomie pour sauvegarder l'épanouissement de leur personnalité (le temps de l'amitié, des rencontres avec les gens, etc.). Enfin la *logique d'intégration*: le téléphone portable permet à ces « branchés » de s'identifier pleinement à leur métier, à leur catégorie sociale, d'activer leurs réseaux de contacts. Leur expérience quotidienne s'apparente de plus en plus à des relations déterritorialisées, portées par des flux médiatiques.

À partir de ces trois logiques, se développe une combinatoire très variée de conduites: *zapper*, c'est-à-dire aller d'une information à l'autre pour en évaluer les potentialités; *filtrer*, c'est-à-dire garder le contact sans en devenir l'esclave; *préserver* l'authenticité et une certaine qualité humaine dans les échanges médiatisés. On le voit, « l'expérience du branché apparaît comme un constant effort d'imagination visant à mettre en cohérence des aspirations de nature hétérogène[1] ». La dimension subjective de l'appropriation s'accompagne de multiples tensions entre les différentes logiques qui interfèrent dans l'utilisation du téléphone mobile. Contrairement à ce qu'un tel instrument aussi banalisé aujourd'hui laisserait croire, son usage peut se révéler le catalyseur de conduites fort complexes. De plus en plus de jeunes par exemple veulent être en situation d'être continuellement à l'écoute (branchés) et en disposition de « commuter » (zapper) sur ce qui semble le plus intéressant et le plus intense[2].

Mais les études sur les usages du téléphone portable ou du smartphone donnent aussi l'occasion de vérifier que les comportements habituels des individus en société sont souvent modifiés. Les enquêtes qui se sont multipliées ces derniers temps sur l'utilisation du portable dans les lieux publics ou en famille, chez les adolescents ou chez les adultes (en particulier dans le cadre de la vie conjugale), vont en effet toutes dans le même sens: elles démontrent que nous sommes soumis à une sorte de tension permanente entre autonomie et contrôle, entre intimité et anonymat et que les technologies numériques se prêtent à des combinatoires d'usages complexes[3].

Il va sans dire que l'étude de la dimension subjective inhérente à l'usage des nouvelles technologies ne se réduit pas à l'exemple des « branchés » du portable. L'essor récent du Web a aussi profondément modifié la manière dont on parle de soi sur Internet et favorisé l'émergence de ce que l'on nomme « les subjectivités en réseaux[4] ». L'individualisme

1. Francis Jauréguiberry, *ibidem*, p. 163.
2. Francis Jauréguiberry, *Les Branchés du portable*, Paris, PUF, 2003.
3. Francis Jauréguiberry et Serge Proulx, *Usages et enjeux des technologies de communication*, Toulouse, Erès, 2011.
4. L'expression est de Josiane Jouët, « Sociologie des médias numériques » *in* Christine Leteinturier et Rémy Le Champion (sous la direction de) *Médias, information et communication*, *op. cit.*, p. 110.

contemporain qui encourage l'accomplissement de soi, conduit en effet les individus (surtout les jeunes : collégiens, lycéens et étudiants) à endosser sur le Web des identités multiples et à donner libre cours à une véritable mise en scène des différentes facettes de leur personnalité. L'usage intensif des forums, des blogs et des réseaux sociaux du type *Facebook*, *MySpace*, *DailyMotion* etc. encourage l'expression subjective de ses sentiments, de ses états d'âme, au vu et au su de tout le monde. La séparation entre vie privée et vie publique étant de moins en moins étanche, on assiste désormais au développement de ce que Laurence Allard appelle « l'individualisme expressif[1] » ou encore « les cultures expressives », particulièrement visibles sur les plates-formes relationnelles où l'on expose ses goûts et ses préférences, où l'on exhibe sa personne à l'aide non seulement d'écrits en tous genres, mais aussi de musiques et de vidéos[2].

Le processus de subjectivation c'est-à-dire d'extériorisation de soi est particulièrement intense sur le Web : création de blogs personnels, récits intimes, jeux de travestissements et de masquages, bricolage de produits culturels standardisés (remix, collage etc.) sont autant d'indicateurs de l'importance prise par la dynamique « expressiviste ». Expression de la subjectivité et affirmation identitaire sont de plus en plus étroitement liées sur les réseaux sociaux.

B. La dimension cognitive

La *dimension cognitive* de l'appropriation met en jeu, de son côté, des modalités particulières d'acquisition de savoirs (découverte des fonctionnalités de l'outil), de savoir-faire (apprentissage du mode opératoire) et d'habiletés pratiques. On assiste, en vérité, à de multiples micro-adaptations en fonction de chaque utilisateur qui attestent de l'importance des ressources cognitives propres à chacun.

L'emploi des *jeux vidéo* est particulièrement significatif à cet égard : les études menées à ce sujet dans les années 1990 montraient que l'utilisation de jeux tels que « Marioland », « Habitat » ou d'autres beaucoup plus sophistiqués tels que « Starcraft », « Edge of Empire » peuvent influer sur l'acquisition et la construction des connaissances[3]. Les observations conduites portent principalement sur les habiletés acquises ou renforcées (*skill*), c'est-à-dire sur la capacité du sujet à effectuer une fonction. Non seulement ces

1. Laurence Allard, « Émergence des cultures expressives, d'Internet au mobile », *Médiamorphoses*, n° 21, 2007, p. 19-25. Voir également Laurence Allard et Frédéric Vandenberghe, « *Express Yourself!* Les pages perso entre légitimation techno-politique de l'individualisme expressif et authenticité réflexive *peer to peer* », *Réseaux*, n° 117, 2003, p. 191-219.
2. Se reporter à ce sujet au chapitre 4 sur « Les métamorphoses de la culture : de l'ère médiatique à l'ère numérique ».
3. Voir notamment Jacques Perriault, « L'acquisition et la construction de connaissances par les jeux informatisés », *Réseaux*, n° 67, 1994, p. 57-70. Du même auteur, lire également *La logique de l'usage. Essai sur les machines à communiquer*, Paris, Flammarion, 1989 ainsi que *L'Accès du savoir en ligne*, Paris, Odile Jacob, 2002.

jeux ont des effets sur l'attention visuelle, mais ils renforcent aussi, dans certains cas, la capacité à comprendre les représentations iconiques et favorisent la perception spatiale. Certains chercheurs considèrent en outre que les participants de ces jeux informatisés découvrent le plus souvent par eux-mêmes les règles en mobilisant la pensée inductive (aller du particulier au général). En tâtonnant, en appuyant sur certaines touches, nous prenons conscience progressivement de certaines fonctions, et nous construisons à notre manière notre propre pratique du jeu vidéo. Les recherches récentes semblent confirmer ces résultats. Les jeux vidéo suscitent chez les joueurs une forte curiosité, la volonté de résoudre des énigmes dans lesquelles le hasard, la compétition, le danger, s'entremêlent (*Call of Duty, World of Warcraft*, etc.)[1]. Si l'on en croit, en outre, certains experts en neurosciences ou en sciences cognitives, voire en psychologie du développement, les joueurs améliorent globalement leurs capacités d'attention visuelle (identification des cibles, flexibilité, souplesse d'adaptation imagination). Nous serions dans une phase de profonde mutation et de passage d'un « cerveau analogique » à un « cerveau numérique ». Mais les controverses à ce sujet sont nombreuses[2].

Toutes choses égales par ailleurs, il en va probablement de même lorsque nous nous trouvons devant un nouveau logiciel ou lorsque nous surfons sur Internet. Chacun d'entre nous doit intégrer les principes de l'hypertexte, s'adapter à la machine et à ses procédures d'emploi. Il est clair que les échanges avec d'autres utilisateurs favorisent également cette adaptation : la dimension cognitive est étroitement liée aux pratiques de socialisation et d'échanges collectifs.

On s'est d'ailleurs rendu compte que la grande majorité des usagers se contente d'une maîtrise très partielle des diverses fonctionnalités des outils de communication. Beaucoup d'appareils comportent une multiplicité de fonctions qui ne sont jamais exploitées, à la fois parce qu'elles requièrent une culture technique importante et parce que les usagers se contentent volontiers de cette utilisation minimale. Seuls les internautes confirmés, les informaticiens expérimentés, cherchent véritablement à se servir des diverses potentialités de ces instruments souvent fort sophistiqués. La manière dont les « hobbistes professionnels », véritables drogués de la micro-informatique se servent de l'ordinateur n'a que bien peu de rapports avec l'attitude des « productivistes » qui se contentent d'un usage régulier du traitement de texte[3]. Les écarts dans la maîtrise de l'outil apparaissent donc importants selon que l'on est un simple profane ou un véritable professionnel de l'utilisation des technologies numériques.

1. Vincent Berry, *L'expérience virtuelle : jouer, vivre apprendre dans un jeu vidéo*, Rennes, Presses universitaires de Rennes, 2012.
2. Voir, par exemple, Olivier Houdé, « Les écrans changent-ils notre cerveau ? », *Sciences Humaines*, n° 252, octobre 2013, p. 36-41.
3. Selon les formules de Josiane Jouët, *L'Écran apprivoisé, op. cit.*

C. La dimension identitaire

La *dimension identitaire* constitue probablement celle qui a suscité le plus de recherches et de réflexions, sans doute parce qu'elle touche à des phénomènes très riches en significations : constitution de l'identité chez les adolescents ; jeux de représentations et de mises en scène de soi chez certains adultes ; accomplissement professionnel à travers l'usage des TIC, etc. Identité personnelle et identité sociale sont fortement imbriquées : elles suggèrent que les outils de communication sont simultanément sources de construction de soi et de marquage social.

Plusieurs illustrations de ces dimensions particulières de l'identité peuvent être données. On s'attardera ici uniquement sur deux cas de figure qui semblent très représentatifs du phénomène : celui des *messageries télématiques* et celui *des blogs.*

1/ Le premier cas de figure, celui des *messageries conviviales sur le Minitel* a fait, en son temps, couler beaucoup d'encre et peut, dans ses grandes lignes, être transposé à celui de certains types d'échanges sur Internet. Rappelons en effet que, durant les années 1980, a émergé un usage totalement inattendu du Minitel, « les messageries roses », fruit de détournements de l'usage ordinaire, fonctionnel, du réseau Télétel. Cet aspect ludique et convivial de l'outil technologique a favorisé la circulation de messages sous couvert de pseudonymes et des échanges fondés sur le plaisir, le désir, le jeu sur l'identité.

Comme le suggéraient les enquêtes de l'époque, cette pratique inédite permet d'échapper provisoirement à une identité définie puisque le réel se mêle à l'imaginaire et aux fantasmes[1]. Plus exactement, l'utilisation de l'anonymat, du surnom ou du pseudonyme sont des vecteurs d'une sociabilité entre inconnus où la règle n'est pas tant de se masquer que de dévoiler son intimité en adoptant une posture particulière. Les utilisateurs de ces messageries maintiennent en effet des repères fixes, vont sur le même territoire et se reconnaissent entre eux. On cherche à fuir provisoirement certains rôles familiaux ou sociaux, à s'extraire de son univers quotidien sans véritablement remettre fondamentalement en cause son identité. Simple parenthèse pour certains, volonté de contacts plus approfondis pour d'autres, l'usage des « messageries roses » est une sociabilité de la « parade sexuelle[2] » et de la valorisation de l'expression immédiate des sentiments et des désirs.

Précisons toutefois que d'autres types de messageries ont vu le jour, comme celle de communautés télématiques fondées sur des échanges affinitaires, qui ont également fait l'objet de certaines observations sociologiques minutieuses[3]. Dans ce cas, l'appartenance à une petite communauté télématique favorise la reconnaissance par autrui,

1. Se reporter au travail d'Yves Toussaint, « Voile et simulacre sur les messageries », *Réseaux*, n° 38, 1989, p. 67-78.
2. Selon l'expression d'Erving Goffman, *Les Moments et les Hommes*, Paris, Seuil/Minuit, 1988.
3. Par exemple, la communauté des « axiens », du nom de la messagerie Axe, étudiée par Josiane Jouët, « Une communauté télématique. Les axiens », *Réseaux*, n° 38, *ibidem*, p. 49-66.

sédimente en quelque sorte l'identité du groupe par la régularité de la pratique. Des règles de cooptation président en effet à l'intégration au groupe, soucieux de préserver sa distinction et son originalité par rapport à l'extérieur.

2/ Le second cas de figure a trait aux nouvelles possibilités offertes par Internet en matière de création de *blogs personnels*. On a déjà eu l'occasion d'évoquer leur importance en matière d'expression de la subjectivité ; il faut à présent y revenir car leur succès témoigne aussi du poids de leur dimension identitaire. Le phénomène de *blogging* qui a connu son heure de gloire durant les années 2000-2010, comporte un aspect fortement relationnel : le blog doit être regardé, ainsi que le soulignent Dominique Cardon et Hélène Delaunay-Téterel, « comme un répertoire de contacts permettant aux individus de tisser des liens avec d'autres autour d'énoncés à travers lesquels ils produisent de façon continue et interactive leur identité sociale[1] ». Le blog présente dans un même dispositif, une fonction à la fois de publication et de communication avec des formes d'énonciation, d'énoncé et de réception à chaque fois particulières.

Comme le montrent les deux sociologues à travers leur enquête auprès d'un échantillon de 27 blogueurs et leur étude de nombreux blogs de différentes plates-formes, les liens sociaux qui se forgent par le biais des blogs, se définissent d'abord par leur caractère public. Contrairement aux échanges de mails ou à la messagerie instantanée IM (*Instant Messaging*), ils sont directement consultables par des inconnus. Le public qui lit et échange, est ensuite extrêmement plastique : il est en fait une audience mobilisée par les blogueurs eux-mêmes car les producteurs de blogs constituent le premier public des autres blogs. Enfin, les personnes s'attachent les unes aux autres au moyen de leurs productions éditoriales (récit intime, critique de films ou de musiques, clichés de soirées, etc.). Ces productions, toujours renouvelées et en mouvement, sont l'expression de leur identité personnelle et leur permettent d'établir des liens personnalisés avec leur public.

Dominique Cardon et Hélène Delaunay-Téterel distinguent quatre configurations au sein desquelles se noue la relation entre la personne du blogueur et le contenu publié. Dans la première, l'énoncé porte surtout sur la personne de l'énonciateur qui vise à révéler aux autres son identité profonde. Dans la deuxième, les énoncés sont étroitement liés à la vie et aux activités quotidiennes du blogueur (sorties, consommation, etc.). Dans la troisième, les énoncés se réfèrent aux compétences et aux centres d'intérêt du blogueur et mettent donc en valeur un seul aspect de son identité sociale. Dans la quatrième configuration enfin, l'énoncé est détaché de la personne de l'énonciateur : il affiche les marques de la distanciation afin d'émettre des opinions ou des jugements critiques.

Il existe donc quatre manières de tisser des liens sur les blogs : révéler son intériorité ; mettre en partage des traces d'activités communes ; évoquer une même passion, signe

1. Dominique Cardon et Hélène Delaunay-Téterel, « La production de soi comme technique relationnelle. Un essai de typologie des blogs par leurs publics », *Réseaux*, n° 138, 2006, p. 17.

de compétence à propos d'un même sujet ; échanger des jugements et des critiques. Les deux auteurs de l'étude montrent que ces quatre manières de se présenter sur un blog renvoient en fin de compte à quatre modèles de présentation des blogs que l'on évoquera ici en quelques mots. *Le modèle du partage des intériorités entre anonymes* est similaire à celui du journal intime au XIXe siècle : on se confesse, on parle de soi, de sa vie privée, de ses relations sentimentales, pour conquérir la reconnaissance des autres. Le public auquel on s'adresse, est un halo désincarné. *Le modèle de la conversation familière entre proches*, se focalise sur la description des activités quotidiennes, sur le rappel de moments partagés : le blog s'adresse alors au cercle des proches et des personnes familières (par exemple la sociabilité digitale entre adolescents ou la sociabilité familiale et conjugale). Il constitue un réseau relationnel que l'on peut assimiler à celui du clan. *Le modèle de la coordination communautaire* met l'accent sur une seule facette de l'identité du blogueur, qui fait montre d'une capacité ou d'une compétence particulière qu'il partage avec des personnes ayant la même compétence et le même profil (collectionneurs, fans, amateurs, etc.). Le public est dans ce cas celui des amateurs spécialisés ou plus exactement celui d'une communauté. *Le modèle de l'échange public des opinions*, comme son nom l'indique, rompt avec le modèle électif et affinitaire des liens avec des proches et recherche au contraire la confrontation des points de vue. Il s'agit d'émettre des jugements critiques, de réactiver les idéaux de démocratie directe. Les blogueurs sont alors des artistes, des journalistes, des experts, des hommes politiques, des militants associatifs, qui affichent leurs opinions et qui s'adressent à un large public au sein même de l'espace public.

III. Une nouvelle sociabilité en ligne

Les réseaux sociaux ont pris, depuis quelques années, une place prépondérante dans la vie de certaines catégories de la population. Les usages contemporains du Web s'inscrivent en effet de plus en plus dans des pratiques relationnelles innovantes : les communautés interactives se sont ainsi multipliées sur les plateformes du type *DailyMotion, Facebook, Instagram, etc.* Ce qui frappe les observateurs de ces nouvelles pratiques de communication, c'est le fait que ces sites ont comme principale caractéristique l'auto-organisation. Les détenteurs des plateformes ne prennent guère d'initiative et sont en fait détrônés par les utilisateurs eux-mêmes qui inventent, partagent et régulent : « l'auto-organisation, constate Dominique Cardon[1], constitue en effet un trait essentiel des nouvelles formes collectives qui émergent de l'agrégation des liens faibles ». Les capacités expressives des individus, leur manière de se décrire et de se dire, de déployer leur créativité, leur permettent d'échanger, de partager avec d'autres et de faire naître

1. Dominique Cardon, « Introduction », au dossier sur les « Réseaux sociaux de l'Internet », *Réseaux*, n° 152, 2008, p. 15 ainsi que son ouvrage, *La démocratie Internet*, *op. cit.*

une nouvelle forme de sociabilité en ligne. Les liens qui s'y nouent, sont peut-être moins forts ou moins denses que dans la vie réelle en face à face, mais néanmoins beaucoup plus nombreux et plus étendus.

Un essai de cartographie du Web tel qu'il a été tenté par Dominique Cardon[1], offre l'occasion de mieux comprendre ce qui se joue sur ces réseaux sociaux aujourd'hui. Que montre-t-on vraiment de soi aux autres ? Comment les échanges se mettent-ils en place et quelles sont les stratégies de visibilité ou d'invisibilité proposées ? Telles sont quelques-unes des questions auxquelles cette étude essaie de répondre.

Les plateformes relationnelles sont *a priori* des espaces de très grande exposition (vidéos, photos personnelles, productions musicales, etc.), mais cette visibilité peut toutefois être maîtrisée en contrôlant la manière dont autrui peut y accéder (jeu de masques, de filtres, volonté d'anonymisation). En d'autres termes, l'identité numérique de chacun est par définition très souple et le résultat d'une coproduction entre les stratégies des plateformes et les tactiques des utilisateurs. Sont à la fois à l'œuvre un processus de subjectivation (on extériorise ses sentiments) et un processus de dissimulation (on instaure de la distance par rapport à soi).

D'un côté, on mettra donc l'accent sur la dynamique expressiviste qui met en scène la personne (l'être) et sur ses activités ou ses œuvres (faire) : on précisera alors ses caractéristiques physiques, ses diplômes, son statut matrimonial, mais on parlera également de soi à travers des confidences, des récits personnels, des photographies, des dessins, des pratiques d'amateur, etc. D'un autre côté, on introduira de la distance en endossant des traits et des rôles différents : on détaillera des traits réalistes, attachés à la personne réelle, mais également des traits projetés ou imaginés, attachés à la personne virtuelle ou fictionnelle (travestissement de l'âge, du sexe, identité fantasmatique) que l'on s'ingéniera à modifier au gré de l'humeur On constate donc un encastrement de plus en plus fort des médias numériques dans la production des subjectivités et des identités.

Dominique Cardon distingue, à partir de ces observations, cinq formats de visibilité possibles sur les réseaux sociaux. *Le paravent* d'abord, qui permet de préserver son identité en la codant de sorte qu'elle ne soit accessible qu'à travers un moteur de recherche par critères. Un site de rencontre comme *Meetic* correspond tout à fait à cette activité puisque dans le modèle du paravent, les personnes ne se découvrent qu'en fonction des critères de recherche retenus et continueront à correspondre, si elles le souhaitent, sur le *chat* du site, sur MSN, ou par téléphone. Le deuxième modèle est celui du *clair-obscur* très répandu sur *Skyblog* ou *Facebook* : il consiste à révéler beaucoup de choses de soi-même et à faire bénéficier son réseau relationnel d'une visibilité choisie : claire pour les proches, en pénombre pour tous les autres. Dans ce cas précis, il n'y a plus de moteur de recherche par critères. Des travaux menés aux États-Unis sur les usages

1. Dominique Cardon, « Le design de la visibilité. Un essai de cartographie du Web 2.0 », *Réseaux*, n° 52, 2008, p. 93-137.

de *Facebook* montrent que le nombre d'amis qu'un internaute se fait, est étroitement corrélé au nombre d'informations qu'il livre sur sa fiche et qu'une pratique intensive du Web contribue à l'élargissement progressif du nombre d'amis. Le troisième format est celui *du phare*: il vise à étendre son réseau en partageant des contenus numériques dans des dynamiques d'autoproduction et en mettant en visibilité des personnes et des œuvres. Le succès des sites de partage de contenus mêlant productions amateurs et professionnelles comme *MySpace*, *DailyMotion*, *YouTube*, en sont la parfaite illustration. Les contacts se font souvent avec des inconnus sur lesquels il s'agit de faire forte impression par l'image que l'on donne de soi (celle d'une personnalité attractive). Le quatrième format, celui *du post-it*, est aisément reconnaissable: il est utilisé sur *Twitter* et correspond à un micro-récit qui mobilise deux outils de communication, ceux du blogging et ceux de la communication synchrone du type MSN. Le réseau relationnel est alors étroit et constitué de liens forts: le mouvement et l'agir caractérisent cette forme particulière d'identité numérique. Enfin, cinquième et dernier modèle, celui de *la lanterna magica* c'est-à-dire les univers virtuels du genre *Second Life* dans lequel les utilisateurs construisent de toutes pièces leur personnage et le monde qui les réunit aux autres. Les projections identitaires à travers les avatars font que chacun peut dès lors être ce qu'il prétend être.

Les nouveaux modes de sociabilité en ligne offrent, on le voit, une grande diversité de formats de visibilité qui permet de jouer sur des registres d'identité très différents. Ces plates-formes relationnelles favorisent « la formation opportuniste de liens et de collectifs[1] » en articulant de manière originale individualisme et solidarité. Analysant la manière dont les usagers s'emparent aujourd'hui des ordinateurs et échangent sur le Web, Antonio Casilli[2] met pour sa part en exergue la richesse des formes de sociabilité qui s'y déploient. Les liaisons amicales, amoureuses, les relations de parenté, les rapports de travail, s'en trouvent modifiés et reconfigurés. Il ne faut donc pas, selon lui, séparer artificiellement usages informatiques et pratiques sociales, monde virtuel et monde réel, car les deux sont étroitement imbriqués. La force des liens numériques suggère que les technologies numériques ne remplacent pas le face à face, mais qu'elles le complètent; qu'elles ne se substituent pas aux rencontres directes, mais qu'elles « s'y ajoutent en augmentant le volume total de contacts[3] » et qu'elles promeuvent de nouvelles manières de vivre en société. L'amitié[4] sur les réseaux sociaux, le « friending » sur *Facebook*, ne sont pas un simple miroir de l'amitié en chair et en os, mais une illustration de la diversité des contacts possibles avec des internautes dont le profil s'avère attractif et avec qui je

1. Dominique Cardon, *ibidem*, p. 131.
2. Antonio Casilli, *Les liaisons numériques. Vers une nouvelle sociabilité?*, Paris, Le Seuil, 2010.
3. Antonio Casilli, *ibidem*, p. 245. Pour une vision critique d'Internet qui met au contraire l'accent sur les dangers qu'il recèle pour le lien social, lire Philippe Breton, *Le culte d'Internet. Une menace pour le lien social?*, Paris, La Découverte, 2000.
4. Sur ce point, voir également, Anne Dalsuet, *T'es sur Facebook? Qu'est-ce que les réseaux sociaux changent à l'amitié?*, Paris, Flammarion, 2013.

peux discuter ou bien partager une activité qui crée de la valeur ajoutée à travers le travail collaboratif. En ce sens, les médias numériques ne seraient pas des instruments de communication dé-socialisants, mais au contraire des outils qui nous permettent d'enrichir nos vies à condition toutefois d'apprendre à les domestiquer[1].

1. Pour une analyse plus approfondie des usages des médias numériques, se reporter à notre ouvrage Rémy Rieffel, *Révolution numérique, révolution culturelle ?, op. cit.*, en particulier la deuxième partie, « Un autre rapport à autrui, à la créativité et aux savoirs ».

CONCLUSION

Après un demi-siècle de travaux en sociologie des médias en France, deux tendances majeures de la recherche dans ce domaine se dégagent : d'abord une diversification de ses objets d'étude, ensuite une prise en compte de la complexité des phénomènes observés.

La *diversification* se lit dans la multiplicité des terrains d'investigation actuels et dans l'éventail des disciplines auxquelles on fait appel (sociologie du travail, sociologie de l'innovation, sociologie de l'art et de la culture, etc.). Alors qu'autrefois, seule l'analyse des effets des médias était privilégiée, on scrute aujourd'hui les fondements d'une communication démocratique en s'interrogeant sur la nouvelle configuration du jeu politique sous l'emprise des médias ; sur l'élargissement de l'espace public au vu de l'essor des médias numériques ; sur la constitution des publics ; sur le cadre socio-technique qui préside à l'usage des TIC sans oublier les aléas de l'identité professionnelle des journalistes. Diversité des approches, foisonnement des angles d'étude, qui peuvent parfois donner le sentiment d'un savoir mosaïque, de connaissances éclatées ; mais qui soulignent toutes, à maints égards, la complexité des relations entre producteurs et récepteurs de l'information ou encore entre les médias et la société contemporaine.

Cette notion de *complexité* est en effet la seconde leçon à tirer de toutes les enquêtes menées depuis plusieurs dizaines d'années à propos de l'influence des médias : fini le temps des théories linéaires de la communication, des explications schématiques, des jugements péremptoires. Il faut désormais se faire à l'idée que la sociologie des médias n'apporte pas de réponse définitive aux problèmes soulevés parce que le comportement des hommes et le poids de la société sont en interaction continuelle.

Cette relation dialectique entre les deux éléments, ce lien de réciprocité, apparaissent aujourd'hui comme un acquis décisif pour saisir la portée et les enjeux des phénomènes médiatiques. On ne peut donc que souscrire à la formulation du problème telle qu'elle a été proposée par Meagham Morris : « les individus dans les sociétés modernes médiatisées sont complexes et contradictoires ; les textes de culture sont complexes et contradictoires. Enfin, leurs utilisateurs produisent de la culture complexe et contradictoire[1] » en ajoutant pour notre part que « les rapports entre les médias et la société sont complexes et contradictoires ». Constat peut-être frustrant, voire décevant, mais sans conteste plus fidèle à la réalité que certaines théorisations antérieures.

Diversité des objets et complexité des phénomènes ne signifient pas pour autant relativisme généralisé. On a essayé de le montrer tout au long de la présentation des thèmes retenus dans cet ouvrage, on dispose à présent d'un certain nombre de résultats tangibles quant au rôle joué par les médias dans notre vie quotidienne. Le plus éclatant d'entre eux est bien évidemment celui qui met fin à une vision strictement manipulatoire des médias sur les récepteurs. Les médias ne sont que ce que les hommes en font et, à ce titre, on ne saurait continuer à raisonner selon un schéma causal et déterministe de la communication. Avant de se prononcer sur le rôle exercé par les moyens de communication moderne, il faut impérativement prendre en compte le contexte particulier où celle-ci opère et éviter toute extrapolation hâtive. Pour ne prendre qu'un exemple, on ne saurait réduire cette influence aux seules performances technologiques parce que les techniques, en dépit des progrès réalisés, ne créent pas en elles-mêmes la communication. Elles ne prennent leur sens que dans l'univers symbolique (les valeurs, les croyances, les traditions, les cultures, etc.) dans lequel elles se déploient. Dire, pour reprendre l'une des idées reçues citées en introduction, que « la télévision fait l'élection » s'avère alors une affirmation trop simpliste : tout dépend de la conjoncture, des circonstances, des enjeux politiques du moment et de la configuration médiatique elle-même. De même, prétendre que « les médias manipulent souvent l'opinion » n'a de signification que si on examine en détail la situation politique et économique du pays dont on parle ainsi que le comportement effectif des citoyens ou des consommateurs. Et dans ce cas précis, la réponse est pour le moins variable. On pourrait bien évidemment multiplier les exemples…

Belle leçon d'humilité finalement que celle issue des travaux des sociologues spécialisés dans l'étude des médias. Belle leçon de vigilance également. L'avènement des médias et des technologies de l'information et de la communication conduit en effet à penser différemment l'essor de la communication dans nos sociétés. À l'encontre des discours quelque peu naïfs sur l'émergence d'une société transparente et harmonieuse grâce aux vertus de la télévision ou d'Internet, il faut redire combien la communication n'est pas à elle seule la panacée aux maux qui affectent la planète. Les inégalités d'équipements et d'usages persistent, les différences de savoir subsistent, les disparités politiques et économiques perdurent. La sociologie des médias peut œuvrer, avec d'autres disciplines, à faire prendre conscience de ces difficultés et contribuer, du moins est-ce le vœu que l'on formule, à un plus grand désir de connaissances en ce domaine, de la part du grand public.

1. Cité par Ien Ang, « Culture et communication », *Hermès*, n° 11/12 art. cit., p. 79.

Ce but ne sera atteint qu'à deux conditions : trouver le juste milieu entre une approche macro-sociologique (trop généraliste) et une approche micro-sociologique (trop ponctuelle) d'une part ; encourager une perspective historique et comparatiste, seule à même d'échapper à la tyrannie des sentences définitives d'autre part. C'est la raison pour laquelle il conviendrait, après avoir pris connaissance des recherches récentes sur le sujet en France, de se plonger davantage dans les études, nombreuses et souvent stimulantes, réalisées ces dernières années à l'étranger. Le défi mérite, en tout cas, d'être relevé.

BIBLIOGRAPHIE

Bibliographie générale

BALLE (Francis), *Médias et sociétés*, Paris, Montchrestien, 16e édition, 2013.

BEAUD (Paul), FLICHY (Patrice), PASQUIER (Dominique), QUERE (Louis), *Sociologie de la communication*, Paris, CNET, Réseaux, 1997.

BOUGNOUX (Daniel), *Sciences de l'information et de la communication*, Paris, Larousse, coll. « Textes essentiels », 2000.

BOURDON (Jérôme), *Introduction aux médias*, Paris, Montchrestien, 2009.

BRETON (Philippe) et PROULX (Serge), *L'Explosion de la communication. Introduction aux théories et aux pratiques de la communication*, Paris, La Découverte, 2006. (rééd. 2012).

CHARON (Jean-Marie), *Les médias en France*, Paris, La Découverte, coll. « Repères », n° 374, 2014.

LETEINTURIER (Christine) et LE CHAMPION (Rémy), sous la direction de, *Médias, information et communication*, Paris, Ellipses, 2009.

MAIGRET (Éric), *Sociologie de la communication et des médias*, Armand Colin, (3e édition), 2015.

RIEFFEL (Rémy), *Que sont les médias ? Pratiques, identités, influences*, Paris, Gallimard, coll. « Folio », 2005.

RIEFFEL (Rémy), *Révolution numérique, révolution culturelle ?*, Paris, Gallimard, coll. « Folio », 2014.

WOLTON (Dominique), *Penser la communication*, Paris, Flammarion, coll. « Champs », 2008.

Bibliographie sélective

Chapitre 1

Ouvrages

DAKHLIA (Jamil), *Politique people*, Paris, Bréal, 2008.

DERVILLE (Grégory), *Le Pouvoir des médias. Mythes et réalités*, Grenoble, Presses universitaires de Grenoble, (2005), réédition 2013.

GERSTLE (Jacques), *La Communication politique*, Paris, Armand Colin, coll. « Compact », 2008.

GERSTLE (Jacques) et MAGNI BERTON (Raul) (sous la direction de), *2012, La campagne présidentielle. L'observation des médias, des électeurs et des candidats*, Paris, L'Harmattan/Pepper, 2014.

JOUET (Josiane) et RIEFFEL (Rémy) (sous la direction de), *S'informer à l'ère numérique*, Rennes, Presses Universitaires de Rennes, 2013.

LAZARSFELD (Paul), *Influence personnelle*, Paris, Armand Colin, (1955), 2008.

LE GRIGNOU (Brigitte), *Du côté du public. Usages et réceptions de la télévision*, Paris, Economica, 2003.

NEVEU (Erik), *Les mots de la communication politique*, Toulouse, Presses universitaires du Mirail, 2012.

PIART (Christophe), *Comment se jouent les élections. Télévision et persuasion en campagne électorale*, Paris, INA éditions, 2012.

RIUTORT (Philippe), *Sociologie de la communication politique*, Paris, La Découverte, coll. « Repères », (2007), réédition. 2013.

Revues

Hermès n° 4, 1989, « Le nouvel espace public ».

Hermès n° 17-18, 1995, « Communication et politique ».

Hermès, n° 26-27, 2000, « www.democratielocale.fr ».

Questions de communication, n° 24, 2013, « Renouvellement des mises en scène télévisuelles de la politique ».

Réseaux, n° 150, 2008, « Parler politique en ligne ».

Chapitre 2

Ouvrages

BASTIEN (François) et NEVEU (Erik), *Espaces publics mosaïques*, Rennes, Presses universitaires de Rennes, 1999.

BEAUD (Paul), FLICHY (Patrice), PASQUIER (Dominique), QUERE (Louis), *Sociologie de la communication*, Paris, CNET, Réseaux, 1997 (IIIe partie : « l'opinion publique »).

BLONDIAUX (Loïc), *La Fabrique de l'opinion. Une histoire sociale des sondages*, Paris, Le Seuil, 1998.

CARDON (Dominique), *La démocratie Internet*, Paris, Le Seuil, 2010.

CARDON (Dominique) et GRANJON (Fabien), *Médiactivistes,* Paris, Presses de Sciences Po, 2013.

CEFAI (Daniel) et PASQUIER (Dominique), *Les Sens du public. Publics politiques, publics médiatiques*, Paris, PUF, 2003.

CHAMPAGNE (Patrick), *Faire l'opinion*, Paris, Minuit, 1990.

DACHEUX (Éric), coordonné par, *L'Espace public*, Paris, CNRS éditions, coll. « Les essentiels », 2008.

MISSIKA (Jean-Louis), *La Fin de la télévision*, Paris, Le Seuil, 2006.

REYNIE (Dominique), *Le Triomphe de l'opinion publique : l'espace public français, XVIe-XXe siècles*, Paris, Odile Jacob, 1998.

Revues

Hermès, n° 4, 1989, « Le nouvel espace public ».

Hermès, n° 31, 2001, « L'opinion publique, perspectives ».

Réseaux, n° 100, 2000, « Communiquer à l'ère des réseaux ».

Réseaux, n° 170, 2011, « Actualités et citoyenneté à l'ère numérique ».

Chapitre 3

Ouvrages

BRETON (Philippe), *La Parole manipulée*, Paris, La Découverte, Poche, 2004.

CHARON (Jean-Marie) et MERCIER (Arnaud), sous la direction de, *Armes de communication massive. Informations de guerre en Irak : 1991-2003*, Paris, CNRS éditions, 2004.

D'ALMEIDA (Fabrice), *La manipulation*, Paris, coll. « Que sais-je ? », n° 3665, 2011.

DURANDIN (Guy), *L'Information, la désinformation et la réalité,* Paris, PUF, 1993.

FROISSART (Pascal), *La Rumeur. Histoire et fantasmes*, Belin, 2002.

HUYGHE (François-Bernard), *Terrorismes. Violence et propagande*, Paris, Gallimard, Découvertes, n° 575, 2011.

KAPFERER (Jean-Noël), *Rumeurs. Le plus vieux média du monde*, Paris, Le Seuil, (1987) rééd. Poche 2010.

MATHIEN (Michel), sous la direction de, *L'Information dans les conflits armés*, Paris, L'Harmattan, 2001.

MOSCOVICI (Serge), *L'Âge des foules*, Bruxelles, Éd. Complexe, 1991.

WOLTON (Dominique), *Wargame. L'information et la guerre*, Paris, Flammarion, 1991.

Revues

Communications, n° 52, 1990, « Rumeurs et légendes contemporaines ».

Les Cahiers de médiologie, n° 8, 1999, « Croyances en guerre. L'effet Kosovo ».

Quaderni, n° 72, 2010, « Propagandes en démocratie ».

Chapitre 4

Ouvrages

BASSONI (Marc) et JOUX (Alexandre), *Introduction à l'économie des médias*, Paris, Armand Colin, collection « Cursus », 2014.

BOUQUILLION (Philippe), *Les Industries de la culture et de la communication*, Grenoble, PUG, 2008.

BOUQUILLION (Philippe), MIEGE (Bernard) et MOEGLIN (Pierre), *L'industrialisation des biens symboliques. Les industries créatives en regard des industries culturelles*, Grenoble, Presses universitaires de Grenoble, 2013.

DE CERTEAU (Michel), *L'Invention du quotidien,* tome 1 : *Arts de faire*, Paris, Gallimard, (1re édition 1980), coll. « Folio », 1990.

COULANGEON (Philippe), *Sociologie des pratiques culturelles*, Paris, La Découverte, coll. « Repères », n° 418, 2010.

DAGNAUD (Monique), *Génération Y. Les jeunes et les réseaux sociaux, de la dérision à la subversion*, Paris, Les Presses de Sciences Po, 2013.

DONNAT (Olivier), *Les Pratiques culturelles des Français à l'ère du numérique*, Paris, La Documentation française, 2009.

DONNAT (Olivier) et TOLILA (Paul), sous la direction de, *Le(s) Public(s) de la culture*, Paris, Presses de Sciences Po, volume I et volume II (CDRom), 2003.

FLICHY Patrice, *Le Sacre de l'amateur*, Paris, Le Seuil, coll. « La République des idées », 2010.

GLEVAREC (Hervé), MACE (Eric), MAIGRET (Éric), *Cultural Studies, Anthologie*, Paris, Armand Colin, 2008.

GREFFE (Xavier) et SONNAC (Nathalie), sous la direction de, *Culture Web*, Paris, Dalloz, 2008.

JENKINS (Henry), *La culture de la convergence. Des médias au transmédia*, Paris, Armand Colin, 2013.

LAHIRE (Bernard), *La Culture des individus. Dissonances culturelles et distinction de* soi, Paris, La Découverte, 2004.

MAIGRET (Éric) et MACE (Éric), *Penser les médiacultures*, Paris, Armand Colin, 2005.

OCTOBRE (Sylvie), *Deux pouces et des neurones. Les cultures juvéniles de l'ère médiatique à l'ère numérique*, Paris, Ministère de la Culture et de la Communication, 2014.

RIEFFEL (Rémy), *Révolution numérique, révolution culturelle ?*, Paris, Gallimard, coll. Folio, 2014.

RIEFFEL (Rémy), *Les Intellectuels sous la Ve République*, Paris, Hachette, coll. « Pluriel », 3 tomes, 1995.

Revues

Communications, n° 88, 2011 « Cultures du numérique ».

Hermès, n° 59, 2011, « Ces réseaux dits sociaux ».

Réseaux, n° 172, 2012, « Musique et technologies numériques ».

Réseaux, n° 173-174, 2012, « Les formes ludiques du numérique. Marchés et pratiques du jeu vidéo ».

Réseaux, n° 175, 2012, « Industries culturelles et Internet. Les nouveaux instruments de la notoriété ».

Chapitre 5

Ouvrages

ACCARDO (Alain), *Journalistes précaires, journalistes au quotidien*, Marseille, Agone, Poche, 2007.

CHARON (Jean-Marie), *Les Journalistes et leur public : le grand malentendu*, Paris, Vuibert, 2007.

DAGNAUD (Monique), *Les Artisans de l'imaginaire*, Paris, Armand Colin, 2006.

DAMIAN (Béatrice), FRISQUE (Cégolène), SAITTA (Eugénie) (sous la direction de), *Le journalisme au féminin. Assignations, inventions, stratégies*, Rennes, Presses Universitaires de Rennes, 2010.

DEGAND (Amandine) et GREVISSE (Benoît) (sous la direction de), *Journalisme en ligne. Pratiques et recherches*, Bruxelles, De Boeck, 2012.

LE CHAMPION (Rémy) (sous la direction de), *Journalisme 2.0*, Paris, La documentation française, 2012.

LEGAVRE (Jean-Baptiste) (sous la direction de), *L'informel pour informer. Les journalistes et leurs sources*, L'Harmattan – éditions Pepper, 2014.

LEMIEUX (Cyril), *Mauvaise presse. Une sociologie compréhensive du travail journalistique et de ses critiques*, Paris, Métailié, 2000.

LETEINTURIER (Christine) (sous la direction de), *Les journalistes français et leur environnement : 1990-2012. Le cas de la presse d'information générale et politique*, Paris, Éditions Panthéon-Assas, 2014.

MATHIEN (Michel), *Les Journalistes. Histoire, pratiques et enjeux*, Paris, Ellipses 2007.

MUHLMANN (Géraldine), *Du journalisme en démocratie*, Paris, Payot, coll. « Petite bibliothèque », 2006.

NEVEU Erik, *Sociologie du journalisme*, Paris, La Découverte, coll. « Repères » n° 313, 2013.

PASQUIER (Dominique), *Les Scénaristes et la Télévision. Approche sociologique*, Paris, Nathan Université, 1995.

RINGOOT (Roselyne) et UTARD (Jean-Michel), *Le Journalisme en invention*, Rennes, PUR, 2005.

RIEFFEL (Rémy), *L'Élite des journalistes*, Paris, PUF, 1984.

RUELLAN (Denis), *Le Professionnalisme du flou*, Grenoble, PUG, 2007.

Revues

Actes de la Recherche en Sciences Sociales, « L'emprise du journalisme », n° 100/101, mars 1994 – et « Le journalisme et l'économie », n° 131/132, mars 2000.

Hermès, n° 35, 2003, « Les journalistes ont-ils encore du pouvoir ? ».

Réseaux, n° 51, 1992, « Sociologie des journalistes ».

Réseaux, n° 111, 2002, « Les journalistes spécialisés ».

Réseaux, n° 157-158, 2009, « Pratiques journalistiques ».

Réseaux, n° 160-161, 2010, « Presse en ligne ».

Sur le Journalisme, (revue en ligne) vol. 4, n° 1, 2015, « Journalisme et réseaux socionumériques ».

Chapitre 6

Ouvrages

CHANIAC (Régine), coordonné par, *L'Audience*, Paris, CNRS éditions, coll. « Les essentiels », 2009.

DONNAT (Olivier) *Les Pratiques culturelles des Français à l'ère du numérique*, Paris, La Documentation française, 2009.

MEADEL (Cécile), *Quantifier le public. Histoire des mesures d'audience de la radio et de la télévision*, Paris, Economica, 2010.

RIEFFEL (Rémy), *Mythologie de la presse gratuite*, Paris, Le Cavalier Bleu, 2010.

Revues

Revue *Hermès*, n° 37, 2003, « L'audience. Presse, Radio, Télévision, Internet ».

Chapitre 7

Ouvrages

BOULLIER (Dominique), *La Télévision telle qu'on la parle*, Paris, L'Harmattan, 2003.

CEFAÏ (Daniel) et PASQUIER (Dominique), (sous la direction de), *Les Sens du public. Publics politiques, publics médiatiques*, Paris, PUF, 2003.

DAYAN (David) et KATZ (Elihu), *La Télévision cérémonielle*, Paris, PUF, 1996.

ESQUENAZI (Jean-Pierre), *Sociologie des publics*, Paris, La Découverte, coll. « Repères », 2009.

GOULET (Vincent), *Médias et classes populaires. Les usages ordinaires de l'information*, Paris, Ina éditions, 2010,

LE GRIGNOU (Brigitte), *Du côté du public. Usages et réceptions du public*, Paris, Economica, 2003.

MEADEL (Cécile), coordonné par, *La Réception*, Paris, CNRS éditions, coll. « Les essentiels », 2009.

PASQUIER (Dominique), *La Culture des sentiments. L'expérience télévisuelle des adolescents*, Paris, Éditions de la Maison des Sciences de l'Homme, 1999.

Revues

Hermès, n° 11-12, 1993, « À la recherche du public ».

Problèmes politiques et sociaux, n° 886, mars 2003, « Médias et violence. L'état du débat », La Documentation française.

Quaderni, n° 35, printemps 1998, « Les publics : généalogie de l'audience télévisuelle ».

Réseaux, n° 63, novembre/décembre 1994, « Les théories de la réception ».

Réseaux, n° 126, 2004, « Figures du public ».

Réseaux, n° 145-146, 2007, « L'entrelacement des pratiques de communication et de loisir »

Réseaux, n° 165, 2011, « Les séries télévisées ».

Chapitre 8

Ouvrages

CARDON (Dominique), *La démocratie Internet*, Paris, Le Seuil, 2010.

CASILLI (Antonio), *Les liaisons numériques. Vers une nouvelle sociabilité ?,* Paris, Le Seuil, 2010.

FLICHY (Patrice), *L'Innovation technique. Récents développements en sciences sociales. Vers une nouvelle théorie de l'innovation*, Paris, La Découverte, 2003.

JAUREGUIBERRY (Francis) et PROULX (Serge), *Usages et enjeux des technologies de communication*, Toulouse, Erès, 2011.

JOUET (Josiane) « Sociologie des médias numériques » in LETEINTURIER (Christine) et LE CHAMPION (Rémy) (sous la direction de), *Médias, Information et Communication*, Paris, Ellipses, 2009.

VIDAL (Geneviève), (sous la direction de), *La sociologie des usages. Continuités et transformations*, Cachan, Lavoisier, 2012.

Revues

Médiamorphoses, n° 21, 2007, « Web 2.0 ? Cultures numériques, cultures expressives ».

Revue française des sciences de l'information et de la communication, (en ligne), n° 6, 2015, « Usages et usagers de l'information à l'ère numérique ».

De nombreux numéros de la revue Réseaux abordent le problème. Signalons notamment :

Réseaux, n° 112-113, 2002, « Mobiles ».

Réseaux, n° 116, 2002 « Parcours sur Internet ».

Réseaux, n° 120, 2003, « Une communication sexuée ? »

Réseaux, n° 123, 2004, « L'Internet en famille ».

Réseaux, n° 124, 2004, « Nouvelles réflexions sur Internet ».

Réseaux, n° 138, 2006, « Les blogs ».

Réseaux, n° 152, 2008, « Réseaux sociaux de l'Internet ».

Réseaux, n° 154, 2009, « Web 2.0 ».

Réseaux, n° 177, 2013, « Politique des algorithmes. Les métriques du web ».

Réseaux, n° 186, 2014, « Déconnexions ».

TABLE DES MATIÈRES

Imprimé en Italie par «La Tipografica Varese Srl» Varese